● 듣기과제 수행 시 뇌 내부 활성 상태(과제제시 20초 후 화상: 적: 혈류 상태, 청: 안정상 태)

	실험 참가자	초급 학습자		상급 학습자	
실험 1	뇌 내부 부위	좌뇌(좌측 그림)와 우뇌(우측 그림)		좌뇌(좌측 그림)와 우뇌(우측 그림)	
	과제	준1급용		준1급용	
	광토포그라피 영상	좌뇌 언어 영역의 혈류 증가를 확인할 수 없음		좌뇌 베르니케 영역에 혈류가 증가	
	토플	320점		580점	
	해외 경험	없음		미국 6개월	
	실험 참가자	중급 학습자		상급 학습자	
실험 2	뇌 내부 부위	좌뇌(좌측 그림)와 전두엽(우측 그림)		좌뇌(좌측 그림)와 전두엽(우측 그림)	
	과제	준1급용		준1급용	
	광토포그라피 영상	좌뇌 전체에 혈류 증가		연상회 각회 언어 영역에 선택적으로 혈류 증가	
	토플	453점		600점	
	해외 경험	없음		미국 6개월	

좌뇌

	초급 학습자	중급 학습자	상급 학습자 1	상급 학습자 2	모국어자
실험 3			연상회 각회 청각영역 베르니케 영역		
토플	320점	457점	620점	623점	

* 과제 수행 시의 광토포그라피 화상: 제6장-9장 실험 1-6(자료 I, II 참조)

🔷 **읽기과제 수행 시 뇌 내부 활성 상태** (과제 제시 20초 후 화상: 적: 혈류 상태, 청: 안정 상태)

	실험 참가자	중급 학습자	상급 학습자
실험 4	뇌 내부 부위	좌뇌	좌뇌
	과제	어려운 과제(준1급용)와 쉬운 과제(2급용)	어려운 과제(준1급용)와 쉬운 과제(2급용)
	광토포그라피 영상	어려운 과제 수행 시　쉬운 과제 수행시 쉬운 과제 쪽이 혈류가 적음	어려운 과제 수행 시　쉬운 과제 수행시 연상회　각회　연상회 청각영역　베르니케 영역 쉬운 과제 쪽이 혈류가 적음
	토플	453점	600점
	해외 경험	없음	미국 6개월
	실험 참가자	중급 학습자	상급 학습자
실험 5	뇌 내부 부위	좌뇌	좌뇌
	과제	준1급용	준1급용
	광토포그라피 영상	정보 제시 없음　정보 제시 있음 정보 제시가 있는 쪽이 혈류가 적음	정보 제시 없음　정보 제시 있음 정보 제시가 있는 쪽이 혈류가 적음
	토플	453점	600점
	해외 경험	없음	미국 1년 6개월
	실험 참가자	초급 학습자(실험1과 같음)	상급 학습자(실험 1과 같음)
실험 6	뇌 내부 부위	좌뇌	좌뇌
	과제	준1급용 반복 제시	준1급용 반복 제시
	광토포그라피 영상	1회째 제시　2회째 제시 1회째와 2회째의 변화 없음	1회째 제시　2회째 제시 2회째가 혈류가 많음
	토플	320점	580점
	해외 경험	미국 6개월	없음

◆ 읽기과제 수행 시 뇌 내부 활성 상태 (과제 제시 20초 후 화상: 적: 혈류 상태, 청: 안정 상태)

	실험 참가자	초급 학습자	상급 학습자
실험 1	뇌 내부 부위	좌뇌(좌측 그림)와 우뇌(우측 그림)	좌뇌(좌측 그림)와 우뇌(우측 그림)
	과제	준1급용	준1급용
	광토포그라피 영상	좌뇌 우뇌 모두 전체적으로 혈류 증가	연상회 각회 청각 영역 베르니케 영역 좌뇌 언어 영역에 혈류 증가
	토플	320점	580점
	해외 경험	없음	미국 6개월

	실험 참가자	중급 학습자	상급 학습자
실험 2	뇌 내부 부위	좌뇌(좌측 그림)와 전두엽(우측 그림)	좌뇌(좌측 그림)와 전두엽(우 측그림)
	과제	준1급용	준1급용
	광토포그라피 영상	좌뇌 전체에 혈류 증가	좌뇌 언어 부분에 혈류 증가
	토플	453점	600점
	해외 경험	없음	미국 6개월

	좌뇌				
실험 3	초급 학습자	중급 학습자	상급 학습자 1	상급 학습자 2	모국어자
	토플 320점	457점	620점	623점	

◆ 읽기과제 수행 시 뇌 내부 활성 상태 (과제제시 20초 후 화상: 적: 혈류 상태, 청: 안정 상태)

	실험 참가자	중급 학습자		상급 학습자	
	뇌 내부 부위	좌뇌		좌뇌	
	과제	어려운 과제(준1급용)와 쉬운 과제 (2급용)		어려운 과제(준1급용)와 쉬운 과제 (2급용)	
실험 4	광토포그라피 영상	어려운 과제 수행 시 쉬운 과제 수행시 쉬운 과제 쪽이 혈류가 적음		연상회 각회 어려운 과제 수행 시 쉬운 과제 수행시 청각영역 베르니케 영역 쉬운 과제 쪽이 혈류가 적음	
	토플	453점		600점	
	해외 경험	없음		미국 6개월	
	실험 참가자	중급 학습자		상급 학습자 (실험 4와 같음)	
	뇌 내부 부위	좌뇌		좌뇌	
	과제	준1급용		준1급용	
실험 5	광토포그라피 영상	정보 제시 없음 정보 제시 있음 정보 제시가 있는 쪽이 혈류가 적음		정보 제시 없음 정보 제시 있음 정보제혈류가 적음	
	토플	453점		600점	
	해외 경험	없음		미국 1년 6개월	
	실험 참가자	초급 학습자(실험 1과 같음)		상급 학습자(실험 1과 같음)	
	뇌 내부 부위	좌뇌		좌뇌	
	과제	준1급용 반복 제시		준1급용 반복 제시	
실험 6	광토포그라피 영상	1회째 제시 2회째 제시 2회째 혈류 변화 없음		1회째 제시 2회째 제시 2회째 혈류 변화 없음	
	토플	320점		580점	
	해외 경험	없음		미국 6개월	

뇌과학에서의
제2언어 습득론

NOUKAGAKU KARANO DAINIGENGO SHUTOKURON
—EIGO GAKUSHU TO KYOUJUHOU KAIHATSU
ⓒ HARUMI OISHI 2006
Originally published in Japan in 2006 by SHOWADO., KYOTO,
Korean translation rights arranged with SHOWADO., KYOTO,
through TOHAN CORPORATION, TOKYO, and EntersKorea Co., Ltd., SEOUL.

뇌과학에서의 제2언어 습득론

脳科学からの 第二言語習得論

| 영어 학습과 교수법 개발 |

오이시 하루미(大石晴美) 지음 | 이혜문 옮김

성균관대학교
출판부

뇌과학에서의 제2언어 습득론

초판 1쇄 인쇄 2013년 8월 23일
초판 1쇄 발행 2013년 8월 30일

지 은 이   오이시 하루미
옮 긴 이   이혜문
펴 낸 이   김준영
펴 낸 곳   성균관대학교 출판부
출판부장   박광민
편   집   신철호 · 현상철 · 구남희
디 자 인   이민영
마 케 팅   박인봉 · 박정수
관   리   조승현 · 김지현
등   록   1975년 5월 21일 제 1975-9호
주   소   서울특별시 종로구 성균관로 25-2
대표전화   02) 760-1252~4
팩시밀리   02) 762-7452
홈페이지   press.skkup.edu

ISBN 979-11-5550-008-8   93700

Author's Note

I am happy that my book, "Second Language Acquisition from Neuroscience-:English-Language Learning and Teaching" is being translated and published in Korea. First, I want to express my gratitude to the translator, Dr. Haemoon Lee, and to Sungkyunkwan University Press. I would also like to extend my appreciation to our readers.

The book was first published in 2006. This translation is based on the fourth edition published in 2009. Before publishing the first edition, I was awarded a conference prize for the research presented in this book from JACET (Japan Association of College English Teachers) in 2005. The research was actually conducted from 2001 to 2003. At that time, researchers in the field of second language acquisition (SLA) stressed the need for objectivity in SLA research. On the other hand, linguists and language educators still wondered whether neuroscience and English education could be connected and discussed. Gradually, however, neuroscience started to boom all over the world. As a result, my book caught the eye of English-language learners, educators and linguists, and was placed as the top-seller in the English-language teaching section on "amazon.com." I have been invited to give lectures about this book at many institutions and conferences in Japan. Five years have passed since the first edition was published. Dr. Lee asked me to allow her to translate my book and publish the edition in Korea. Dr. Lee is a linguist and English-language educator, and was the first person outside Japan to show an interest in this research. Since she is interested in neuroscience and second language acquisition, I believe she is the right person to translate my book into Korean. When she contacted me, I of course said yes. Soon I was invited to talk about my book at Sungyunkwan University, where Dr. Lee is teaching as a professor. The audience consisted mainly of Dr. Lee's linguistics students. Dr. Lee was already using the unpublished Korean translation of my book in her class, and the students were excited to see me as the author. I was very honored. In her class, the students read and gave presentation on each chapter of the book and we had a wonderful discussion. I believe Dr. Lee's excellent translation work really helped her students learn. Before and after my lecture, some of the students escorted me downtown Seoul. A student told me that she had guessed, before meeting me, that I was an old, male professor with thick glasses, always reading books and researching neuroscience and linguistics. Is that the impression you get from reading this book? In fact, I don't have glasses. I am a female, newly-promoted university professor, always considering how I can best teach English to Japanese students and how I can train them to be effective English teachers. I always enjoy talking about

English education in Japan with my students, both in class and outside of class. I also use my book in my lectures for English majors in the Education faculty at Shotoku Gakuen University. Isn't it wonderful how students in both Korea and Japan are learning from the same book? I hope we can have a chance to discuss the research together and that we are able to discuss English-language education in both Korea and Japan to develop our teaching skills. The regional and linguistic distance between Korea and Japan is not so great. We both study English as a second language at school. Discussing English-language education is very important for English-language educators and researchers. As more people become interested in neuroscience and English-language education, more research is needed. I hope that we will develop ideas for new research through reading together the original and the translation edition of this book, in Korea and Japan. May this publication bring us many opportunities to research and connect!

March 3, 2013

Harumi Oishi

『뇌과학에서의 제2언어 습득론』(부제: 영어 학습과 교수법 개발)이 한국에서 번역, 출간되게 되어 매우 기쁘다. 우선 번역을 맡아준 이혜문 박사와 출판을 맡아준 성균관대학교 출판부에 감사한 마음을 전하고 싶다.

이 책은 2006년에 처음 출판되었다. 이 번역본은 2009년에 출판된 4판에 근거하고 있다. 초판을 인쇄하기에 앞서, 나는 2005년 일본대학영어교육학회(JACET)로부터 이 책에 실린 본인의 연구로 학술상을 수상했다. 연구는 2001년에서 2003년까지 진행되었다. 그 당시에는 제2언어 습득 분야의 연구자들이 SLA 연구의 객관성의 중요성을 강조하고 있었다. 그러나 또 한편으로는 언어학자들과 언어교육자들이 뇌과학과 영어 교육이 연결되어 논의될 수 있을지에 대해서는 아직 회의적이었다.

점차, 뇌과학이 전 세계적으로 각광을 받기 시작했다. 그 결과 나의 저서가 영어 학습자, 교육자와 언어학자들의 주목을 받게 되었고, 아마존 닷컴에서 영어교육 분야의 베스트셀러가 되었다. 이후 일본 내의 여러 기관과 학술대회로부터 이 책에 관한 강연에 초대받게 되었다.

초판이 나온 지 5년이 되었다. 이혜문 박사가 한국에서 나의 책을 번역 출간하도록 허락해달라는 요청을 했다. 이 박사는 언어학자이고, 영어교육자이자 일본 밖에서는 최초로 이 연구에 관심을 보인 분이다. 이혜문 박사도 뇌과학과 제2언어 습득에 관심을 가지고 있기 때문에 그분이 이 책을 번역하실 적임자라고 믿는다. 이 박사가 내게 연락을 주셨을 때 나는 물론 흔쾌히 수락했다.

곧 나는 이혜문 박사가 가르치고 있는 성균관대학교에서 강연을 해달라는 초청을 받았다. 대상은 주로 이 박사의 학생들이었다. 이혜문 박사는 이미 내 책의 번역물을 사용해서 수업을 하셨고 학생들은 저자인 나를 보고 흥분하는 것 같았다. 나는 매우 영광이었다. 이 박사님 수업에서 학생들이 번역본을 읽고 각 장별로 발표를 했으며, 우리는 훌륭한 토론도 했다. 이혜문 박사가 준비한 번역물이 학생들을 훌륭히 돕고 있었다.

나의 강의를 전후해서 몇몇 학생들이 서울 시내를 안내해 주었다. 한 학생은 내가 두꺼운 안경을 끼고 항상 책을 읽고 연구만 할 것 같은 노년의 남자라고 상상했다고 했다. 이 책에서 그러한 인상을 받는가? 나는 안경을 착용하지 않고, 여자이며, 최근 승진한 대학교수이다. 항상 일본 학생들에게 어떻게 영어를 가장 잘 가르칠 수 있으며, 어떻게 하면 그들을 훌륭한 영어교사로 양성할 수 있을지를 항상 고민하는. 수업시간 동안, 또 수업 외의 시간에도 나는 항상 나의 학생들과 영어교육에 대해 이야기하는 것을 즐긴다.

나도 쇼토쿠 가쿠엔 대학교의 교육학부에서 영어전공 학생들을 가르칠 때 이 책을 사용한다. 한국과 일본의 대학생들이 같은 책으로 공부한다는 것이 놀랍지 않은가? 연구에 대해서도 함께 토론하고, 두 나라의 영어 교육에 관한 토론을 함께 할 기회가 있기를 희망한다.

한국과 일본은 지역적으로도 언어적으로도 가깝다. 우리는 영어를 제2언어로 학교에서 공부하는 것도 같다. 영어 교육에 대한 토론은 영어교육자들과 연구자들에게 매우 중요하다. 더 많은 사람들이 뇌과학과 영어 교육에 관심을 가짐에 따라 이 분야에 더 많은 연구가 필요하다. 한국과 일본에서 이와 같이 같은 문헌을 함께 읽고 새로운 연구 아이디어를 개발하기를 희망한다.

이 책의 출간이 두 나라가 함께 연구하고 교류할 많은 기회로 이어지기를 기원하며……

2013년 3월 3일

오이시 하루미

차례

연구의 자리매김

이 책은 언어 습득 이론을 뇌과학의 입장에서 논한 것이다. 최근의
제2언어 습득 및 외국어 학습 분야의 연구 동향에서 언어 정보 처리 과
정의 연구는 중요한 위치를 차지하고 있으며, 언어를 처리할 때의 의식
(consciousness)에 초점이 맞춰져 연구가 진행되어왔다. 1970년대부터 제
2언어의 학습을 거듭함에 따라 언어 처리는 의식적 처리로부터 자동적
(무의식적) 처리로 이행되어가는지 여부를 연구하기 시작하여, 현재에도
여전히 논의가 갈린다. 이와 같이 종래의 연구에서는 인지적 경험 측
면에서 언어 습득 모델이 제창되었으나, 이 책에서는 이들 모델에 대해
뇌과학적 입장에서 검증할 것이다.

크라센(Krashen, 1977)은 언어를 습득하는 방법을 환경에 의한 '습득'과
'학습'으로 명확하게 구별해 설명하고 있다. 모국어같이 자연스러운 언
어 습득 환경에서 '습득'된 언어는 무의식적으로 처리된다. 그러나 교실
안에서 인위적으로 설정된 학습 환경에서 '학습'된 언어는 항상 의식적
으로 처리된다. 그리고 '학습'에 의해 얻어진 언어 능력(learnt knowledge)
이 '습득'된 언어 지식(acquired knowledge)으로 변화하는 일은 없다고 보
고 있다.

한편에서는 이 구별을 명확히 하지 않고 '학습'에 의해 습득한 언어
지식도 학습이 진행되면 '습득'된 지식으로 변화하여, 언어 처리는 의식

적 처리로부터 자동적 처리로 이행해간다는 입장이 제창되고 있다. 예를 들면 맥러플린 등(McLaughlin et al., 1983)은 주의-처리 모델(Attention-Processing Model)을 구축하여, 학습자는 초급 수준에서 언어를 의식적으로 처리하며 상급 수준으로 올라감에 따라 자동적으로 처리하는 상태로 변해간다고 보고 있다. 또한 비알리스토크(Bialystok, 1982)는 지식의 조작성을 기준으로 볼 때 학습자 자신의 언어 지식으로의 액세스의 용이함 정도를, 액세스가 자동적으로 되고 있는 경우의 '+자동성'과 자동적으로 되고 있지 않은 경우의 '-자동성'으로 분류하여, 초급자에서 상급자로 갈수록 언어 처리는 '-자동성'에서 '+자동성'으로 이행해간다고 보고 있다.

비알리스토크와 셰어우드-스미스(Bialystok & Sharwood-Smith, 1985)는 종래의 이론적 틀을 수정, 발전시켜 '지식'과 '통제'라는 개념을 사용하여 설명하고 있다. '지식'이란 언어의 체계가 학습자의 내면에서 내보이는 방법이며, '통제'란 지식에서 필요한 정보를 끌어내는 절차를 말한다. 따라서 절차적(procedural) 처리에는 지식을 끌어내는 절차 그 자체와 그 수행의 능률성이 포함된다고 보고 있다.

제2언어를 학습하는 과정에서 학습자의 언어를 중간언어(interlanguage: Selinker, 1972)라고 일컬으며, 타론(Tarone, 1988)은 비알리스토크와 셰어우드-스미스(1985)의 이론에 새로이 비판과 수정을 더해, 학습자의 지식은 어떤 습관 단계에서 어떤 지식이 적용되는지에 대한 통일성이 없다고 하는 중간언어의 '가변성(variability position)', 즉 '유라기설'(大喜多, 2000)을 제창하고, 학습자가 언어 정보에 기울이는 주의 정도에 따라 사용되는 언어의 지식이 선택된다고 말하고 있다.

헐스티진(Hulstijin, 1990)도 학습자의 숙달 정도에 상관없이, 언어 처리를 하고 있을 때는 내면에서 끊임없이 지식의 조정과 재구성이 되풀이 된다고 여겨 중간언어의 가변성을 지지하고 있다.

언어 정보를 향한 '의식'의 움직임은 언어 이해를 위해 '알아차림 (noticing)', '주의(attention)'를 발생시켜 학습의 입력(input)이 일어나 학습이 촉진된다고 보고 있다(Schmidt, 1990, 1995; Robinson, 1995; Ellis, 1995; Muranoi, 2000). 그러나 모국어 화자나 언어의 숙달자는 인풋(input)에서 인테이크(intake)로의 이행이 자동적으로 진행된다고 생각할 수 있겠다.

이러한 제2언어 습득 모델의 이론적 틀은 학습자 및 그 교수자인 관찰자의 주관적인 경험에서 제창되는 것으로, 객관성이 부족하다고 지적되어왔다. 근래, 기술 혁신에 의해 fMRI(기능적 자기공명영상법), PET(양전자 단층촬영법), MEG(뇌자기도) 등의 새로운 뇌기능 이미징법(화상법)이 개발되었고, 그 기술이 인간의 내면적 메커니즘을 객관적으로 관찰하는 방법으로 인식되어 뇌신경학 분야뿐 아니라 심리학, 언어학에서도 각광을 받고 있다. 제2언어 습득이나 외국어 학습 분야에서도, 언어 처리의 자동화 연구에 있어 뇌기능 이미징법에 의한 연구가 주목받고 있다. 예를 들면 세갈로비츠(Segalowitz, 2001)는 레이첼(Rachel et al., 1994) 및 피슐러(Fischler, 1998)와 같은 학자들이 시행한 언어 처리의 자동화와 뇌기능의 관련성에 대한 연구를 소개하면서 이러한 연구의 중요성을 주장하고 있다. 톰린과 빌라(Tomlin & Villa, 1994)는 포스너와 피터슨 (Posner & Petersen, 1990) 및 포스너와 카(Posner & Carr, 1992)가 주의와 뇌혈류의 관련성을 PET로 표명했다고 하여, 제2언어 습득과 주의의 뇌과학적 연구 필요성을 주장하고 있다. 그러나 종래의 외국어 교육 연구에서, 특히 일본인 영어 학습자를 대상으로 한 언어 처리 과정과 뇌기능 연구에서는 fMRI나 PET가 대형 장치이고 소음을 동반하기 때문에 연구가 왕성하게 이루어지지 않고 있다.

대형 장치의 제약을 보충하기 위해서 최근 광(光)토포그래피 (topography) 장치(히타치메디코[1]; Hitachi Medical Corporation)가 일본에서 개발되었다. 광토포그래피란 간이적 뇌기능 계측 장치로, 그 구조는 제 6장에서 자세하게 기술할 것이다. 간략히 설명하면 대뇌피질의 혈류량 변화를 헤모글로빈 농도에 의해 계측하고, 그것을 2차원적인 화상에 나타내는 장치이다. 과제에 주의를 돌려 신경 활동이 활발해지면, 그 신경 근방의 혈행동태(血行動態)가 변화한다. 즉 뇌내(腦內)가 활성화하면 대뇌피질이 활동하고, 활동에 필요한 산소를 공급하기 위해 산소를 운반하는 산화헤모글로빈의 농도가 증가한다는 것이 의학 분야에서 확인되어, 혈액 중의 헤모글로빈 양에 의한 대뇌의 활성 상태를 관측할 수 있다.

종래 신경학 분야에서는 언어의 뇌기능을 측정하는 방법으로 fMRI나 PET 등을 사용해왔다. 앞에서도 가볍게 거론했지만 이들 방법을 사용하면 대대적인 실험 설비가 필요하며, 언어 학습자의 데이터 수집에도 어려움이 따른다. 반면 광토포그래피는 일상의 환경에서 비교적 간단하게 측정할 수 있기 때문에, 언어 학습자의 뇌내 메커니즘 설명에 적합하다. 그러나 지금까지 이 기기를 사용한 연구는 매우 적다. 이 장치가 일본에서 개발된 까닭에 일본 외에서의 연구 축적은 거의 전무하며, 일본 내에서도 아직 시작에 불과할 뿐이다. 특히 제2언어 습득이나 외국어 교육 분야에서는 오이시(大石, 2002a)가 처음이다.

---

1 히타치(日立) 그룹의 의료 기기 메이커로, CT나 MRI 등 의료용 화상진단 장치를 개발, 제조한다.

본서에서는 일본인 영어 학습자를 대상으로, 광토포그래피를 사용하여 지금까지 대형 기기의 제약 등으로 연구해오지 못했던 영어 단락(paragraph) 듣기와 읽기에 초점을 두고 언어 처리의 메커니즘을 뇌과학적으로 설명할 것이다.

본서의 목적

—

 본서의 목적은 일본인 영어 학습자의 언어 처리 과정을 뇌과학적으로 설명하는 것에 있다. 종래의 제2언어 습득 모델에서 주의(注意)의 역할 및 언어 처리의 자동화에 대한 연구는 인지학적 시점에서의 주관적 관측에 머물러 있기 때문에, 현재 객관적 시점에서의 검토가 요구되고 있다. 따라서 본서에서는 광토포그래피를 이용하여 언어 학습자의 듣기와 읽기 과제 수행 중의 뇌내 활성 상태를 관측하고, 제2언어 습득의 메커니즘을 뇌과학의 시점에서 객관적으로 설명하는 것을 목적으로 했다.

 본서는 총 10장으로 구성되어 있다. 제1장부터 제5장까지는 언어 습득에 관한 이론적 틀을 개관하고, 제6장부터 제9장까지는 최근 개발된 새로운 뇌기능 측정 장치인 광토포그래피를 사용한 실증 연구를 소개하여 종래의 모델을 검토한다. 구체적인 방법론과 광토포그래피 사용의 의의, 장치와 데이터 처리 방법에 대해서는 제6장에서 다루고 있다. 제10장은 언어 교육과 뇌과학에 대한 앞으로의 과제를 언급했다. 본서 전체의 흐름과 목적은 다음과 같다.

 전반의 제1장부터 제5장까지는 언어 정보 처리 이론에서의 선택적 주의의 작용을 언어 처리의 자동화 관점으로 개관하여, 종래 연구의 문제점과 앞으로 뇌과학적 연구의 가능성을 논하고 있다. 구체적으로 제1장에서는 언어 습득 모델에서의 자동화에 대한 연구, 제2장에서는 언어 습득 과정에서의 주의와 의식에 관한 연구, 제3장에서는 언어 습득에서 선택적 주의의 작용에 대한 연구, 제4장에서는 언어와 워킹메모리에 대한 연구, 제5장에서는 언어와 뇌기능에 대한 연구를 다루고 있다. 그리고 종래 연구의 문제점으로서 언어 습득 모델이 교수자와 학습자의 인지적 경험에 따라 얻어진 것으로, 객관적 관측에 의한 데이터를 포함한 총합적 고찰이 필요하다는 점을 지적하고 있다. 또한 최근의 기술 진보와 함께 비약적으로 발달해온 뇌 연구 분야에 착안하여 제2언어, 외국어 학습자가 언어를 처리하는 과정에서 뇌내 메커니즘 설명의 필요성과 그 가능성에 대해 언급하고 있다.

후반의 제6장부터 제9장에서는 일본인 영어 학습자를 대상으로, 영어 듣기와 읽기 과제를 수행할 때 뇌내 활성도를 관측하는 실증 연구를 소개하고 검토했다. 실험 과제는 크게 나눠 세 가지가 있다. 첫 번째는 영어를 처리하는 뇌내 부위의 측정, 두 번째는 해당하는 뇌내 부위의 최적 활성 상태의 모색, 세 번째는 중간언어의 가능성을 뇌과학적으로 검증하는 것이다.

첫 번째 과제에서 학습자는 뇌내의 어느 부위로 영어를 처리하고 있는지에 대한 의문에 답하기 위해 접근한다. 제2언어 처리 시의 좌뇌설, 우뇌설에 대해서는 이중언어 구사자(bilingual)의 실어증 연구를 시작으로 오랫동안 논의가 되고 있다(Obler & Gjerlow, 1999). 모국어를 이해하는 경우에는 좌뇌의 언어 영역,[2] 이른바 베르니케 영역(Wernicke's

---

2 언어 영역[言語野]: 언어의 이해나 표현을 담당하는 뇌의 부분을 언어 영역(언어 중추)라고 하며, 전언어 영역[前言語野], 후언어 영역[後言語野], 상언어 영역[上言語野]의 세 가지 영역으로 이루어져 있다.
전언어 영역은 '운동성 언어학'이라고도 하며, 언어를 말하는 기능을 담당하고 있다. 후언어 영역은 '감각성 언어학'이라고도 하며, 말이나 문자의 이해와 글자를 쓰는 능력을 담당하고 있다. 상언어 영역은 전언어 영역의 기능을 보조하는 기능을 담당하고 있다고 여겨진다. 이 세 가지 언어 영역은 신경으로 연결되어 있으며, 상호 협조하면서

뇌과학에서의 제2언어습득론

area), 브로카 영역(Broca's area), 각회(角回, angular gyrus), 연상회(緣上回, supramarginal gyrus)로, 최근에는 이들 부위가 모듈(module) 구조를 이루며 상호 관련하여 언어를 처리한다는 견해가 강하다(Homae et al, 2002). 그러나 제2언어를 처리할 때에는 우뇌로 처리하는지, 좌뇌로 처리하는지 논의가 갈린다. 그 견해가 갈리는 요인으로 숙련도, 학습 방법, 학습 개시 연령 등이 거론되고 있다.

제7장의 실험 1에서는 단계 가설(the stage hypothesis: 숙련도가 높은 학습자일수록 좌뇌가 활성화된다)에 대해 검증을 실시한다. 방법으로는 일본인 영어 학습자가 과제를 수행할 때 좌뇌와 우뇌의 활성도를 비교한다. 동시에 학습 숙련도에 따라 뇌내 활성 부위가 다른지에 주목한다. 제7장의 실험 2에서는 좌뇌와 전두엽을 비교하여 언어의 모듈성 가설의 검증을 이끌어냈다. 만약 좌뇌 쪽이 현저하게 활성화되어 있다면, 언어는 좌뇌의 언어 영역으로 모듈 구조를 이용하여 처리된다고 하는 언어의 모듈성 가설이 입증된다. 그러나 전두엽이 좌뇌와 같은 활성도 및 좌뇌보다 명확한 활성도를 나타내면, 인지 활동인 언어 처리는 전두엽, 이른바 워킹메모리(working memory)가 자리 잡고 있다는 부위로만 관측 가능하다고 할 수 있다. 이들 실험 1과 2의 결과에서, 일본인 영어 학습자인 실험 참가자의 영어를 처리할 때 가장 활성화되는 부위를 측정하는 것이 가능해진다.

두 번째 과제에 대해서는 제8장의 실험 3에서 실험 1과 2로 측정된

언어의 기능을 유지하고 있다. 또한 원칙적으로 오른손잡이인 사람은 왼쪽 대뇌반구에, 왼손잡이인 사람은 오른쪽 대뇌반구에 존재한다(출처 : http://kotobank.jp/word/%E8%A8%80%E8%AA%9E%E9%87%8E).

언어 영역에 초점을 맞춰 TOEFL 득점을 기초로 하여 분류한 초급 학습자, 중급 학습자, 상급 학습자를 대상으로, 광토포그래피로 계측한 뇌혈류의 증가량으로 언어 영역의 뇌활성도를 관측한다. 동시에 모국어 화자의 뇌활성 상태를 자동적 처리 상태의 예로 들어 일본인 영어 학습자의 뇌활성 상태를 숙련도별로 비교하여, 숙련도가 높아짐에 따라 영어 학습자의 뇌내에서의 언어 처리 상태가 모국어 화자와 같이 자동적 처리 상태로 근접해가는지 여부를 검증한다.

세 번째 과제에서는 동일 실험 참가자에게 교재의 난이도나 제시 방법을 바꾸어 뇌활성 상태의 변화를 측정한다. 제9장의 실험 4에서 제시하는 과제의 난이도를 2개로 나누어 난이도가 높은 쪽의 과제를 처리할 때보다 낮은 쪽의 과제를 처리할 때, 실험 참가자의 뇌활성 상태가 자동적 처리 상태에 근접하는지에 대해 관측한다. 제9장의 실험 5에서는 과제 수행 전에 내용 정보를 제공하는 경우와 제공하지 않는 경우로 나누어 과제 수행 중의 뇌혈류량을 비교하고, 이를 통해 과제 수행 전에 정보를 제공하는 것이 뇌활성도에 어떤 영향을 끼치는지 관측한다. 즉 스키마(schema, 배경지식)를 활성적으로 하는 것으로, 뇌내에서의 언어 처리 상태는 자동적 처리 상태에 근접하는지 여부에 대해 검증한다. 단, 이 결과는 과제를 2회 반복하여 제시한 반복의 효과도 포함될 가능성을 부정할 수 없기 때문에, 제9장의 실험 6에서는 실험 5의 보충 실험으로서 단순히 과제를 두 번 반복 제시하는 실험을 실시한다. 그리고 첫 번째와 두 번째의 뇌활성 상태를 비교하여 반복 효과의 존재를 조사한다.

제10장은 본서의 총 정리로, 제2언어를 습득하고 외국어를 학습하는 과정에서 언어 처리의 자동화 및 선택적 주의의 작용을 뇌과학 측면에

뇌과학에서의 제2언어습득론

서 고찰하고, 남겨진 문제점 및 앞으로의 과제에 대해 의논한다.

뇌혈류량의 해석에 대해서는 뇌혈류량이 뇌활성 상태를 계측하는 기준이 되는지가 의문으로 부상하지만, 그에 대해서는 선행 연구에서 몇 번인가 보고되었다. 신경학 분야에서는 폭스 등(Fox et al., 1986)이 뇌혈류량은 다양한 자립신경의 관여가 고려되지만, 현재로서는 자극 부하에 의한 뇌의 활동을 조사하는 경우에 뇌혈류량이 고감도로 뇌내의 변화를 촉진할 수 있다고 보고 있다. 인간의 정보 처리에서의 주의 연구 분야에서도 포스너와 피터슨(Posner & Petersen, 1990)은 주의 및 의식이 뇌내의 어느 부위에서 기능하는지에 대한 단일 모듈은 보이지 않지만, 주의와 뇌내 기능의 관계는 상당히 높다고 여겨 혈류량과 주의량에는 정확한 상관관계가 있다고 보고 있다. 이는 곧 혈류량은 언어를 처리할 때 실험 참가자의 주의량, 즉 과제에 대해 얼마큼 선택적으로 주의가 기울어져 있는가, 또한 주의가 무의식적으로 기울어져 있는가, 의식적으로 기울어져 있는가를 판단하는 지표가 된다고 생각한다.

뇌혈류 데이터는 언어 처리 메커니즘을 판단하는 하나의 지표가 되지만, 실제로는 뇌혈류량만으로 뇌활성도와 언어 처리 메커니즘의 관계를 명확하게 하는 것은 불충분하다. 뇌내 혈류 상태의 의미를 뒷받침하기 위해서 언어를 처리할 때 뇌 활동을 야기하는 여러 가지 요인과의 관련성을 고려해볼 필요가 있다. 그래서 본서에서는 뇌과학적 현상으로서 파악되는 뇌혈류와 메타인지적 현상으로 파악되고 있는 학습자의 영어 능력, 이해도 테스트, 학습력(歷), 사용하는 전략(strategy) 등의 양면으로부터, 영어 학습자의 언어 처리 시 뇌내 메커니즘을 통합적으로 분석하는 것을 목적으로 한다.

제1장

언어는 어떻게 습득되는가?

···

　우리는 매일 신문을 읽거나 TV 뉴스를 듣는 등 극히 많은 양의 복잡한 정보 안에서 생활하고 있다. 인간의 정보 처리 능력에는 한계가 있다고 알려져 있는데, 넘쳐나는 정보 속에서 자신에게 필요한 정보를 어떻게 받아들이고 이해하고 있는 것일까. 체리(Cherry, 1953)는 '칵테일파티 현상'(제2장 참조)을 제창하여, 인간은 많은 정보 속에서 동시에 몇 가지를 보고 들으며 정보를 얻을 때 불필요한 정보는 배제하고 필요한 정보만 선택한다고 주장하고 있다.

　제2언어 습득 이론은 인간의 정보 처리 이론을 기본으로 하고 있다. 제2언어를 듣거나 읽을 때는 제1언어의 정보 처리와 마찬가지로, 많은 정보 속에서 필요한 정보만을 선택하는 것이 학습의 효율성과 연결된다. 언어 학습의 숙달자가 정보를 빠르고 정확하게 이해하는 것은 주지의 사실이지만, 제2언어 습득의 이론 연구에서 학습을 거듭하면 모국어를 사용할 때와 같이 자동 처리 상태가 되는지 여부는 현재까지 오랫동안 논의의 대상이 되고 있다. 본 장에서는 언어 처리의 자동화 관점에서 인간의 언어 정보 처리 메커니즘을 탐색하고, 제2언어 습득 모델을 개관한다.

1.1 언어 정보 처리의 구조

1.1.1 의식적 처리와 자동적 처리

언어 정보 처리 과정에서 의식 연구는 인간의 정보 처리 이론에서 시작되었다. 지금까지 가장 잘 알려진 예로는 포스너와 스나이더(Posner & Snyder, 1975)의 2단계 정보 처리 모델이 있다. 인간의 정보 처리 방법은 일반적으로 2단계가 있으며, 그것은 의식적 주의(conscious attention)와 자동적 활성화(automatic activation)로 구성되어 다음과 같이 정의되고 있다. 의식적 주의란 스스로가 의식적 컨트롤 아래에서 정보에 주의를 기울이고 처리하는 의식적 처리 단계이며, 정보를 처리하는 용량(processing capacity/심적 자원: mental resource)이 한정되어 있다. 한편 자동적 활성화란 그 사람의 의식적 컨트롤을 받지 않고 일어나는 자동적(무의식적) 처리 단계를 나타내며, 처리 용량의 제한을 받지 않는다.

이 2단계 설은 종래의 언어 처리에서 주의(注意)를 연구하는 중요한 이론이 되었다. 그리고 이 두 가지 처리 방법의 특징은 다음과 같이 설명되고 있다. 의식적 처리의 특징은 ① 정보가 처리되는 데 시간이 걸린다, ② 정보 수취자의 의식적 주의를 필요로 한다, ③ 의미적으로 관계없는 정보를 처리하는 경우에는 기억정보의 검색을 억제한다. 반면 자동적 처리는 ① 정보가 매우 빠르게 처리된다, ② 의식적 주의를 필요로 하지 않고 정보가 처리된다, ③ 의미적으로 관련이 없는 정보에서는 주의가 활성화되지 않으며, 기억정보의 검색에 영향을 미치지 않는다. 또한 정보 처리 과정에 대해서 의식적 처리의 단계부터 자동적 처리의 단계로 이행해가는 과정을 자동화(automatization)라고 한다

뇌과학에서의 제2언어습득론

(Posner, 1978; Posner, Inhoff, Friedrich & Cohen, 1987).

언어 정보 처리에서 자동적 처리 상태란 언어를 유창하게 다룰 수 있는 것을 가리킨다. 필모어(Fillmore, 1979)에 의하면, '유창함' 또는 '유창한 사람'의 정의는 디스크자키나 스포츠 아나운서처럼 '흐르듯이 많은 어휘를 조작할 수 있는 사람이나, 일상 회화에서도 화제의 질이나 내용이 풍부하고 그 진행이 유창한 사람'으로 보고 있다. 제2언어로 커뮤니케이션을 하는 경우에도 유창한 화자란 말하는 질(質)과 양(量)이 모두 풍부하며, 메시지를 보내는 상대에게 정확히 의사를 전달할 수 있는 사람을 말한다. 유창한 청자(듣는 사람)에 대해서도 재빠르게 정보를 이해하여 상대와 원활한 커뮤니케이션이 가능한 사람을 말한다.

주의(注意)와 유창함에 대해서 학습자는 학습의 초기 단계에서는 주의를 필요로 하지만 연습을 반복하면 주의를 기울일 필요가 없어지며, 다음에는 주의 자원을 고도의 인지 활동으로 기울이기 위해 활용할 수 있는 후기 단계로 이동하여 유창하게 언어를 처리할 수 있게 된다고 생각할 수 있다. 언어 처리가 유창한 학습자는 언어를 간결하고 정확하게 처리할 수 있어 언어적 부담이 적고, 무의식중에 중요한 정보로 주의를 기울이므로 정보 선택의 효율이 좋다. 반면 유창함이 결여된 학습자는 언어 이해에 시간이 걸리거나 올바르게 이해하지 못하기 때문에 많은 주의를 기울임으로써 불필요한 노력을 하게 된다(Lennon, 1990).

다만 로건(Logan, 1988)은 인스턴스 이론(Instance Theory)을 제창하여 "자동화되어 있지 않은 경우는 규칙에 기인하여 과제가 수행되지만, 자동화되면 과제는 이미 학습한 지식을 검색하는 것으로 수행된다. 그러므로 연습을 거듭하면 축적되는 지식량이 증가하여 검색하기 쉬워진다. 즉 과제에 주의를 기울이면 필연적으로 정보가 기억에 부호화되어,

기억으로부터 검색된다. 사람이 새로운 정보를 접했을 경우에는 각각의 기억에 부호화되어 저장되고 검색된다"라고 보고 있다. 다시 말해, 유창함은 언어 처리 자동화 결과에 의한 것이 아니라, 문법 규칙 등 연산적인 법칙에 기인한 처리 방법(rule-based)이 순간 기억에 기인한 처리 방법(memory-based)으로 변화한 결과로 보고 있다.

영어 학습에서 듣기, 말하기, 읽기, 쓰기의 네 기능을 처리하는 데 유창한 학습자는 단시간에 많은 언어 정보를 처리한다고 말할 수 있다. 따라서 학습에서 주의가 수행하는 역할은 크다.

1.1.2 무의식적으로 주의하려면?

의식을 기울이지 않은 정보, 이른바 자동적으로 주의가 작용하는 경우, 정보는 어떻게 처리되고 있는 것일까. 최근에는 점화 효과(priming effect)라고 불리는 현상으로 설명되어 명백해졌다. 점화 효과란 선행 자극을 줌으로써 후속해서 제시되는 정보의 처리를 촉진하는 것이다. 이 연구로 현재까지 밝혀진 것은 자동적 처리가 일으키는 메커니즘에 대해 선행 자극이 제시됨으로써 후속 자극이 자동적으로 처리되는 것이 아니라, 우리가 갖고 있는 기억 구조 속에서 정보가 의미적으로 관련되었을 경우 자동적 처리가 이루어진다는 것이다. 즉 사람이 지금까지의 학습이나 경험으로 이미 갖고 있는 지식에, 새롭게 의미적으로 접한 정보가 매치되어 이해되었을 때 자동적으로 처리할 수 있게 된다고 생각할 수 있겠다.

포스너와 스나이더(1975)도 문자 매칭의 점화 효과 연구에서 실험 참가자를 주의군(注意群)과 비주의군(非注意群)으로 나누어 선행 정보에

뇌과학에서의 제2언어습득론

의한 주의의 작용에 대한 결과를 보고하고 있다. 선행 정보로 단어 자극을 가하는 방법을 통해 실험 참가자의 주의를 직접 조작하고, 그 효과를 검토했다. 주의의 조작 방법을 실험 참가자의 반응 시간으로 측정하고, 실험 참가자에게 제시된 선행 자극에 대해 목표 자극이 의미적으로 관련 있는 경우에는 반응 시간이 단축되어 정보 처리도 촉진된다. 반면 선행 자극에 대해 목표 자극이 의미적으로 관련 없으면 반응 시간이 늦어지고, 정보 처리도 억제된다고 보고 있다. 그리고 점화 효과 타입,[3] 이른바 과제 수행 전의 자극 타입에 의해 결과가 달라지는 것이 아니라, 실험 참가자가 주의를 조작하는 방법에 의해 반응이 달라진다고 보고 있다. 즉 선행 자극과 목표 자극이 의미적으로 관련 있으면 주의는 자동적(무의식적)으로 작용하고, 의미적으로 관련 없으면 의식적으로 작용한다고 판단하여 과제를 수행할 때 주의의 조작 방법이 정보 처리에 큰 영향을 끼치는 것을 명확하게 시사하고 있다.

일반적으로, 자동적(무의식적) 처리에 대해서는 의식이 관여하지 못하고 전적으로 수동의 행위로 생각되나, 그보다 더 중요한 것은 앞에서 기술한 점화 효과와 같이 자동적인 처리는 우리의 기억 구조에 의존해서 처리되고 있다고 여겨진다. 자동적 처리가 기억 구조의 작용이라고 한다면, 그 기억 구조는 다음에 어떤 정보가 제시되는가를 예측하는 것이 된다.

언어 습득에서 스키마(schema) 이론(제3장 3.2 참조)도 같은 입장이다. 정보 수취인의 스키마(배경지식)가 있는 정보는 이해되기 쉽다. 즉 배경지식이 없는 경우에는 인지 활동이 감소하여 텍스트가 잘 이해되지 않

---

3 청각, 또는 시각 자극과 같은 감각 종류에 따른 유형을 말한다. (역자주)

는데, 이것은 새로운 정보에 의식적으로 주의를 기울이지 않으면 안 되기 때문이다. 이러한 경우에는 정보 처리의 효율이 매우 나쁘고, 노력에 비해 성과도 적다. 따라서 스키마는 텍스트를 이해하기 위해 준비 상태를 형성하는 가이드 역할로 기능하고 있는 셈이다. 제2언어 습득에서 많은 정보를 기억 구조 속에 축적하여 자동적 언어 처리를 가능하도록 하는 것이 학습자의 도달 목표라고 말할 수 있다.

앞서 설명한 점화 효과와 같이, 어떤 정보를 처리한 직후에 관련된 정보가 처리되기 쉽다고 하는 것은, 우리 인지 구조가 정보를 축적하면 할수록 새로운 정보를 처리하기 쉽게 만드는 것과 같은 준비를 한다고 해석할 수 있다. 인간의 정보 처리에 있어서는 정보를 축적하는 과정에서, 의식적 처리부터 자동적 처리로의 이행이 완료된 상태가 최적의 언어 처리 상태임을 생각할 수 있다.

1.2 제2언어 습득 모델

언어 습득은 때로는 피아노, 스포츠 등의 기술 습득과 비슷한 과정으로 설명된다. 기술 습득에서는 연습을 거듭하면 거듭할수록 실력이 향상되어 자동적(무의식적)으로 실행하게 된다. 언어 습득 과정도 마찬가지로, 성공적인 언어 습득 상태는 학습자가 언어를 접했을 때 자동적으로 주의가 기울여져 언어 처리가 진행되는 상태라고 말할 수 있다.

그러나 크라센(Krashen, 1977)은 '습득'된 지식과 '학습'에서 얻은 지식으로 언어 지식을 나누어, 전자는 잠재적 지식 및 암묵적 지식(implicit knowledge)으로 일컬어지는 무의식적 지식, 후자는 현재적 지식 및 명시적 지식(explicit knowledge)으로 일컬어지는 의식적 지식으로 여기고 있다. 전자의 지식이 후자의 지식으로 변화하는지 여부는 의견이 갈리는 부분으로, 변화한다는 입장을 교차이론 입장(interface position), 변화하지 않는다는 입장을 비교차이론 입장(non-interface position)으로 부르고 있다. 역사적으로는 비교차이론 입장이 먼저 제창되었고, 수년 후 교차이론 입장에서 반론이 제기되었다.

1.2.1 비교차이론 입장

비교차이론 입장의 대표적 언어학자는 크라센(1977)으로, 외국어로서 언어를 습득한 경우에는 언어 처리가 의식적 처리 상태에 머물러 자동적 처리 상태로의 이행이 불가능하다고 말한다. 그 이유로는 언어를 습득하는 환경을 들어, 모국어와 같이 자연적인 상태에서 언어와 접촉해 습득하는 경우와, 학교 등의 인위적으로 설정된 환경에서 습득한 경우와는 성질상 현저한 차이가 있다고 주장한다. 그리고 이들의 습득 방법과 그 결과에 대해서는 상호 양립하지 않는 것으로 보고 있다. 언어 지식은 모국어 습득과 같이 자연스러운 환경에서는 무의식적 프로세스로 처리되고, 교실과 같은 인위적 환경에서는 의식적 프로세스로 처리된다고 설명하고 있다. 이 가설을 언어 습득 방법의 관점에서 '입력 가설', 처리 방법의 관점에서 '모니터 가설', 심리적 작용으로서의 관점에서 '정의(情意) 필터 가설'로 제창하고, '습득'과 '학습'의 두 가지 방법을 명확하게 구별하고 있다. 뒤에 이 가설들을 순서대로 기술하겠다. 덧붙여 크라센의 가설 중 '자연 습득 순위 가설(The Natural Order Hypothesis)'은 언어를 습득하는 환경이 '습득'이든 '학습'이든, 특정 문법 형태소(grammatical morpheme)의 습득 순서는 예측 가능하다는 주장으로, 언어 처리의 자동화와는 관련이 적기 때문에 본서에서는 굳이 다루지 않겠다.

먼저 '습득-학습 가설(The Acquisition-Learning Hypothesis)'에서는, 성인 제2언어 학습자는 언어를 습득할 때 두 종류의 처리 패턴이 있다고 설명한다. 영어권에서 모국어를 습득하는 것과 같이 자연스러운 환경에서 언어를 접촉하는 방법을 '습득(acquisition)'이라고 부르며, 여기서 입력된 언어 지식은 무의식적으로 처리된다. 이것은 학습자의 언어 시스템을 구성하는 직감적 프로세스로 보고 있다. 반면 교실 내에서 언어와 접촉한 경우에는 '학습(learning)'이라고 부르며, 여기서 얻어진 지식은 의식적으로 처리된다. 학습 과정에서 학습자 자신이 그 자신의 이해 프로세스를 의식적으로 모니터하고 있는 것이다. 그리고 이 두 가지 프로세스는 영원히 서로 양립하지 않는 것으로 '학습'된 지식이 '습득'된 지식과 동일해질 수 없으며, 각각 단독 지식으로서 학습자의 내면에 축적된다고 보고 있다.

다음으로 '입력 가설(The Input Hypothesis)'에서는 학습자가 언어 습득에 성공하는 것은 'i+1'이라고 하는 특별한 입력을 받은 경우라고 말하고 있다. 여기서 'i+1'이란 학습자의 현재 지식(i)보다 경미한 정도의 미(未)습득 요소(1)가 더해진 학습 환경으로, 이 수준의 언어 정보를 접했을 때 학습자는 이해 가능한 인풋(comprehensible input)을 얻게 되며, 인간에게 선천적으로 타고난 언어 습득 장치(LAD, Language Acquisition Device: 이 장치는 인간의 모든 언어 습득에 작용하는 것으로 여겨지고 있다. 제3장 3.7.2 참조)가 작용한다고 보고 있다. 이 가설은 오직 'i+1' 수준의 인풋만이 언어 습득 장치를 작동시켜 언어 습득은 무의식적으로 진행되

뇌과학에서의 제2언어습득론

고, 학습자의 언어 능력 향상에 도움을 준다고 주장한다. 인풋의 개념과 역할에 대해서는 지금까지도 맥나마라(Macnamara, 1973)나 바그너-고프와 해치(Wagner-Gough & Hatch, 1975)가 그 중요성을 보고하고 있으나, 입력 가설에서도 제2언어에서의 인풋의 역할에 주목하고 있으며, 언어 정보의 의미에 초점이 맞추어져 이해 가능한 인풋을 받아들이는 것으로 언어가 습득된다고 주장한다. 그리고 학습자의 입장에서 너무 어려운 과제를 할당받았을 때, 의미에 초점을 둘 수 없게 되어 언어 습득에 도움이 되지 못하고 인풋은 얻을 수 없다. 학습자 입장에서 너무 간단한 과제를 부여받았을 경우에도, 설령 그것이 이해 가능할지라도 인풋은 일어나지 않는다고 설명하고 있다.

또한 코더(Corder, 1967)는 언어를 습득하는 과정에서 입력된 정보가 또다시 이행되어 내재화되는 것을 '인테이크(intake)'라고 하여 당시로서는 새로운 개념을 제창했다. 인테이크된 정보는 학습자의 장기기억 저장고에 비축되어 필요할 때 선택적으로 이용된다. 그리고 학습자는 정보를 인테이크하는 것으로 언어 발달을 촉진시킬 수 있다.

블레이-브로먼(Bley-Vroman, 1988)도 크라센(1977)과 비슷하게 제2언어나 외국어는 의식적으로 처리되는 것이라고 주장하여, 의식적으로 얻어진 언어 지식과 능력은 자동적 처리를 하는 일이 없다고 보고 있다. 반론으로 오들린(Odlin, 1986)은 크라센이 학습자의 학습 과정을 '습득'과 '학습'으로 이분화하는 근거가 분명하지 않아 개념 자체가 불분명하다는(the notoriously slippery notion) 비판을 널리 받고 있기도 하다.

'모니터 가설(The Monitor-Hypothesis)'(Krashen, 1977)에서는 모니터 기능(그림 1-1)이 '학습'된 언어 지식을 사용하는 경우에 작용하여 올바르게 언어가 처리되고 있는지 여부를 '감시하는 역(watchdogging)'을 하는 장치라고 설명하고 있다. 소위, 학습자가 스스로 사용한 언어가 문법적, 구문적, 의미적으로 올바른지를 확인하는 기능이다. 또한 모니터가 기능하기 위한 조건에는 다음 세 가지가 있다고 주장한다. ① 충분한 시간이 있어야 한다, ② 언어의 정확함에 초점이 맞춰져 있어야 한다, ③ 학습자가 언어 규칙을 이미 알고 있어야 한다. 모니터가 과잉으로 기능하고 있는 경우에는 언어 형식으로 과도한 의식이 집중되고, 또한 모니터가 전혀 기능하지 않는 경우에는 언어 형식에 의식이 기울여지지 않고 실수가 많아짐으로써 언어 처리가 원활하게 이루어지지 않는다. 따라서 언어 사용에서 모니터는 적정하게 기능하는 것이 바람직하다고 주장하고 있다.

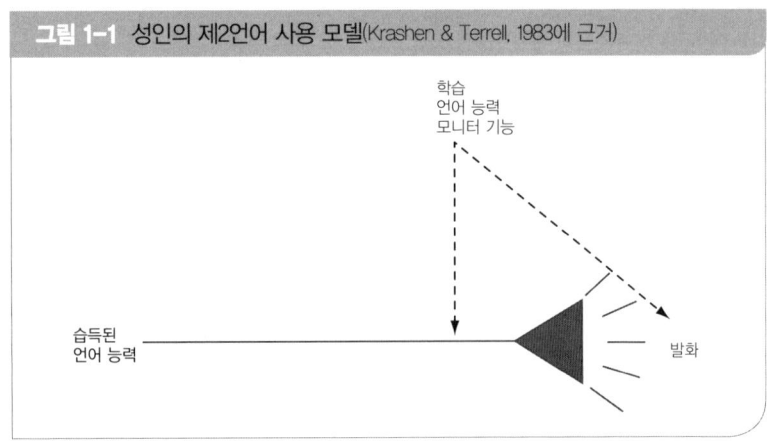

그림 1-1 성인의 제2언어 사용 모델(Krashen & Terrell, 1983에 근거)

이 가설에서는 모니터 기능이 작용하는 것은 의식적으로 '학습'된 명시적 지식을 이용할 때뿐이라는 점이 강조되어 있으나, 실제 커뮤니케이션 상황에서는 '습득'한 암묵적 지식을 사용하는 경우에도 모니터 기능이 작용하고 있는 가능성을 부정하고 있지 않다. 따라서 제1언어나

뇌과학에서의 제2언어습득론

제2언어에 관계없이 언어를 사용할 때, 잠재적인 지식이 학습자의 내면에서 처리되는 과정에서 필요하다면 모니터 기능이 작용할 가능성도 있다고 생각되고 있다.

'습득'과 '학습'을 구별함에 있어 그 애매함에 대한 비판이 있다. 학습자의 능력이 '습득'된 지식에 의한 것인지, '학습'된 지식에 의한 것인지 명확하게 구별하는 것이 불가능하므로 모니터 기능이 언제, 어떤 상황에서 작용하는 것인지에 대해서는 밝혀져 있지 않다(Mitchell & Myles, 1998)고 지적받고 있다.

마지막으로, 크라센이 문제 삼고 있는 것은 '정의(情意) 필터 가설(The Affective Filter Hypothesis)'이다. 정의 필터란 언어를 처리할 때의 심리적, 감정적 장벽(mental block)을 말한다. 언어 처리 시 심리적으로 장벽이 있으면 학습자의 동기가 결여되거나, 과제에 대해 흥미나 관심이 없어지기도 한다. 또한 자신의 실력에 자신이 없을 경우, 심리적으로 필터가 걸리게 되어 언어 정보를 입력하려고 해도 무의식중에 장벽이 생겨버려 인풋을 받아들일 수 없다. 설령 인풋을 받아들였다 하더라도 언어 습득 장치가 작용하지 않고, 잠재적인 지식으로서 정보가 축적되지 않는다고 주장한다. 주의의 작용으로서 생각해보면, 정의적 필터가 작용하면 주의를 기울일 수 없게 되거나, 주의 과잉이 된다고 생각할 수 있다.

반론으로 그레그(Gregg, 1984)는 정의적 필터 개념은 막연한 이미지가 제시되고 있을 뿐, 동기 부여가 낮은 학생에게 왜 필터가 되는지 이론적으로 설명되어 있지 않다고 비판한다. 또한 정의적 필터 가설은 불안(anxiety) 연구와도 관련되어 있다. 앨퍼트와 하버(Alpert & Haber, 1960)는 불안을 촉진성 불안(facilitating anxiety)과 억제성 불안(debilitating anxiety)으로 구별하여 설명하고 있는데, 언어 과제에 대해 불안이 과잉 상태이거나 전혀 긴장감이 없는 상태인 경우에는 학습을 방해하지만, 긴장감이 적절하게 있는 경우에는 학습을 촉진시킨다고 보고 있다. 스코블(Scovel, 1978)은 촉진성 불안은 학습 시 새로운 과제(task)와 '격투'하듯이 동기를 부여하는 반면, 억제성 불안은 학습자를 새로운 학습 과제로부터 '피난'하도록 동기 부여하고 있다고 주장했다. 나가사카(長坂, 2003)도 불안한 정도와 언어 학습의 숙달도에 대해, 학습자 자신이 느끼는 불안과 실제 학력에는 상관성이 있다고 설명한다. 언어 과제에 기울이는 주의도 마찬가지로 해석되는 것은 아닐까? 이것에 대해서는 본서 제8장에서 다루고 있다.

정리하면, 크라셴의 가설에서는 제1언어 습득과 같이 학습자의 주의가 의미로 돌려져 입력이 이루어진 경우에 한해 '습득'된 암묵적 지식이 무의식적으로 처리된다고 생각되고 있다. 그러나 이 가설이 옳다고 한다면, 교실 안에서 '학습'된 지식은 명시적 지식이 되어 항상 주의가 의식적으로 집중됨으로써 원활한 커뮤니케이션이 불가능하게 된다(Grass & Selinker, 1994). 그에 반해 엘리스(Ellis, 1990)나 다우티(Doughty, 1991)는 인위적 환경에서 학습자가 의식적으로 얻은 명시적 지식도 커뮤니케이션 능력 향상에 도움이 된다고 말했다. 더욱이 맥러플린(McLaughlin, 1983, 1990)이나 슈미트(Schmidt, 1990)도 학습자가 얻은 지식은 명시적, 암묵적으로 구별할 수 없으며, 오히려 교실 안에서 의식적으로 처리된 새로운 지식을 장기 기억으로 저장해두는 것으로 점차 지식을 자동적으로 사용할 수 있게 되며, 명시적 지식은 암묵적 지식으로 변화하는 것이 가능하다고 하였다.

1.2.2 교차이론 입장

(1) 맥러플린의 주의-처리 모델

크라센이 '습득-학습 가설'에서 학습자의 지식을 구별하여 '습득'으로 얻어진 지식은 암묵적 지식이며 '학습'에서 얻어진 지식은 명시적 지식이라고 하는 데 비해, 맥러플린 등(1983)은 이와 같이 뭉뚱그려 구별하지 않고 학습자가 정보 처리를 할 때 주의의 조작 방법을 거론하여 주의-처리 모델(Attention-Processing Model)을 제창하고 있다. 이 모델에서는 학습자가 언어 정보를 처리하는 방법을 컨트롤 처리와 오토매틱 처리로 구분하고, 그것들을 연속선상에 자리 매겨 언어 처리는 학습을 거듭하는 동안 컨트롤 처리에서 오토매틱 처리로 이행해가는 것이라고 주장한다. 컨트롤 처리 되는 지식은 '일시적 능력'이며, 오토매틱 처리 되는 지식은 '꽤 영원한 능력'이다. 컨트롤 처리는 학습자가 처음 접하는 언어 정보를 이해할 때의 처리 방법으로, 이것은 어떤 일을 처음 접하기 시작한 초심자의 특징적 처리 방법이라고 생각된다. 이 방법에서는 학습자에게 있어 언어 정보를 이해하는 것이 곤란하며, 아주 작은 사항만이 학습자의 기억에 유지된다.

언어뿐만 아니라 모든 기능 습득 방법이 이와 같다고 말할 수 있다. 예를 들면 테니스 경기에서 라켓으로 공을 치고, 그 공이 네트를 넘어서 상대측의 코트 안으로 들어가야 한다는 규칙이 초심자에게는 터무니없이 복잡한 일로 느껴지는 것과 마찬가지이다. 한편 오토매틱 처리에서는 초심자일 때 어렵게 느끼던 것이 간단해지고, 숙달된 능력을 발휘한다. 컴퓨터로 비유하자면, 오토매틱 처리란 하드디스크 드라이브에 저장된 셀 수 없는 정보를 자유자재로 조작할 수 있고, 몇 개의 기능을 동시에 작동시키는 것도 가능한 처리 방법이다. 인간의 정보 처리에서는 뇌내에 축적되어 있는 다량의 정보를 동시에 자동적으로 처리하여 언어 정보를 재구축하는 프로세스라고 생각할 수 있다. 이 프로세스 안에서는 주의가 무의식적으로 작용하여 목적을 위해 필요한 기능을 자동적으로 선택, 처리할 수 있게 된다. 학습자의 언어 정보 처리도 마찬가지로, 오토매틱 처리란 필요한 언어 정보에 무의식적인 주의가 기울여져 자동적으로 처리되는 것을 말한다. 스코블(2001)이 소개한 맥러플린(1987)의 모델을 소개한다(그림 1-2).

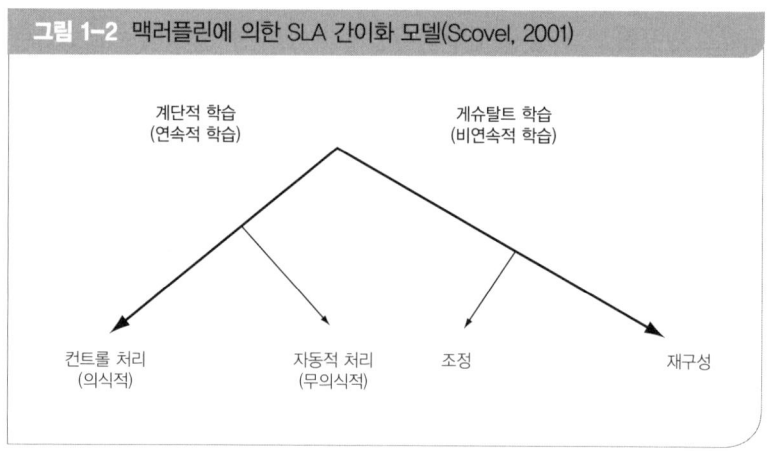

그림 1-2 맥러플린에 의한 SLA 간이화 모델(Scovel, 2001)

맥러플린(1987)의 모델은 슈나이더와 시프린(Schneider & Shiffrin, 1977)에 근거하여 크라셴의 '습득-학습 가설'을 비판하고 있다. 제2언어의 학습 방법은 우선, 단계적 학습 (incremental)과 게슈탈트 학습(gestalt)으로 나뉜다고 한다. 단계적 학습이란 스텝 바이 스텝으로, 한 단계씩 위의 단계로 올라가는 방법이다. 요리를 레시피에 따라 만들어가는 방법

뇌과학에서의 제2언어습득론

과 비슷하다. 한편 게슈탈트 학습이란 학습을 점차 늘려가다가 어느 날 갑자기 습득하는 방법을 말한다. 어릴 때 자전거 타기 연습을 하면서 몇 번이고 넘어지다가 어느 날 갑자기 자전거를 탈 수 있게 된 기억은 없는가?

단계적 학습은 다시 컨트롤 처리(의식적)와 자동적 처리(무의식적)로 구분되며, 이들은 다시 초점적 주의(focal attention)와 주변적 주의(peripheral attention)를 가동시켜 작업하는 경우가 있다(표 1-1). 자동차 운전에 비유한다면, 운전을 할 때 초점적 주의가 중심이 되어 시동을 걸고 액셀을 밟아 차를 움직이게 하지만, 동시에 주위에서 달리고 있는 자동차에도 주변적 주의를 기울이며 운전하는 것으로 설명할 수 있다.

표 1-1 맥러플린의 주의-처리 모델의 실용적 응용(McLaughlin et al., 1983)

언어정보로의 주의	언어정보처리 과정	
	컨트롤 처리 (새로운 기술의 습득, 처리용량에 제한이 있다)	오토매틱 처리 (숙련된 능력, 처리용량은 매우 많다)
초점적 주의	(A)문법규칙의 사용	(B)테스트를 받을 때
주변적 주의	(C)암시적 학습, 유추학습	(D)커뮤니케이션의 장

주의를 집중하고 있는 경우의 초점적 주의가 의식적이고, 주변으로 향하고 있는 경우의 주변적 주의가 무의식적이라고 해석할 수도 있지만 반드시 이 유추가 들어맞는다고는 할 수 없으며, 의식적 처리-자동적 처리 어느 쪽도 집중적 처리이거나 주변적 처리일 경우도 있다고 보고 있다. 반면 모두 의식적 작업이라는 헐스티진(Hulstijn, 1990)의 견해도 있다.

게슈탈트 학습 방법은 조정과 재구성으로 나뉜다. 조정이란 학습자가 스스로 가설을 검증하는 방법으로서, 배경지식에 꼭 들어맞는 것을 짜 맞추어가는 방법이다. 재구성이란 학습자가 오해하고 있던 지식을 수정하는 방법이다.

단계적 학습은 컨트롤 처리부터 시작하여, 언어 처리나 과제에 익숙해짐에 따라 점차 오토매틱 처리로 이행해간다. "이렇게 하여 학습자가 점차 고도의 수준에 도달함에 따라 컨트롤 처리는 오토매틱 처리로 이행하기 위한 이른바 '발판'을 구축하는 것이다"(McLaughlin, 1987). 처음에는 서투른 커뮤니케이션을 하지만, 주저하면서 말을 꺼내기 시작하고 점차 유창하게 이야기를 할 수 있게 된 학습자는 컨트롤 처리에서 오토매틱 처리로 이행하고 있는 셈이다. 이 점으로 생각해보자면 이 모델은 '낮은 스킬'과 '높은 스킬'로의 연속성에 초점을 맞춘 것으로, 이른바 언어 처리의 자동화 개시부터 완료까지의 과정에 초점을 둔 모델이라고 할 수 있겠다.

이상으로부터, 언어 학습자의 커뮤니케이션의 궁극적인 목표는 언어 정보 처리 과정에서의 주의가 자동적 처리로 액세스가 가능해지는 것이라고 생각할 수 있겠다. 즉 학습자가 언어 정보를 자동적으로 입력하고, 입력한 지식을 인테이크로 이행 가능하게 하는 것이며, 그러한 언어 처리 상태가 최적인 상태이다.

(2) 비알리스토크의 언어 학습 모델

비알리스토크(Bialystok, 1978)의 모델(그림 1-3)은 제2언어 습득에서 학습자의 지식을 명시적 지식과 암묵적 지식으로 분류하는데, 명시적 지식이란 학습자가 의식적으로 사용하는 지식이며, 암묵적 지식이란 무

뇌과학에서의 제2언어습득론

의식적으로 사용하는 지식이라 정의하고 있다. 이와 같이 사람의 지식을 두 가지로 분류하긴 했지만, 이 두 가지 지식이 서로 양립하지 않는 것(exclusive)이라는 크라센(1977)의 주장에 대해, 비알리스토크(1978)는 이들 지식을 사용하는 전략은 개인에 따라 다르지만 언어 처리 과정은 보편적인 것이라고 설명하고 있다. 〈그림 1-3〉에서 '반응'은 메시지를 받는 쪽의 반응이며, '타입 Ⅰ'은 자동적인 반응, '타입 Ⅱ'는 시간차 반응으로 상대의 메시지에 대해 조금 늦은 반응이라고 할 수 있다.

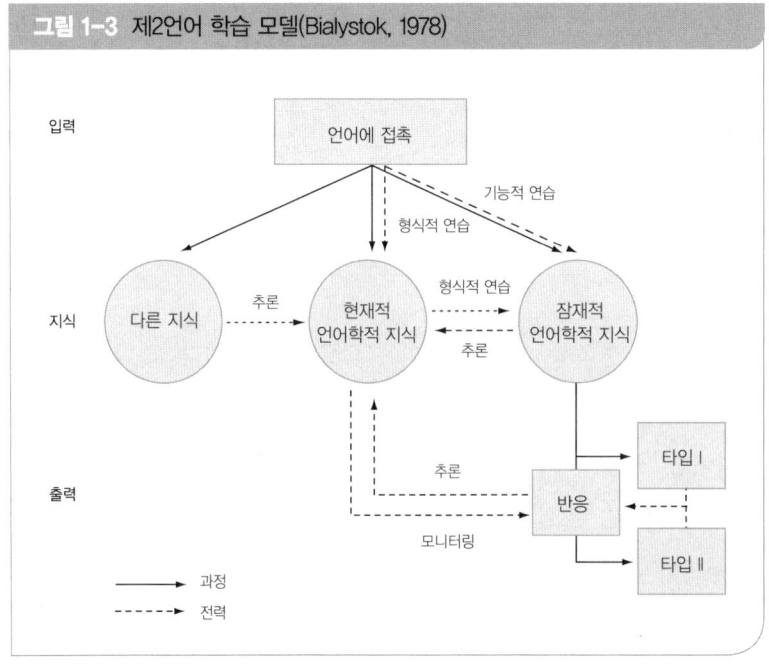

그림 1-3 제2언어 학습 모델(Bialystok, 1978)

수년 후 비알리스토크(1982)의 모델(그림 1-4)에서는 지식을 분석성과 자동성으로 분류하고 이 두 가지 지식은 상호작용하고 있다고 하여, 언어 처리는 '-자동성'에서 '+자동성'이 됨으로써 학습이나 익숙함에 의해 자동 처리로 이행한다고 설명하고 있다. 이 모델에서 언어 사용 장면은 교실 안이 되기도 하고, 실제 커뮤니케이션의 장이 되기도 한다. 각각의 장면에서 인지적, 언어적, 사회적 요구에 의해 필요로 하는 지식이 다르므로 학습자가 그 요구를 자신의 운용력으로 채울 수 있을 경우에만 언어 사용은 성공한다.

그림 1-4 분석성과 자동성에 의한 중간언어 운용의 가변성(Bialystok, 1982)

(A) +분석성 −자동성	(B) −분석성 +자동성
(C) +자동성 −자동성	(D) −분석성 −자동성

이 요구를 충족할 수 있는 요인에는 두 가지가 있다. 하나는 지식의 분석성(analytic)이며, 다른 하나는 지식의 조작성(control)이다. 지식의 분석성이란 '지식의 구조를 마음속에서 분석적으로 표시할 수 있는 과정'으로 정의되어, 분석적 지식(+분석성)에서는 학습자가 지식의 구조성을 명확하게 분석적으로 파악하고 있다. 한편 비(非)분석적 지식(−분석성)에서는 학습자가 지식의 구조화를 자각하고 있지 않은 상태이다. 학습자의 지식 구조를 개발하는 단계는 초기 때는 애매한 암묵적 지식이지만, 점차 명확한 명시적 지식이 되어 형식적 지식이 되어간다고 보고 있다. 또한 습득을 거듭하면 그것은 다시 암묵적 지식으로 이행해간다고 생각된다. 지식의 조작성에 대해서는 '학습자가 자신의 언어 지식에

대해 갖는 액세스의 용이함의 상대적 정도'로 정의되고 있다. 이 조작성은 자동적으로 액세스할 수 있는 단계(+자동성)와 자동적으로 액세스되지 않는 단계(-자동성)로 나뉜다. 조작성의 개념을 확대하고, 학습의 궁극적 목표는 실시간으로 정보를 선택, 조화, 통합하는 것이라고 설명했다. 따라서 주의도 언어 지식의 조작성이 높아질수록 무의식적으로 활동한다고 생각할 수 있다.

여기서 앤더슨(Anderson, 1983)에 의한 ACT(Adaptive Control of Thought) 모델을 명시해두겠다. ACT 모델은 인지심리학에서의 정보 처리 모델로, 이 모델에 의하면 지식은 선언적 지식(declarative knowledge)과 절차적 지식(procedural knowledge)으로 나뉜다. 선언적 지식은 스킬에 대해 의식적인 지식이며, 절차적 지식은 스킬을 어떻게 사용하는가에 대한 무의식적인 지식이다.

스킬의 학습에는 ① 있는 지식을 의식적으로 사용하는 단계, ② 이해한 지식을 사용하여 작업을 하는 단계, ③ 지식을 자동적으로 처리하는 단계의 세 가지 단계가 있다. 선언적 지식을 되풀이하여 사용하면 스킬이 향상되고, ③의 단계가 되면 절차적 지식을 추려내는 것으로 해결된다. 즉 선언적 지식은 절차적 지식으로 축적하는 것이 가능하며, 이것이 곧 자동화된 스킬이라고 설명하고 있다.

그 후 비알리스토크(1982)의 모델은 비알리스토크와 셰어우드-스미스(Bialystok & Sharwood-Smith, 1985)에 의해 수정이 더해졌다. 새로운 모델에서는 두 가지 차원이 '지식(knowledge)'과 '통제(control)'라는 개념으로 설명되고 있다. '지식'이란 '그 언어의 체계가 학습자의 마음속에 표시되는 방식'을 말한다. 어느 정도까지 그 '지식'이 분석적인지에 대해서는 비알리스토크(1982)의 모델과 동일하지만, '통제'에 대해서는 '실제로 지식을 운용하는 데 있어 그 지식을 통제하는 처리 체계'라고 정의한다. 소위 '통제'란 '지식' 안에 축적되어 있는 정보 가운데 필요한 정보를 '통제'에 의해 끌어내는 것이라는 설명이다. 절차적 처리에는 정보를 유도하는 지식 그 자체와, 지식을 사용하는 능률성이 포함된다.

초기 모델에서는 '지식'을 사용하는 '능률성'을 자동성이라고 하며, '지식'과 '통제'의 구별을 도서관과 그 이용법에 비유하여 설명하고 있다. 장서가 언어 지식이고, 장서를 대여하는 방법이 지식을 처리하는 방법이라고 구별하는 것이다. 즉 도서관에는 수많은 장서가 있고, 그 책의 배열은 일정한 규칙에 따른다. 책을 찾을 때 도서관 이용자는 필요한 정보가 들어 있는 책을 발견하는 절차를 알아야 한다. 이용자는 목적에 걸맞은 책이 어느 것인지를 특정하고, 그 책의 장소를 아는 것과 그것을 어떤 방법으로 효율적으로 빌려낼지를 알아둘 필요가 있다. 즉 책의 소재 장소와 책에서 필요한 정보를 선택하여 입수하는 방법을 알아두어야 한다. 따라서 이 비유로부터 학습자는 주의를 유효하게 작용시켜 언어 지식 안에서 필요한 언어 정보를 유도하는 것으로, 언어 처리가 능률적으로 이루어지게 된다.

비알리스토크(1990)는 자신의 모델을 한층 더 발전시켜, 컨트롤 처리가 실시간으로 이루어지게 되면 효과적인 컨트롤 처리는 언어 사용의 유창함 및 언어 처리의 자동성에 관여한다. 즉 유창한 언어 사용자, 이른바 숙달된 학습자는 주의를 컨트롤하는 수준이 높은 상태이며, 그 처리가 자동화되어 있다. 따라서 언어 처리를 할 때 필요 이상의 노력을 요구하지 않는다고 설명하고 있다.

이렇게 생각해보면, 언어 학습자에게 있어서도 언어 처리의 자동화가 완료되는 과정에서는 컨트롤 처리에서 오토매틱 처리가 되어 언어의 조작성은 높아지고 언어 처리가 용이해진다고 말할 수 있다. 주의도 자동적으로 기울이게 되지만, 일단 언어 처리의 자동화가 완료되어버리면 주의의 용량에 여유가 생기기 때문에 언어 이해에 머무르지 않고 다시 리허설, 검색, 플래닝, 모니터링 등 좀 더 고도의 인지적 기능이 작용하게 된다고 생각할 수 있다.

(3) 엘리스의 언어 습득 모델

엘리스(1985)의 가변적 능력 모델(variable competence model)에서도 주의의 작용이 효과적인 역할을 수행하고 있음을 설명할 수 있다(그림 1-5). 이 모델은 비알리스토크(1990)와 타론(1988)을 통합한 것으로, 두 가지 수준으로 구축되어 있다. 하나는 타론의 이론을 도입한 담화 수준

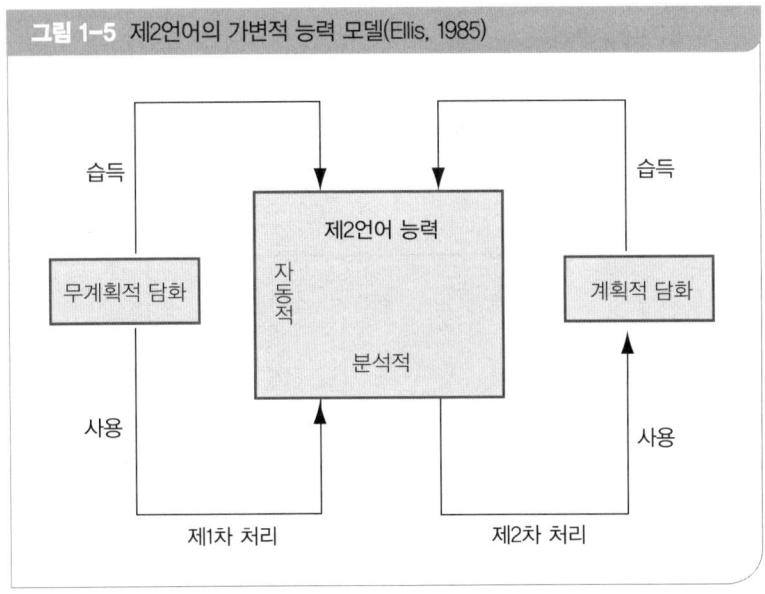

그림 1-5 제2언어의 가변적 능력 모델(Ellis, 1985)

으로, 언어 습득을 무계획성에서 계획성 담화로 이행해가는 과정으로 설명하고 있다. 다른 하나는 처리 과정 수준으로서, 비알리스토크의 이론을 도입하여 습득된 언어 지식 자체와 그 지식을 실제로 이용하는 절차적 처리를 포함한 것으로 나타내어 지식 자체도 분석성과 자동성의 관점에서 구별하고 있는 것이 특징이다.

엘리스(1995)는 지금까지의 언어 습득 이론을 통합한 모델을 나타냈다(그림 1-6). 이 모델에서 학습자는 먼저 듣기, 읽기에 관계없이 다양한 형태로 언어 인풋을 받아들인다. 받아들인 인풋은 주의가 기울여지지 못하고 사라져가는 부분도 많지만, 그 중에서 학습자가 선택적으로 주의를 기울인 것이 인풋된 지식이 되고 다시 인테이크되어 암묵적 지식으로서 저장된다. 아웃풋(output)은 암묵적 지식으로서 뇌내에 저장된 언어 데이터 가운데 추출된다. 인풋, 인테이크, 아웃풋의 순서로 이행하기 위해서는 선택적 주의가 활성화되고 필요한 정보만이 남겨져 조작, 운용된다. 그러나 뇌내에 축적된 언어 데이터는 전부 바르게 입력

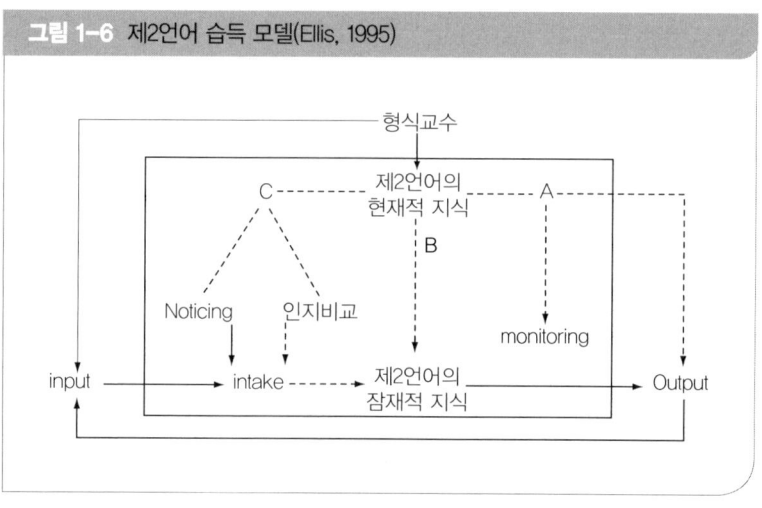

그림 1-6 제2언어 습득 모델(Ellis, 1995)

뇌과학에서의 제2언어습득론

되어 보존되는 것이 아니라, 서서히 삭제되는 언어 데이터도 있다. 그 중에는 어떤 과정에서 잘못된 형태가 보전되어 아웃풋되는 경우도 있다. 언어 습득을 효과적으로 발전시키기 위해서는 인테이크 양을 늘리고 암묵적 지식의 양과 질을 확보하는 것이 필요하다. 인테이크 양을 늘리는 단계에서 중요한 역할을 하고 있는 것이 '알아차림(noticing)'이다. 따라서 보다 적절하게 선택적 주의가 기울여져 '알아차림'이 일어나는 것이 언어 처리 자동화에 연결된다고 할 수 있다.

1.2.3 언어 지식은 변화한다

전 항(項)까지는 크라센의 '습득–학습 가설'에서 암묵적 지식과 명시적 지식은 양립할 수 없다고 주장하는 것에 대해, 비알리스토크(1979, 1981)와 맥러플린(1983), 엘리스(1985) 등의 언어 습득 모델에서는 두 가지 지식에는 가변성이 있으며, 명시적 지식이 암묵적 지식으로 변화할 수 있다고 설명하여 언어 처리는 의식적으로 이루어지는 경우와 자동적(무의식적)으로 이루어지는 경우가 있음을 설명했다. 후자의 주장에서 학습자는 학습을 거듭하면서 언어 처리가 의식적 처리 단계에서 자동적 처리 단계로 이행하는 것이 가능해진다. 또한 오이시와 기노시타(大石 & 木下, 2002a)도 쓰기 지도에서 형식적 교수로 얻은 명시적 지식은 암묵적 지식으로 변화한다고 생각할 수 있었다.

이러한 현상은 중간언어의 가변성으로 설명되고 있다. 언어 처리가 의식적 처리 상태에서 자동적 처리 상태로 이행해가는 과정에서 제2언어 및 외국어 학습자의 언어 지식은 목표언어의 모국어 화자 수준을 향해 끊임없이 근접해가는데, 모든 학습자가 동일한 언어 지식을 사용하는지는 일치하고 있지 않다. 이 설에 의하면 학습자가 제2언어를 운용할 때 사용하는 지식은 크라센이 암묵적 지식과 명시적 지식으로 명확하게 구별한 데 반해, 학습자의 능력과 그 학습자가 당면하고 있는 과제의 난이도나 내용에 의해 달라진다. 어떤 과제를 처리할 때는 암묵적 경향이 강한 지식이 운용되고, 다른 과제를 처리할 때는 보다 명시적 경향이 강한 지식이 운용된다. 따라서 사용되는 언어의 지식은 학습자가 언어 정보를 향해 기울이는 주의의 정도에 따라 결정된다.

타론(1988)은 언어 습득 과정에서 중간언어의 가변성 메커니즘을 암묵적 의식과 명시적 의식의 연속성 가운데에서 파악하고 있다. 문법 사항이 바르게 사용되었는지에 대해 다음 세 가지 과제를 부여한 경우로 비교하고 있다. ① 영문이 기술된 문장, ② 네이티브 스피커와의 대화, ③ 비디오 내용의 전달이다. 그 결과로, ①에서 ③이 될수록 학습자가 사용하고 있는 언어는 목표언어에서 벗어나 중간언어에 가까워지며, 문법 사항에 주의가 기울어지는 정도는 감소한다고 추측되었다. 그리고 언어 지식을 운용하는 경우, 주의를 기울이는 양은 학습자의 숙련도가 아닌 할당된 과제에 의해 달라진다고 보고되었다.

엘리스(1985)도 중간언어의 가변성을 설명하기 위해 2차원적으로 자동적(automatic) 지식과 분석적(analytic) 지식의 틀을 이용하고 있다. 여기서 '자동적'과 '분석적'의 구분은 학습자가 지식에 액세스하는 난이도를 상대적으로 나타내는 지표이다. 단시간에 쉽게 액세스할 수 있는 지식을 (+), 액세스하는 데 시간이 걸리는 지식을 (−)로 하고 있다. 그리고 '분석적' 지식이란 학습자에게 지식이 어느 정도 명시적인가에 대한 지표가 되며, 운용되는 지식 중 명시적 지식의 정도가 강한 쪽을 (+), 암묵적 지식의 정도가 강한 쪽을 (−)라고 하고 있다. 즉 학습자의 지식은 어느 학습자도 자동적, 분석적 구분에 있어 양극으로 분화하는 것이 아니라, 그 연속선상에 있는 것으로 과제의 난이도에 의해 이동해간다고 생각되고 있다. 학습자에 의해 가장 난이도 높은 과제가 제시되었을 때에는 '+분석적'인 동시에 '−자동적'인 지식을 운용하게 된다. 반대로, 난이도가 낮고 이해하기 쉬운 과제가 제시되었을 때에는 '−분석적'인 동시에 '+자동적'인 지식을 운용하게 된다. 또한 난이도가 높고 지식으로 액세스할 수 없는 경우에는 '−분석적'인 동시에 '−자동적'이 된다. 마찬가지로 주의도 과제에 의해 달라지며, 그 정도는 연속선상에서 변화한다고 생각할 수 있다. 이 실증 연구의 결과를 제9장에 기록하였다.

1.3 뇌과학적 설명의 가능성

외국어에 숙달된 사람은 어떤 언어 처리를 하고 있는 것일까? 많은 기술 단련의 트레이닝과 마찬가지로, 몇 번이고 반복하여 익숙해지는 것에 의해 언어 처리는 원활하게 이루어져간다. 듣기, 말하기, 읽기, 쓰기와 같은 언어 처리를 유창하게 할 수 있는 사람이 언어 학습의 성공자라고 말할 수 있다. 인간의 정보 처리 과정은 의식적 처리와 자동적 처리의 2단계로 나뉘어 있다. 매일의 습관에서 일상화되어 있는 일은 무의식중에 행해지지만, 새로운 일에 관여할 때에는 초기 단계에서 의식적으로 주의를 기울여 행동해야만 한다. 언어 습득에서도 마찬가지로, 언어 정보의 처리 방법은 의식적 처리와 자동적 처리가 있다.

크라센은 이는 전적으로 단독적인 처리 방법으로, 의식적 처리로 얻은 지식은 자동적 처리 상태가 될 수 없다고 하지만, 맥러플린(1983)의 주의-처리 모델 및 비알리스토크(1978, 1982)와 엘리스(1985, 1995) 등의 언어 습득 모델에서는 언어 지식에는 가변성이 있으며, 언어 처리는 자동적으로 이루어지는 경우와 의식적으로 행해지는 경우가 있다고 보았다. 이 경우 언어 학습자 중에서도 숙달자는 학습을 거듭한 결과, 언어를 의식적으로 조작하는 단계에서 자동적으로 조작하는 단계로 이행하는 것이 가능해진 상태라고 해석할 수 있다. 그러나 일단 언어 습득이 상급자 수준에 이르렀다고 할지라도, 그 학습자에게 친숙하지 않은 내용이거나 현재 능력 이상으로 난이도가 높은 교재가 제시되면, 똑같은 학습자라 할지라도 자동적 처리 상태가 된다고 확언할 수는 없다.

이러한 사실을 통해 주의의 조작성은 부여받은 과제의 난이도에 따라 다르다고 생각할 수 있다. 학습자에게 문법적으로 어렵거나, 구조적으로 복잡하거나, 이해되지 않는 내용이었다면 의식적으로 과제에 기울이는 집중력이 증가한다. 한편 쉽게 이해되는 내용이라면 많은 주의량은 필요하지 않고 자동적으로 처리된다. 언어 처리에서 자동화 가능성에 대해서는 인지적 경험 측면에 의해 지금까지 오랜 시간 논의되어 왔지만, 명확한 견해는 얻지 못했다.

최근 뇌기능 측정 장치가 개발되어 언어 처리의 뇌내 메커니즘 설명에 관심이 집중되고 있다. 크라센의 '습득-학습 가설'처럼 자동화 불가능설인지, 비알리스토크 등의 자동화 가능설인지 뇌과학의 입장에서 결론을 지을 수 있지 않을까? 이것에 대해서는 제8장에서 다루기로 한다.

제2장

언어 습득에서 주의의 역할

．．．

    제1장에서는 인간의 정보 처리 자동화, 특히 언어 지식 및 그 처리에서의 자동화 모델을 개관했다. 본 장에서는 언어 처리의 자동화에 대하여 학습자의 내면적 변화를 뇌과학적 · 인지학적 측면에서 다룬다. 지금까지 언어 습득 이론에서 언어 처리 시에 학습자의 주의(attention)와 그에 따른 '인지(알아차림, noticing)', '의식 고양(consciousness raising)'이 인테이크와 연관되어 있다고 여겨진다. 코더(Corder, 1967)는 인풋이 점차 이행하여 학습자에게 이해되어 내면화되는 과정에서 실제로 유효하고 이용할 수 있는 지식이 되는 것을 인테이크라고 했다. 역시 이 책에서도 이 정의를 이용한다. 그러면 학습자는 어떤 메커니즘으로 주의를 무의식적으로 활성화시켜 언어의 입력이나 인테이크를 야기하는 것일까. 여기에서는 이런 메커니즘에 초점을 맞추어 정보 처리 메커니즘 안에서 커다란 역할을 하고 있는 선택적 주의에 관해 생각해본다. '선택적 주의'라는 것은 무엇일까. 그리고 의식과 '선택적 주의'와의 관계, 인간의 정보 처리에 있어 주의의 개념, 학습자에게 있어 메타인지 전략(metacognitive strategy)이라고 하는 '선택적 주의' 개념 및 뇌내 기구(기관)에서의 '선택적 주의'의 기능에 대해 기술하겠다.

2.1 주의와 인지의 메커니즘

2.1.1 의식적 주의는 인지를 발생시킨다

크라센은 입력 가설을 두고 언어 습득이 가능하게 되는 것은 영어권에서 언어를 습득하는 것처럼 자연스러운 현상 중에서 학습자가 적절한 언어 정보의 인풋을 얻었을 때라고 하였다. 그럼 뇌내에서 입력은 어떻게 촉진되는 것일까. 슈미트(Schmidt, 1990)가 제창한 '인지 가설(noticing hypothesis)'에서 학습자의 내면에서 인지(noticing)가 일어날 때에는 의미에 초점이 향해져 인풋이 증강된다. 또 의미의 초점화가 일어나면 뇌내의 워킹메모리(working memory)에서 주의를 조작하는 것이 가능하다. 그 시점에서 주의는 워킹메모리 안의 정보를 입력하고 워킹메모리 내의 정보를 검색하기 위해 유효하게 작동하고 있다(제4장 참조).

밴 패턴(Van Patten, 1994)에 의하면, 학습자는 정보의 인풋을 받는 동안 언어의 형식보다도 의미 처리에 초점을 맞추는 경향이 있다. 의미에 초점을 맞추기 위해서 인풋이 일어나는 동안 문법 항목이 간과되기 쉽다고 지적한다. 다만 그 원인은 언어 정보를 인풋하기 위한 뇌내 워킹메모리 용량의 한계가 있기 때문으로, 주의의 초점이 언어 형식에 맞추어지는지, 의미에 맞추어지는지에 대해서는 학습자가 어떤 내용 또는 목적의 과제를 수행하는지에 달렸다고 한다. 또 슈미트(2001)도 학습자의 뇌내 정보 처리 능력에는 한계가 있고, 주의를 기울이는 능력에도 한계가 있어 선택적으로 주의의 용량을 조절하지 않으면 안 된다고 한다. 그리고 실험적으로 증명하기는 어렵지만, 제2언어 습득에 성공하기 위해서는 언어 형식에 주의를 기울이는 것이 거의 필요조건이라고 주장하면서 언어 형식이나 형태에 대한 주의의 역할을 중시한다.

　게다가 과거의 연구 사례는 의미와 언어 형식에서 주의가 종합 가능한 것이라고 주장하면서 학습자는 학습 과정에서 언어 형식에 초점을 두는 한편, 동시에 의미 처리에도 주의를 두어야 할 필요가 있어 인풋 강화(input enhancement) 실행을 주장한다. 예를 들면 읽기 과제에서 문자나 문법 사항을 굵게 강조하거나 글자 크기를 크게 하는 등의 시각적인 강조를 하여 인풋의 효율을 높이는 것이다. 다우티(Doughty, 1991)는 컴퓨터를 사용한 독해 실험에서 글자 크기 등으로 인풋을 강화한 교재를 사용하여 관계사절의 습득에 있어 의미에 초점을 둔 그룹과 형식에 초점을 둔 그룹으로 나누어 조사한 결과, 의미에 초점을 둔 그룹 쪽이 관계사절을 정확히 습득한다고 보고했다. 리아우(Leow, 2003)도 컴퓨터를 사용한 실험에서 문법을 명시적으로 가르친 경우에 학습자의 의식에 갖가지 효과를 가져온다고 한다. 게다가 밴 패턴(1994)은 언어 처리가 인풋에서 인테이크로 이행되는 효과적 교수법을 고안했다. 그것은 문법 사항의 인풋 강화를 하면서 내용에 입각한 그림을 선택하는 것인데, 결과적으로 내용을 이해하는 것에 초점을 둔 과제가 되었지만 동시에 문법력이 성장한다고 한다. 즉 학습자의 주의가 언어 형식에만 집중되면 내용에 대한 주의는 소홀해진다. 그러나 내용에 주의를 기울이면 내용을 이해하면서 언어 형식에도 주의를 기울이는 것이 가능하여 의미와 언어 형식의 종합적 처리가 촉진되는 것을 시사하고 있다.

　이상과 같이 '인지 가설'은 언어를 사용할 때 언어 형태에 주의를 기울이는 것을 '형태 집중(focus on form)'(Long, 1991; Doughty & Williams, 1998)이라고 부른다. 언어 처리에서 주의는 '인지(noticing)'나 '입력'을 촉진하는 학습 효과를 가져오는 것을 실증하고 있다. 한편 트러스컷

(Truscott, 1998)은 '인지 가설'을 비판하고 있으나, 그것은 언어 습득을 보통문법의 입장에서 본 것으로 언어 형태의 초점화와 문법 지도(grammar teaching)를 동일하게 간주하는 것에 지나지 않으며, 문법 사항에만 초점을 맞추어 의식적 처리를 함으로써 언어 형식을 인식하게 하는 방법은 독해 지도에 있어 효과적인 것은 아니라고 주장하는 데 지나지 않는다고 여겨진다.

최근까지 인지 이론에서는 주의나 인지에 대하여 그 대상이 언어 형식이냐, 내용이냐에 있어 논의가 계속되고 있다. 앞서 기록한 것처럼 슈미트(2001)는 언어 습득을 촉진하기 위해 의식적으로 언어 형식을 인식할 필요가 있다는 입장을 취하고 있으나, 톰린과 빌라(Tomlin & Villa, 1994)는 학습자의 잠재적 의식 안에서도 언어 형식의 지식이 갖추어져 있어 의식하지 않아도 언어 정보를 처리하는 과정에서 형식적 지식을 끌어내는 것이 가능하다고 한다.

이러한 견해의 상이함에 대해 로빈슨(Robinson, 1995)은 이들 양쪽의 입장에서 '기억'과 관련된 '인지(noticing)'를 설명하려고 한다. 여기서 '인지'란 단기 기억의 작용 속에서 일어나는 것으로, '단기 기억에서 의식(awareness)을 동반하는 검출(detection)과 리허설'이라고 정의하고 있다. [4]

---

4 단기기억에 들어오는 정보 중에서 검출(detection)되어야 할 뿐만 아니라 의식을 동반한 검출이어야 하며, 리허설(자극의 반복적 되뇌임)이 일어나는 정보를 '인지 (noticing)'된 자극이라고 로빈슨은 정의한다. (역자주)

2.1.2 의식은 주의를 조정한다

제1장에서 언어 처리는 의식적 처리와 자동적(무의식적) 처리의 2단계
가 있으며, 의식적 주의와 무의식적 주의가 각각 작용한다고 설명했다.

의식과 주의는 어떤 관계에 있을까. 의식과 주의는 표리일체지만, 제
임스(James, 1890)는 주의는 인간이 정보를 처리하는 사이에 수동적, 능
동적으로 모두 작용하고, 이 두 가지 단계에 있어 수동적 주의는 주의
의 초점이 수동적으로 맞춰진 경우에 작용하며, 능동적 주의는 의식적
으로 정보에 주의를 기울이는 경우에 작동한다고 한다.

수동적 주의는 자동차 운전 중에 돌연 앞차의 운전사가 급브레이크
를 걸면 자신도 무의식적으로 브레이크를 거는 경우라고 할 수 있다.
수업 중에 급하게 선생님이 이름을 부르거나 하는 경우처럼, 갑자기 외
부에서 자극을 받게 되어 자연히 주의가 기울어질 때 작동한다. 한편
능동적 주의는 적극적으로 공부하거나, 책을 읽거나, 무언가 갖고 싶은
정보를 얻을 때 의식을 집중하는 경우에 작동한다. 이처럼 주의는 수동
적이든 능동적이든, 또 의식적이든 무의식적이든 사람이 정보를 처리
하는 데 큰 영향을 준다. 게다가 바스(Baars, 1988)에 의하면 의식은 주의
를 조정하는 기능이 있어, 의식 중에 있는 '필터'에 의해서 정보 선택을
하는 기능이 주의라고 했다. 이것이 소위 말하는 선택적 주의인데, 어
두운 곳에서 사람을 부르는 서치라이트나 극장의 스포트라이트 등으로
비유된다. 이런 예는 '극장 메타포'로 알려져 있는데, 스포트라이트가
있는 무대는 의식적 행위로, 어두운 곳은 무의식적 행위로 볼 수 있다.

사카이(酒井, 1997, 2001)는 의식을 '각성', '지각', '자의식'의 세 가지
로 나누어 설명하고 있다. 우선 '각성'은 잠이 깰까 말까 할 때, 즉 의식

이 있다, 없다는 의미에서의 의식이다. 수면 중에는 각성이 없어 의식이 없고, 일어나는 순간은 각성하여 의식이 있는 상태이다. 이 각성의 정도가 여러 가지로 변화하는 것이 의식의 변화에서 단계를 이룬다. 두 번째 '지각'은 이른바 눈앞의 대상을 인식하는 경우의 의식으로, 학습자가 제시받은 자극을 인식할까 말까 하는 순간, 즉 소리나 문자를 인지하는 일이 가능할까 아닐까 하는 의미의 의식이다. 세 번째 '자의식'은 자신을 의식하는 경우의 의식으로, 스스로 이해하는 일이나 발화한 일을 모니터하는 것이다. 무엇을 위해서 영어를 듣고 있는지, 혹은 읽고 있는지, 어떤 내용을 이해하고 있는가 하는 목적의식도 이 의식에 포함된다.

오사카(苧阪, 2000)도 인간의 인지 과정에서의 의식에는 의식의 각성, 외향적 의식(awareness), 내향적 의식(recursive)의 세 단계가 있어 이 순서로 인지 기능이 작용하는 깊이를 보여주고 있다. 제1단계의 각성은 인간이 잠에서 깨는 상태이다. 동물에게는 각성과 수면의 사이클이 있는데, 인간은 각성하여 잠을 깬 상태가 아니면 정보를 받아들이는 것이 불가능하다. 제2단계의 외향적 의식(awareness)은 밖으로 향하는 의식이다. 외부의 다양한 정보 중에서 필요한 것만을 선택해 이해하는 것은 스스로 자극적, 능동적으로 받아들이고 싶은 정보에 주의를 기울이는 것이다. 선택적 주의는 이 단계에서 작동한다. 제3단계의 내향적 의식(recursive)은 '안으로 향하는 의식'으로, 스스로의 행위를 자신이 인지하는 상태이다. 이른바 자기 자신의 인지 활동을 모니터하는 자의식이나 자기 인지라고 부를 수 있는, 자신에 대한 의식이다. 이는 '자기 모니터'의 기능을 한다. 자신을 향한 재귀화가 있다는 의미로 내향적(recursive)이라고 한다.

뇌과학에서의 제2언어습득론

우리 일상생활을 생각해보면, 습관에 따른 것은 특히 의식하지 않고도 자동적인 행위로 노력이 필요 없이 매사를 진행해간다. 예를 들면 아침에 일어나 거울 앞에 서서 칫솔을 쥐고 이를 닦는 습관 등은 일상생활 중에 습관화된 것이다. 그러나 습관화되지 않은 일이나 새로운 일을 할 때에는 당황하거나, 생각하거나, 공부하거나 하여 의식적으로 취하기 위해 피로도가 커진다. 출근이나 통학 도중 항상 다녀서 익숙해진 길을 가는 경우, 즉 부지불식간에 일상화된 길을 갈 때에는 문득 깨달으면 학교나 직장에 도착해 있는데, 도중에 도로 공사 등이 있어 우회하지 않으면 안 되는 경우에는 그 길을 지나는 것에 대해 생각한다. 이렇게 가서 도착하는 경우에는 의식적인 행위가 되어 피로감을 동반한다.

동양의 영어 학습 미숙련자, 혹은 새로운 기술을 습득하거나 새로운 정보 및 중요한 정보를 받아들이는 경우에는 의식적인 주의가 작용될 수밖에 없어 언어 처리 과정에 부하가 걸린다고 설명할 수 있다.

2.2 선택적 주의: 학습에서의 작용

2.2.1 선택적 주의라는 것은?

선택적 주의는 이렇게 정의될 수 있다. 우리의 생활에서는 대단히 많은 정보가 범람한다. 일상생활이나 회사 생활을 하는 데 범람하는 정보가 전부 필요한 것은 아니어서 자신에게 필요한 정보만을 선별하여 생활한다. 이 정보를 취사선택하는 주의가 인간의 정보 처리 시스템에 있어 선택적 주의이다. 언어학자 파이크(Pike, 1954)는 'phonemic(음표)'와

'phonetic(음성)'의 어미를 취해 2개의 용어를 만들고, 인간의 커뮤니케이션에서 필요한 정보와 필요하지 않은 정보의 두 종류로 구분하여 필요한 정보를 'emic', 불필요한 정보를 'etic'이라고 했다.

1950년에 시작된 주의 연구는 인간의 정보 처리 시스템을 연구하는 분야로, 양이(兩耳)분리청법(dichotic listening)을 시작하여 주의의 초점을 선택적 메커니즘에 맞추었다. 여기서 인간의 뇌내에 입력된 정보는 두 가지 단계를 지나 처리된다고 한다. 즉 초기 단계의 물리적 처리와 후기 단계의 의미적 처리이다. 초기 단계에서는 소리나 문자가 물리적으로 처리되고, 후기 단계에서는 정보가 의미적으로 분석된다고 하여 이해에 이르는 과정의 어느 단계에서 주의가 작용하여 정보가 선택되는지에 초점을 맞추었다(제5장 참조).

영어로 듣거나 읽을 때에도 똑같은 메커니즘이 작동된다고 생각된다. 톰린과 빌라(1994) 및 톰린(2003)은 포스너와 피터슨(1990)을 기초로 제2언어 습득에서 주의의 메커니즘에 대한 인지과학의 입장을 설명했다. 톰린과 빌라(1994, 표 2-1)는 슈미트(1990), 개스(Gass, 1988), 스코블(Scovel, 1995)이 많은 경우에 주의가 '검출(detection)', '의식(awareness)', '경계(alertness)', '적응(orientation)'의 네 가지 시스템으로 나누어진다고 했고, 각각을 다음과 같이 설명한다. 발견 시스템은 주의의 기본적 기능으로 정보를 선택하는 기능이며, 의식적 발견과 무의식적 발견이 있다. 또한 의식, 경계, 적응의 기능과도 깊이 관련되어 있다. 의식 시스템은 학습자가 새로운 스킬을 습득하는 경우에 향하는 주의이며, 경계 시스템은 중요도 높은 정보를 발견하기 위해 학습자가 경계 상태에서 학습 동기 등을 촉진하는 주의이다. 적응 시스템은 기능을 높이는 것에도 한몫하며, 외적 상황과 학습자의 목적이나 관심 등의 인터랙션에서

뇌과학에서의 제2언어습득론

텍스트에 대한 적응이 생기는 지각 정보를 향한 주의이다.

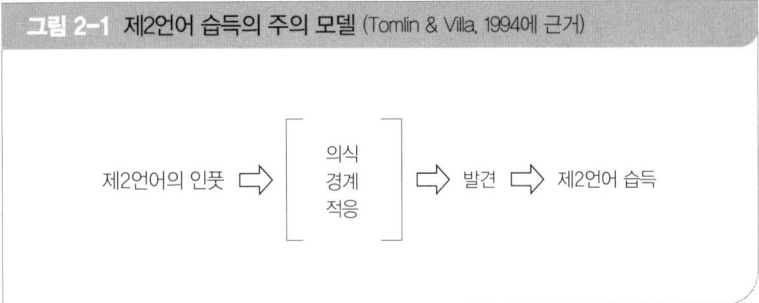

그림 2-1 제2언어 습득의 주의 모델 (Tomlin & Villa, 1994에 근거)

2.2.2 정보 처리를 위한 선택적 주의

제임스(1890)는 주의가 작동하는 메커니즘에 대해 인간은 외부에서 들어오는 시각적, 청각적 정보를 이해하는 경우, 주의를 작동시키는 것을 선택적으로 한다고 주장한다. 여기에서도 선택적 주의라는 것은 많은 정보 중에서 필요한 정보를 취사선택하는 것만이 아니라, 불필요한 정보를 삭제하는 것에 의해 정보를 효과적으로 처리하는 것이라고 설명한다.

인간과 인간의 커뮤니케이션에서 두 사람과 동시에 이야기하는 경우, 예를 들면 양 귀에 전화 수화기를 대고 두 사람과 동시에 대화를 해 보면 대화를 정확히 듣고 이해할 수 있는 사람은 거의 없다. 두 사람이 동시에 대화가 가능한 경우, 어느 쪽이든 한편의 사람과 대화를 하려면 듣는 사람의 말에 의식적으로 주의를 기울여서 필요한 정보를 들어야 한다.

이런 현상을 '칵테일파티 현상'(Cherry, 1953)이라고 부른다. 이 용어의 유래는 파티회장에서 비롯되었다. 많은 사람이 칵테일을 손에 들고 모여 있는 파티회장에서 사람들이 활기로 가득 찬 대화나 분위기를 끌어올리기 위한 배경음악 등이 흐르고 시각적, 청각적으로 대단히 많은 정보가 한 번에 들어온다. 많은 정보가 넘쳐흐르는 중에도 특정한 사람과 대화를 즐길 수 있는 것은 사람의 정보 처리 시스템 중에서 선택적 주의가 작동하기 때문이다(Cherry, 1953).

인간의 정보 처리 시스템은 많은 정보를 취사선택하기 위한 스캐닝 시스템으로부터 스캐닝한 정보를 저장하는 저축 시스템으로 변화한다. 브로드벤트(Broadbent, 1958)는 인지심리학의 관점에서 정보 처리 시스템을 원활히 작동시키기 위해 '필터 모델'을 구축하여 주의 연구를 시작했다. 이 모델에서는 주의에 의한 정보 선택 기저 내에 정보 처리계의 중심 부분에서 선택적 필터가 존재한다. 이 이론에서는 정보가 필터를 통과한 후 단기기억, 장기기억, 지각 구축이 일체가 되어 정보를 처리한다. 필터는 정보 처리의 입구에서 불필요한 정보의 입력을 저지하여 정보 수신자에게 필요한 정보만을 통과시키는, 선택성 있는 특징을 가지고 있다. 필터를 통과해 입수된 정보는 단기기억을 경유해 워킹메모리에서 저장된 후 장기기억에도 보내진다. 정보를 지각하여 받아들이고, 지각과 선택적 필터 사이에 있는 단기기억에 저장되어 들어온 많은 정보 중에 주의를 향하는 것이 가능한 정보만이 입력된다. 한 번에 하나의 정보에 한정되어 선택적 필터를 통과한 정보만이 의식화된다. 이 모델은 선택적 주의가 정보를 제약하여 병목현상(bottleneck)을 일으키는 작용을 하며, 필터가 사람의 지식을 결정한다고 한다.

포스너(Posner, 1995)의 정보 처리 모델에서도 선택적 주의는 기능에 따라 설명된다. 여기서 선택적 주의는 정보 처리 과정에서 특정한 목적

뇌과학에서의 제2언어습득론

이나 의지에 따라 주의를 할당하여 네트워크 안에서 인간이 한 번에 주의를 향하는 것이 가능한 정보량이 정해져 있어 얼마간의 과제를 수행하기 위해서는 효율적으로 주의를 네트워크 내에 할당하지 않으면 안 된다. 이 할당 기능의 역할을 달성하는 것이 선택적 주의이다. 인간의 정보 처리 시스템 중에서 의식적, 무의식적으로 주의가 향할 수 있는 정보는 무시되었던 정보에 비해 처리도, 이해도 정확하고 신속하게 행해진다.

언어 처리에서도 동일한 이론이 성립된다. 인간이 언어 정보를 처리하는 기능에는 한계가 있기 때문에, 목적을 달성하기 위한 순간에 시각과 청각을 통한 다량의 정보 중에서 필요한 정보를 선택하여 적절히 처리하지 않으면 안 된다. 인간의 정보 처리 경로에서 선택적 주의는 정보를 지각하고, 기억하고, 추리하여 복잡한 결정과 반응을 하기 위해 중요한 역할을 맡고 있다. 카너먼(Kahneman, 1973)은 주의에 노력이라는 개념을 더해 학습할 때 노력을 하면 정보 처리에 주의를 향할 수 있다고 생각한다.

본서에서는 주로 선택적 기능의 측면에 착안해 주의를 설명했다. 즉 선택적 주의에서 먼저 기술한 제임스(1890)에 따라 동시에 주어진 많은 외적 자극 중에 특정한 자극을 효과적으로 지각해 처리하는 일을 보여주는 의미로 사용했다.

2.2.3 선택적 주의는 학습을 촉진시킨다

본서에서 주목한 선택적 주의는 학습 과정에 사용하는 메타인지 전략에서 학습자가 이 전략을 효과적으로 작동시켜 학습이 촉진된다는 입장을 취하고 있다. '인지의 인지'라고도 불리는 메타인지는 일반적인 인지의 상위 수준으로, 메타인지 전략을 효과적으로 사용하면 효율적으로 언어 정보가 처리되어 이해력이 상승하고 학습을 촉진할 수 있다고 한다(Block, 1986). 게다가 블록(Block, 1986)은 우수한 학습자는 정보를 선택하는 전략을 효율적으로 이용할 수 있다고 주장한다. 달리 말하면, 선택적 주의를 활성화하여 유효하게 이용할 수 있다고 생각하는 것이다.

최근, 독해 과정에서 메타인지 전략이 중요시되어 학습자를 간단히 학습 결과로 평가하는 것이 아니라 학습 과정에서 어떤 언어가 정보 처리되는지, 또 어떤 전략을 이용하면 효과적인 언어 정보 처리가 행해질까 하는 것을 밝혀내기 위한 연구가 진행되고 있다. 학습자의 인지적 작용을 찾기 위해 학습자가 자신의 독해 프로세스를 파악하는 메타인지 능력을 조사한 많은 연구 결과도 보고되었다(Carel, 1989; Barnett, 1988).

오말리와 샤모(O'Malley & Chamot, 1990)는 학습이 촉진되는 얼마간의 메타인지 전략을 취하는데, 그 중 선택적 주의(selective attention)에는 계획(planning), 모니터링(monitoring), 평가(evaluation)와 같이 학습을 효율적으로 진행하는 방법이 있다고 한다. 이 경우 선택적 주의는 학습자가 텍스트 중의 많은 정보로부터 과제를 이해하기 위해 필요한 정보를 선택하여 받아들이는 때와, 선택한 새로운 정보를 이해하기 위해 학습자의 배경지식 중에서 필요한 지식을 선택하는 경우에 작동한다.

오이시(大石, 1993)도 일본인 학습자의 읽기 모델(그림 2-2)을 구축하여 이 모델을 원활히 작동시키기 위해서는 학습자가 독해 과정에서 독자에게 유효한 정보를 선택하는 전략을 발견하는 것으로 읽기 시 선택적 주의의 유효성을 주장한다. 이 모델에서는 문장 중에서 상세한 부분에 주의를 기울이는 것보다도 대략적인 내용 이해나 필요한 정보에 주의를 기울이는 전략을 장려한다.

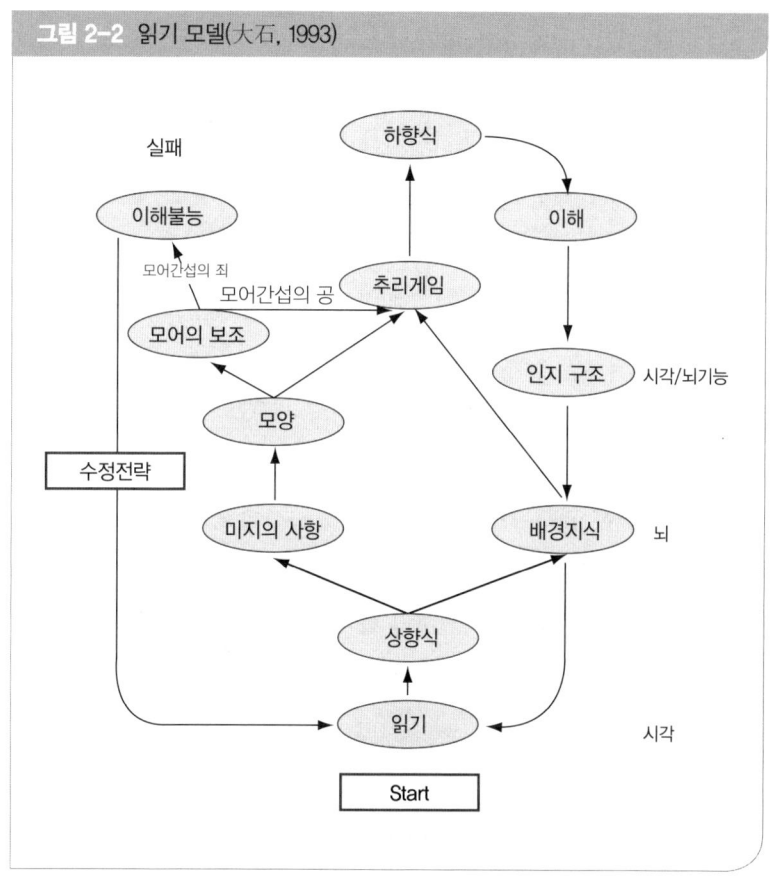

그림 2-2 읽기 모델(大石, 1993)

언어 학습에 있어 자동화에 따라 생각해보면, 정보가 학습자의 내면에서 자동적 처리가 되는 것은 전략이 자동적으로 작동한다고 생각하는 것이 가능하다. 메타인지 전략이라는 것은 '자신의 인지를 인지한다'

는 전략을 위해 일반적으로 의식적인 것으로 생각되기 쉽지만, 주의의 자동화론에서는 학습자의 내면에서 일어나는 현상을 의식적 전략과 무의식적 전략으로 구별한다.

　전략은 스킬과 구별되는 경우도 있다. 커비(Kirby, 1988)는 의식적인 프로세스를 전략, 자동화된 것을 스킬이라고 구별하여 이들은 상호적으로 작용하고 서로 영향을 준다고 하였다. 패리스 등(Paris et al., 1983)은 전략은 '내용 이해를 위해 학습자가 사용하는 전술'이며, 스킬은 '자동적 정보 처리 테크닉'이라고 구별했다. 돌 등(Dole et al., 1991)도 전략은 '의식적, 구체적으로 보여지는 유연한 플랜'으로, 스킬은 '대개 고도로 일상화된 자동적 행위'로 정의했다. 그러나 패리스 등(1991)은 무의식적 작업인 스킬도 의식적으로 사용되는 경우가 있어 이 사이의 명쾌한 구분은 없으며, 영어 학습의 숙달자라도 새로운 정보는 의식적으로 처리한다고 주장한다.

　선택적 주의에 관해 카와 커런(Carr & Curran, 1994)은 제2언어 습득에서는 학습이 진행되어 정보가 축적되는 것보다 주의의 용량이 증가하여 이해가 촉진된다고 한다. 그러나 학습 과제가 복잡한 경우에는 주의가 담당하는 역할은 제한된다. 또 멜로(Mellow, 1996)는 학습이 자동화되지 않는 문법적 지식에서는 주의를 활성화시키는 인지적 자원이 풍부한 상태 쪽이, 인지 자원이 한정된 상태에 비해 언어를 정확하게 사용할 수 있다고 하여 주의를 기울이는 법은 과제의 난이도나 내용, 지시의 수단 등에 의해 달라진다고 한다. 이런 생각은 제1장에서 기술한 중간언어의 가변성에서 학습자의 암묵적 지식과 명시적 지식 중 어느 쪽을 보다 강하게 사용하는가 하는 것이 과제의 종류나 난이도에 따라 달라진다는 것과 일치한다.

이상의 기술처럼 과거 연구에서는 언어 처리 시의 전략이 의식적으로 작동하는 것인지, 무의식적으로 작동하는 것인지에 대해 여러 가지 이론이 나와 있다. 본서에서는 선택적 주의는 메타인지 전략이라고 하면서 의식적으로 작동하는 경우도, 무의식적으로 작동하는 경우도 있다는 입장을 취하고 있다. 현재까지 제창되어온 얼마간의 언어 습득 모델에서도 효과적인 학습 방법에서는 학습자의 내면에서 주의가 무의식적으로 작용하여 자신의 언어 정보를 인식하고, 정보의 인풋이 일어나며, 정보는 의미적으로 처리되어 인테이크로 이행되어가는 것이라고 주장한다(Schmidt, 1995; Robinson 1995; Muranoi, 2000). 그러므로 언어 정보를 처리하는 바람직한 방법은 인풋으로부터 인테이크에 이르는 처리가 자동적으로 진행되어가는 것이라고 말할 수 있다. 다음으로 외국어 학습에 있어 선택적 주의의 작용을 탐구해보자.

2.2.4 선택적 주의와 지식의 축적

주의와 학습의 관계는 인지심리학 분야에서 오랜 기간에 걸쳐 연구 대상이 되어왔다(Allport, 1989; Cowan, 1995). 사람은 외적 요인으로부터 받아들인 정보를 어떻게 내적으로 입력, 혹은 인테이크하고 있는 것일까. 이 질문에 대답하기 위해서는 다음 두 가지 요소가 필요하다. 하나는 학습자가 과제를 수행하기 위해 움직이는 주의(focus of attention)이고, 또 다른 하나는 새로운 정보와 유사한 과거의 경험에 기초한 정보 처리 능력(information-processing ability)이다(Hatch & Hawkins, 1987). 제2언어 습득이나 외국어 교육 분야에서도 주의의 활동은 무의식적인 것인지 의식적인 것인지에 관해 논의되어왔으며, 언어 학습에 깊이 관여하는 것으로 파악되고 있다(Bialystok, 1978, 1981; Krashen, 1978, 1981, 1982, 1985). 주의의 움직임은 의식의 고양이나 인풋의 강화(Sharwood-Smith, 1981, 1991, 1993) 및 형태 집중에 대해 직접적, 간접적으로 모두 영향을 끼치고 있다. 맥러플린, 로스맨과 맥러드(McLaughlin, Rossman & McLeod, 1983)나 맥러플린(1990)도 의식은 의미를 충분히 습득하는 것과 직결된 요소로 여기고 있다.

한편 블레이-브로먼(Bley-Vroman, 1988)은 제1언어 습득과 외국어 학습 방법의 차이를 자기 스스로 입력이나 아웃풋한 내용에 대해 의식적으로 실수를 수정할 수 있는가, 없는가로 파악하여 외국어 습득은 의식적 작업이라고 주장한다. 슈미트(1994)는 주의는 의식 내의 하나의 형태로, 학습자가 언어를 입력하거나 인테이크하기 위해서는 주의를 의식적으로 움직여야만 한다고 설명한다.

선택적 주의는 학습에서 메타인지 전략으로 정보를 효과적으로 취득, 처리하는 역할을 수행하여 높은 정보 처리 능력을 발휘할 수 있도록 한다. 특히 최근에는 메타인지에서 학습 시 인지 과정의 역할이 주목받고 있으며, 학습자가 어떤 식으로 정보를 입수하고 그 정보가 어떻게 보존되는지에 대해서도 관심이 집중되고 있다.

가장 간단한 틀은 인지 과정을 단기기억과 장기기억으로 나누고 있다(제4장 참조). 단기기억은 학습한 내용을 매우 짧은 시간 동안 보존해 두는 기억 장치이며, 장기기억은 정보의 저장소로서 단독으로 얻은 요소라고 하더라도 네트워크의 일부로서 처리하는 장치이다. 또한 이미 축적된 정보를 이용하여 인지 과정을 적극적으로 활성화시켜 정보를 입력하는 방법이다.

이 인지심리학의 패러다임에 의하면, 새로운 정보는 네 단계의 기호화 과정을 통해 습득된다. 그 단계는 학습자가 새로운 정보를 제1단계에서 선택하고, 그 정보를 제2단계에서 습득하며, 제3단계에서 학습자의 지식 속에 정보를 구축하여, 제4단계에서 정보를 지식의 일부로 통합한다. 제1단계의 선택에서 학습자는 정보를 이해하는 데 필요한 정보를 선택하여 그 정보를 워킹메모리에 축적한다. 제2단계에서는 적극적으로 워킹메모리에 축적된 정보를 단기기억으로 이동시켜 리허설을 반복함으로써 장기기억으로 전송하여 영구 저장소에 보존한다. 제3단계에서 학습자는 워킹메모리에 추가된 정보와 입력 정보를 내면에서 선택적으로 연결 짓는 작업을 수행하여 제4단계에서 '통합'한다. 이러한 작업 속에서 선택적 주의는 정보와 정보를 선택하여 연결하는 역할을 수행한다. 예를 들면 문장을 읽는 중에 큰 문자에만 주의를 기울이거나, 흘러가는 정보 중에서 필요한 정보를 취사선택한 후 그 정보들을 연결하여 이해해가는 것 등이다. 앞에서도 기술했지만 사람이 뇌내 정보를 처리하는 능력에는 한계가 있기 때문에, 외부의 다양한 정보 속에서 처리해야만 하는 정보와 처리에 불필요한 정보를 취사선택하지 않으면 안 된다. 그러한 역할을 하는 것이 '선택적 주의'이다.

2.2.5 효과적인 선택적 주의가 학습을 성공시킨다

최근의 언어 학습에 관한 연구를 보더라도, 언어를 듣거나 읽어서 입력하기 위해서는 주의의 역할이 중요하다는 데에는 이견이 없다. 슈미트(1990)는 제2언어 습득의 모든 면에서, 예를 들면 듣기와 읽기에서 언어 이해에 필요한 정보를 입력한 뒤 인테이크하는 과정에서 주의는 불가결한 것이라고 한다.

그렇다면 언어 정보가 외부에서 학습자의 뇌내에 입력되어 내재화(internalize)되기까지의 과정, 요컨대 이해 가능한 인풋(comprehensible input: Krashen, 1981, 1982, 1985)에서부터 인테이크(Corder, 1967)까지의 과정에서 정보는 인지적, 신경학적으로 어떤 과정을 거치는 것일까.

비커튼(Bickerton, 1981)을 참조한 브라운(Brown, 1991)의 언어 습득 모델(그림 2-3)을 소개한다. 이 모델은 언어 습득 과정을 식물의 성장 과정에 비유하고 있다. 식물의 성장이 시작되기 위해서는 먼저, 비구름에 의해 흙 속에 뿌려져 있던 씨앗이 비를 맞는다. 그 씨앗이 뿌리를 뻗고, 싹을 틔우고, 나무로 성장하여 열매를 맺는다. 흙의 상태는 다양하여 영양이 충분히 포함되어 있는 흙도 있고, 그렇지 않은 경우도 있다. 식물의 씨앗은 사전에 성장 과정이 프로그램되어 있어 비, 거름 등 다양한 방법에 의해 씨앗으로 영양이 가서 씨앗이 뿌리를 뻗고, 싹을 틔우고, 몇 개의 나뭇가지를 뻗어내고, 열매를 맺는다. 이것을 언어 습득에 비유하면 비구름은 학습 환경으로 텍스트나 교사의 말하는 방법이며, 언어라는 비를 뿌려 학습자의 생득적 능력 또는 여태까지 습득한 지식이나 문화적 배경지식 등에 자극을 준다. 다양한 스타일의 학습자는 사회적, 심리적 전략이나 메타인지 전략을 사용하고, 언어를 처리·이해하는 뿌리를 이용하여 실수를 모니터하거나, 뇌내 사전을 이용하여 이해를 촉진시킨다. 이해의 뿌리는 문법적, 음운적, 담화적, 사회언어 학습적 측면 등을 흡수하여 지식을 인테이크해 간다. 또한 언어 능력을 발휘할 때 인테이크된 능력으로부터 듣기, 말하기, 읽기, 쓰기의 가지가 나누어진다. 이러한 사고방식에 따르면 파생된 듣기나 읽기의 능력은 인테이크된 능력을 공통의 영양분인 뿌리에서 흡수하며, 네 종류의 운용(performance)으로 분류되어 능력을 발휘하게 된다. 이 언어 능력을 잘 운용하기 위해서 학습자는 내면으로 입력되는 능력을 취사선택하여 이용해야 한다. 학습자는 듣거나 읽을 때 새로 흡수한 정보에 대해 선택적 주의를 기울여 필요한 정보를 골라내는 것에 따라 많은 양의 입력을 하는 것이 가능해진다. 이 처리가 자동적으로 이루어진다면 언어 학습이 성공적으로 이루어지게 된다.

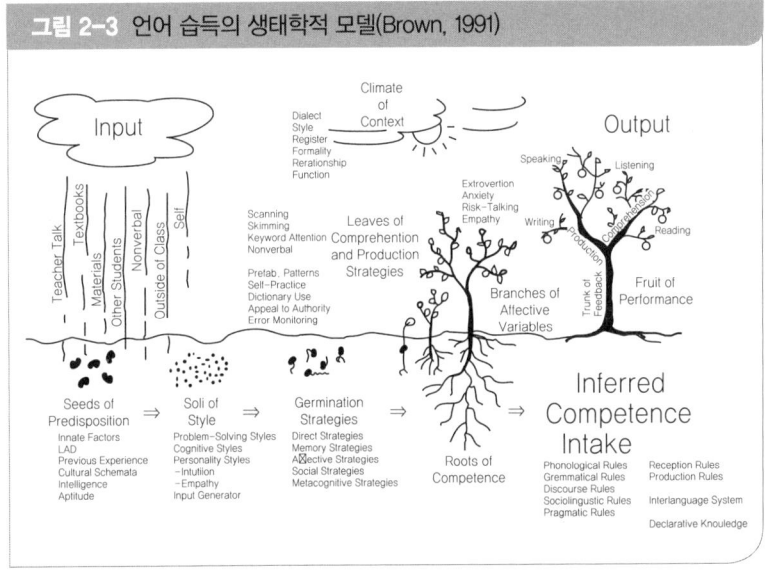

그림 2-3 언어 습득의 생태학적 모델(Brown, 1991)

이처럼 언어 학습의 과정에 있어 인풋에서 인테이크에 이르기까지는 다양한 요소가 작용하고 있지만(Brown, 1994), 제1장에서 기술한 언어 습득 이론에 기반하여 생각해보면 학습이 보다 원활히 진행되기 위해서는 언어 환경이 'i+1'의 난이도로 학습자가 잠재적 지식을 이용하여 자동적 처리를 할 수 있는 상태로 유지하는 게 효과적이다. 요컨대 학습자가 언어 이해를 촉진시키면 선택적 주의가 자동적으로 움직여 필요한 정보를 선택하고, 인풋된 정보는 인테이크로 이동해가게 되며, 이 것이 효과적인 학습 상태라 할 수 있다.

언어 학습은 맥러플린의 자동적 처리 상태가 이상적인 언어 처리 상태로 여겨지며, 무의식적인 주의를 움직일 수 있는 학습자가 뛰어난 언어 처리 능력(보유)자가 된다. 언어 정보를 처리하는 과정에서 무의식적으로 선택적 주의를 기울여 정보를 처리할 수 있다면, 학습의 주의가 맥러플린의 모델에서 언급되는 의식적 주의(controlled attention)를 자동적 주의(automatic attention)로 이동할 수 있다는 의미이다. 제2언어 습득이나 외국어 학습의 경우, 제1언어의 처리에 비해 영어 학습자의 정보 처리 능력에 한계가 있기 때문에 학습자가 효율적으로 정보를 선택하여 입력, 인테이크할 수 있는지에 따라 학습의 성공 여부가 결정된다.

2.3 선택적 주의: 뇌와 인지의 메커니즘

2.3.1 뇌의 활동

학습자는 선택적 주의를 어떻게 무의식적으로 움직이는 것일까. 뇌과학과 인지의 두 가지 측면에서 설명하겠다. 뇌과학 측면에서는 언어 과제가 부여된 때 정보가 학습자의 선택적 주의라는 필터를 통과하며, 그때 적절한 인풋이 행해진다. 또한 언어의 의미 이해는 시각, 청각 등에서 입력된 감각 정보(외적 상황)와 뇌내에 이미 조직되어 있는 배경지식(내적 상황)이 서로 상호작용하여 이루어진다(Jacobs et al., 1993).

학습자가 정보를 선택하여 입력, 인테이크해가기 위해서는 뇌와 언

뇌과학에서의 제2언어습득론

어 정보 처리의 모듈화 과정에서 선택적 주의가 이루어지지 않으면 안 된다고 하여(Jacob & Shumann, 1992), 최근 언어 정보를 처리할 때의 뇌 기능이 주목받고 있다. 언어는 청각, 시각의 제1차 감각 영역으로 들어와 문맥에 딱 들어맞는 정보를 뇌로 보내게 된다. 거기서 의미 이해는 감각 정보뿐만 아니라 이미 경험으로 구축된 신경 기호와 사전에 존재하고 있던 배경지식 정보 간의 상호작용에 의해 일어난다. 언어 학습은 경험에 기반한 지식과 영속적인 내면에서 축적된 정보에 의해 촉진된다(Jacob & Shumann, 1992). 학습자와 환경의 상호작용은 action dialogue(Bruner, 1975)라고도 불리며, 이는 말하는 상대와의 커뮤니케이션인 회화만을 일컫는 것이 아니라 사회적, 문화적 요소를 포함한 정보가 흘러넘치는 환경 속에서 정보를 받는 쪽이 필요한 정보를 선택하여 처리해 나가는 것이다. 선택적 주의가 제2언어 습득과 외국어 학습에서도 그러한 역할을 수행한다.

의식의 뇌 모델(Newman, Baars & Cho, 1997)에서도 인지적 처리는 의식적인 것과 무의식적인 것으로 구별된다. 의식이 작동하는 경우는 정보 처리 과정에서 '새로운 사상', '중요한 정보', '목적에 모순되는 정보'가 검출된 때이다. 이때 "충분히 예측되는 사상이나 잘 알고 있는 자극의 경우에는 의식을 필요로 하지 않는 모듈 기호가 자동적으로 처리한다"라고 한다(Newman, 1995).

학습자의 내적 상황에 따라 개인의 선택적 주의가 정보의 입력에 영향을 미친다는 점에 대해서는 이론적으로 다음의 두 가지 가능성이 제시되고 있다. 첫째, 정보가 입력되는 초기의 선택적 주의는 감각적 입력 정보를 처리하는 능력을 제한한다. 즉 청각이나 시각 등 외부에서 자극을 인풋한 경우에 필터링을 거쳐야만 한다는 것이다. 둘째, 정보가 입력된 후 잠깐 뒤에는 감각적 입력 정보는 제한받지 않고, 선택적 주의는 뒤따르는 인지적 처리와 동시에 일어난다. 이 두 가지 방법은 결국 선택적 주의를 재촉하는 것으로, 개인의 내면 상황에 따라 학습자의 배경지식을 활성화하여 입력 정보와 상호작용하는 것을 통해 학습 도달 목표에 이를 수 있게 된다.

2.3.2 인지의 움직임

인지의 측면에서는 비고츠키(Vygotsky)의 이론에 의하면, 청각이나 시각에 의한 외적 자극 패턴이 인식되는 방법, 이른바 입력 정보가 의미를 만들어내는 방법으로 상향식(bottom up) 처리와 하향식(top down) 처리(Rogoff, 1990)가 있다. 상향식 처리란 입력 정보를 지각하여 이해하는 단계로, 정보의 블록을 하나하나 쌓아올리는 단계이다. 한편 하향식 처리는 학습자가 여태까지 가지고 있던 관련 정보나 개념과 새로이 입력된 정보를 비교, 조합하면서 의미를 구축해가는 작업이다. 두 가지 처리 방법 모두 선택적 주의가 요구된다.

마찬가지로, 오스벨(Ausbel)의 인지 학습 이론에서도 선택적 주의의 역할이 중요함을 알 수 있다. 오스벨의 이론은 기계적 학습(rote learning, 그림 2-4)과 유의미적 학습(meaningful learning, 그림 2-5)으로 설명된다. 기계적 학습은 언어를 개개의 정보로서 학습하는 과정으로, 블록으로 비교하면 어떠한 법칙성도 없이 단지 쌓아 올려진 상태로 금방 무너져버리는 방법이다. 한편 유의미적 학습은 인지 구조 속에 이미 확립되어 있는 내용 중에서 관계있는 항목에 연결하여 새로운 사상을 이해해가는 방법으로, 학습자가 이미 가지고 있는 '인지의 못(cognitive peg)'에 새로운 항목을 걸어가는 과정이다. 즉 새로이 쌓아 올린 블록이 계통적 블록 집합의 일부가 되어 견고한 지식이 되어가는 방법이다. 선택적 주의의 활동에 의해서 인지의 못에 걸릴 새로운 정보가 선택될 뿐만 아니라, 이미 존재하는 인지적 기구 내의 어떤 지식에다 걸 것인가 하는 문제를 선택하는 일 또한 선택적 주의의 역할이라 할 것이다.

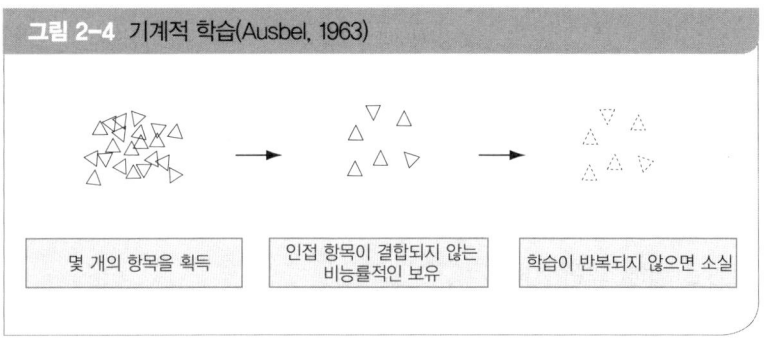

그림 2-4 기계적 학습(Ausbel, 1963)

| 몇 개의 항목을 획득 | 인접 항목이 결합되지 않는 비능률적인 보유 | 학습이 반복되지 않으면 소실 |

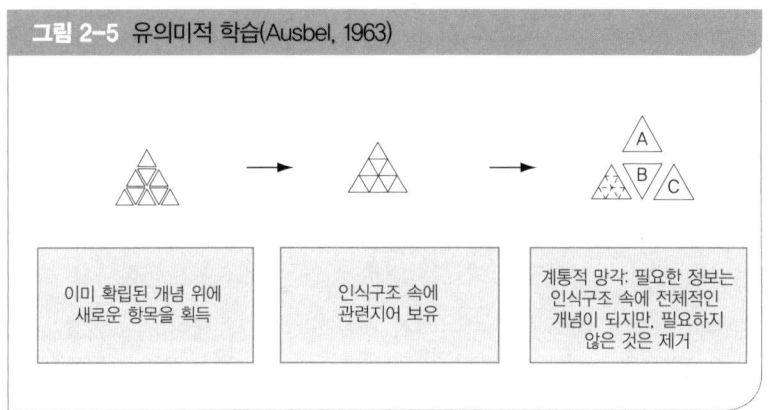

그림 2-5 유의미적 학습(Ausbel, 1963)

| 이미 확립된 개념 위에 새로운 항목을 획득 | 인식구조 속에 관련지어 보유 | 계통적 망각: 필요한 정보는 인식구조 속에 전체적인 개념이 되지만, 필요하지 않은 것은 제거 |

이상에서 살펴본 바에 의하면, 신경 기구적 측면과 인지 기구의 측면에서 볼 때 언어 학습이 이루어지는 인풋에서 인테이크의 과정에 있

어 자극을 지각하여 선택적 주의가 효과적으로 활성화되는 것이 제1단계라고 할 수 있다. 인지심리 모델이 크게 진보하여 학습에서 이루어지는 선택적 주의의 역할이 어느 정도 명확해진 부분도 있지만(Atkinson & Shiffrin, 1971; Craik & Lockhart, 1972), 여태까지 학습자가 어떻게 적절한 자극을 받고 선택적 주의를 움직여 언어를 처리하는가에 대해 실증뿐만 아니라 적절한 설명조차 이루어지지 못하고 있다. 신경 메커니즘에서도 선택적 주의는 시상망상핵(NRT: Nucleus Reticularis Thalami)으로 알려진 신경 영역에서 내려진 지령으로 설명되어 있지만, 본서의 후반(특히 제8장과 제9장)에 기술한 실증 연구가 이를 설명할 것이다.

2.3.3 뇌에 의한 지배

시상망상핵(NRT)은 시상(thalamus)을 둘러싼 얇은 신경 세포층에 의해 대뇌피질과 결합하여 뇌의 망상핵으로서 총합의 지위에 있으며(John, 1985; Herkenham, 1986; Groenewegen & Berendse, 1994), 정보의 출입구로서 감각 입력의 흐름을 좌우하는 중요한 역할을 수행한다. 뉴먼과 바스(Newman & Baars, 1993)는 정보가 시각이나 청각에서 대뇌피질로 도달하는 경로에 대해 모든 정보는 시상을 통과하며, 거의 대부분의 정보는 시상에서 대뇌피질에 이르는 경로에 있는 NRT에 도달한다고 한다. NRT는 시상과 대뇌피질 사이에서 정보의 흐름을 제어하는 역할을 한다. 잉글링과 스키너(Yingling & Skinner, 1975)는 시상에서 피질에 이르는 경로에 전기 자극을 가해 유발되는 활동 전위를 살펴보았더니, NRT가 정보의 흐름을 즉시 억제하는 기능을 하고 있었다고 밝혔다. 학습자의 선택적 주의는 이 NRT의 억제에 의해 움직이는 것으로, 정보를 이해하

뇌과학에서의 제2언어습득론

기 위해 적절한 내용과 불필요한 것을 선별하여 처리하는 활동을 수행한다.

시벨(Scheibel, 1987)은 NRT에는 다수의 작은 게이트 기능이 있어 만약 게이트가 열려 있으면 입력 정보의 흐름이 촉진되고, 닫혀져 있으면 정보의 흐름이 억제된다고 했다. 언어 습득에서는 적절한 정보를 얻기 위해 선택적 주의가 정보를 인풋에서 인테이크로 이동시키는 것을 촉진시킨다고 할 수 있다. NRT의 움직임에 따라 선택적 주의가 활성화되면 많은 정보 중에서 이해에 필요한 정보만이 선택되어 게이트를 빠져나와 이해에 이르게 된다.

시각이나 청각에 의해 입력된 정보는 학습자의 억제와 흥분의 상호작용에 의해 처리된다. 입력 정보가 시상에 먼저 닿은 다음 NRT를 통과하는데, 이때 억제와 흥분의 상호작용이 일어나 NRT의 게이트 기능이 작동한다. 그 움직임을 '지배(orchestrate)'하는 것이 NRT이다. 바스(1988)는 의식과 주의를 구별하여 의식은 정보를 입력할 때 연속적으로 끊임없이 행해지는 듯 보이지만, 실은 정보 처리 과정의 특정 시점에 정보가 입력된 뇌내의 특정 부분에서 활동하는 것에 지나지 않는다고 하였다. 이 입력 정보를 유연하고 적절하게 선택하기 위해서 의식 속의 '필터' 과정이 필요하다는 것이다. 그것이 정보를 선택하기 위한 '주의'로서 이른바 선택적 주의이며, NRT가 선택적 주의의 생리적 기반이라는 의견은 많은 연구자들 사이에서 폭넓게 받아들여지고 있다(Mitrofanis & Guillery, 1993).

주의는 뇌내 메커니즘에 의해 의식적, 무의식적으로 움직일 수 있다(LaBerge, 1995). 또한 NRT는 주의의 기반과 관계를 맺고 있어 의식은 NRT를 중계하는 것으로 적합하지 않다고 한다(Bogen, 1995). 주의가 활성화되면 정보가 전달된 신경망 속에 특정 신경 활동이 선택적으로 높아진 상태가 되어, 학습에 의해 감각 입력을 강화하는 것과 선택하는 것이 적절히 통합된다. 이처럼 NRT가 신경 시스템의 지휘자(conductor)가 됨으로써 학습이 촉진된다. NRT와 같은 뇌 기구를 설명하는 것이 언어 학습의 메커니즘을 설명할 수 있는 가능성을 높여줄 수 있을 것이다 (Sato & Jacobs, 1992).

2.4 의식과 주의의 측정 방법

2.4.1 뇌기능 측정 장치를 사용하여

앞항에서도 기술했지만, 선택적 주의는 뇌내의 NRT로 기능한다고 알려져 있다. 사람 뇌내의 정보 처리 능력에는 한계가 있기 때문에, 외부에서 다량으로 흘러들어오는 정보 속에서 뇌에서 처리해야만 하는 정보와 처리에 불필요한 정보를 취사선택하는 것이 필요하다. 이 취사선택을 하는 기능이 선택적 주의라는 것은 앞항에서도 언급했다. 선택적 주의는 주의할 필요가 있는 정보만이 아니라, 주의할 필요가 없는 정보에 대해서도 처리가 이루어지지 않도록 억제하는 움직임을 하며, 불필요한 정보를 적절하게 무시하는 방식으로 움직인다. 또한 의식과 주의는 서로 다른 것이다. 의식이란 '지향성을 가진 뇌에서 고차 정보를 처리하는 양식 중의 하나'이며, 주의는 '정보를 선택하여 통합(binding)한 후 딱 들어맞는 행동으로 인도하는 뇌의 정보 처리 과정'이라고 사료된다(苧阪, 1996).

뇌과학에서의 제2언어습득론

사람이 의식적 경험을 했는지, 하지 않았는지에 대해 어떻게 판단할 수 있을까. 그 기준으로 보고 가능성(reportability)이 널리 채택되고 있지만, 이는 보고 가능한 것이 의식적인 것일 거라고 가정하는 입장이 아니다. 단지 사람의 마음 상태에 대해 가설을 세우기 위해 데이터 수집법으로 유용한 방법일 뿐이다(Dennett, 1991). 이것은 주관적인 방법으로, 사람은 의식하고 있어도 무의식이라고 보고하거나, 의식하고 있지 않아도 성과가 나오면 의식적 처리였다고 치부하는 경우가 많다.

이에 대해 최근 객관적으로 사람의 의식을 관측할 수 있는 가능성이 생겼다. 구체적으로는 ① 뇌의 고차 기능에 대한 설명이 진전되어 뇌의 움직임을 통해 의식을 연구하는 것이 현실적으로 가능해졌다. ② 의식을 과학적으로 파악하는 핵심(key) 개념인 주의의 뇌내 메커니즘이 계속 밝혀지고 있어 주의가 정보를 통솔하는 역할을 수행한다는 것이 밝혀졌다. ③ 뇌가 행하는 무의식적 정보 처리가 발견되었고, ④ 뇌의 고차원적 정보 처리인 의식의 계산적 모델링이 진전되었으며, ⑤ 직접 뇌를 관측할 수 있는 비침습적 방법(neuro-imaging 장치), 즉 최첨단의 뇌 기능을 영상화하는 기술이 발전했다. 이러한 방법에 따라 인지신경학을 중심으로 뇌의 고차 기능의 움직임이 파악되어, 의식이라는 안개 속에 감추어진 개념을 밝히는 데 이러한 연구들이 단서가 될 수 있었다(苧阪, 2000).

2.4.2 뇌내 메커니즘 설명의 중요성

지금까지 제2언어 습득 모델에 대한 이론적 틀로서 의식의 움직임을 학습자의 주관적 보고에 의해 판단하는 방법이 채택되어왔다. 이러한 방법은 학습자 및 그 지휘자인 관찰자의 주관적인 인지적 경험에 의해 제창되는 것으로, 보다 견고한 증거로서 객관적인 데이터가 제시될 필요가 있었다. 최근에는 fMRI, PET 등의 새로운 뇌기능 이미징법이 개발되어 인간의 인지적 메커니즘을 객관적으로 관찰하는 방법으로서 뇌신경학 분야뿐만 아니라 심리학, 언어학 등에서도 각광받고 있다. 제2언어 습득이나 외국어 학습의 분야에서도 뇌기능 이미징법을 통해 주의의 기능(언어 처리 자동화에 있어)이 조사되고 있으며, 이러한 연구들이 주목받고 있다. 예를 들면 첫머리에서 기술했듯이 세갈로비츠(Segalowitz, 2001)는 언어 처리의 자동화와 뇌기능의 관련성에 대한 연구가 중요하다고 주장했으며, 톰린과 빌라(1994)도 제2언어 학습과 주의의 뇌과학적 연구가 필요하다고 주장했다. 현재 제2언어나 외국어 처리에서 뇌내 메커니즘의 설명이 중요성을 인정받고 있으며, 점점 더 각광받고 있다.

2.5 뇌과학적 관측의 전망
– 최적의 뇌활성화 상태에 대하여

일반적으로 사람의 정보 처리 시스템은 먼저 수많은 정보를 스캔하여 어떤 것이 필요한 정보인지를 판단하여 특징짓는다. 그리고 필요하다고 특정된 지점(spot)에 선택적 주의를 기울여 정보를 입수하여 처리해간다. 의식의 인지과학에서 의식적 주의는 '극장의 메타포'로 파악되며, 의식적 행위는 스포트라이트로 명확히 밝혀진 극장의 무대에 비유되어 스포트라이트는 의식적 주의에 의해 인도된다고 한다. 무대는 스포트라이트가 미치는 곳 이외에는 어두운 무의식 상태이며, 행동하는 사람은 스포트라이트에 의해 조명이 비추어진 무대로 나왔다 들어갔다 하게 된다.

이 장에서 기술한 바와 같이 주의의 기능은 인지 기능으로도, 신경 기능으로도 설명할 수 있다. 학습 과정에서 의식의 움직임에 의해 조작되는 지식이 명시적 지식과 암묵적 지식으로 대비되어 학습 시 주의는 필수불가결한 것으로 파악되고 있다. 선택적 주의는 메타인지 전략의 하나로서 학습을 촉진시키는 것이며, 언어 학습에 따라 과제에 주의가 기울여지면 인풋을 강화하여 인테이크된 정보가 축적되어간다. 최적의 학습 상태는 무의식적으로 선택적 주의를 움직여서 언어 처리가 자동적으로 이루어지는 상태이다. 또한 학습자의 뇌활성 상태가 최적이 되면 학습도 촉진된다.

그렇다면 어떻게 학습자를 최적의 활성 상태로 만들 수 있을까. 지금까지 주의에 관한 연구들에서는, 주의는 인간 내면에서 움직이기 때문에 외부에서 측정하는 것은 실질적으로 곤란하다는 견해가 많았다. 하지만 고차원적인 뇌기능 측정 장치가 개발되어 사람의 뇌기능에 대한 관심이 높아졌다. 영어 학습자는 영어를 어떠한 방식으로 처리하는 것일까. 뇌기능 측정 장치를 통해 과제 수행 도중 학습자의 뇌활성 상태를 관측할 수 있다. 요컨대 영어 전달자의 뇌활성 상태를 관측하면 최적의 활성 상태를 파악할 수 있는 것이 아닐까. 여기에 대해서는 제8장에서 다루기로 한다.

제3장

언어 이해의 메커니즘

．．．

　제1장에서는 언어 습득 모델에서 의식적 처리와 자동적 처리에 대해, 제2장에서는 선택적 주의의 효과에 대해 인지 기구 및 뇌기호의 측면에서 기술했다. 이 장에서는 언어 처리 및 언어 습득 모델에서 선택적 주의가 어떤 역할을 하고 있는지에 대해 생각해보기로 한다. 언어를 받아들이는 방법으로 듣기와 읽기에 의한 언어 처리 방법을 중점적으로 다루도록 하겠다.

　읽기와 듣기의 메커니즘으로는 상호작용이 가장 효율적인 수단으로 생각되고 있다. 상호작용에 대해서는 두 가지 해석이 있다(Grabe, 1991). 그 중 하나는 텍스트를 처리할 때 상향식 처리와 하향식 처리의 상호작용으로 많은 스킬이 한꺼번에 작용하는 방법이고, 또 한 가지는 언어 처리 과정과 인지 과정의 상호작용으로 학습자의 스키마(schema, 배경지식)와 텍스트 내용과의 상호작용 등이 주장되고 있다. 해석은 다소 차이가 있는 것으로, 어느 쪽을 택하더라도 상호작용은 정보 처리를 원활하게 진행시키는 움직임을 한다. 이 장에서는 여기서의 상호작용 모델에서 선택적 주의가 어떤 방식으로 효과적인 작용을 하는지 기술하기로 한다.

3.1 정보 처리의 구조

3.1.1 상향식(bottom up) 처리

인간의 정보 처리 이론에 따르면, 정보를 받아들이는 방법에는 크게 나누어 상향식 처리와 하향식 처리의 두 가지가 있다. 상향식 처리란 먼저 문자나 음성을 인식하고 다음에 그 의미 이해를 진행시켜가는 방법으로, 처음에 언어를 작은 의미 단위로 파악하여 차츰 큰 언어 단위로 이해해가는 단계적, 연속적 처리 방법이자 사고방식이다. 즉 사람의 내면에 가설-검증의 작업을 수행하지 않고, 받아들인 문자나 음성 정보만을 실마리로 내용을 이해해가는 방법이다. 이러한 이유로 '텍스트 구동형'이라고 불리기도 한다. 이 처리 단계에 의해 선택적 주의는 문자나 음성을 인식해 필요한 정보만을 선택하여 뇌내에 입력하는 역할을 한다.

상향식 처리의 대표적인 모델은 고프(Gough, 1972)에 의한 '읽기의 1초간 모델(one second of reading model)'이다. 이 모델에 따르면, 뇌내 정보 처리 시스템의 제1단계에서 시각 정보가 시각 시스템을 지나 문자에서 음성으로 변환된다. 제2단계에서는 변환된 음성이 단어로 변환된다. 그리고 마지막에 변환된 단어의 의미 단위는 TPWSGWTAU라고 불리는 '문장이 이해되는 장소'에 입력된다. 입력된 단어는 TPWSGWTAU에 입력된 시점에서 의미를 가지고 학습자의 뇌내 지식 시스템의 일부가 되어 정보가 장기간 저장소에 보존된다.

뇌과학에서의 제2언어습득론

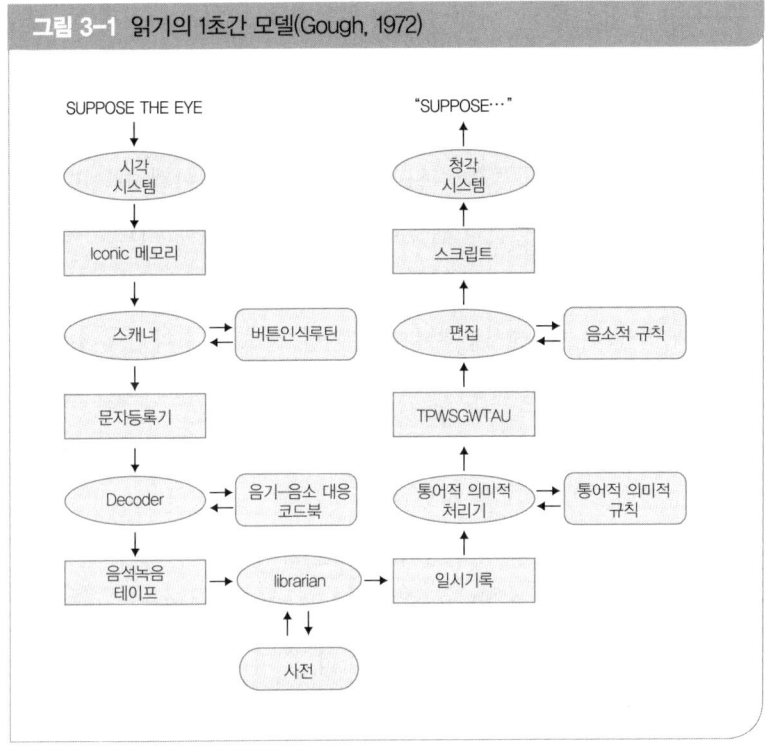

그림 3-1 읽기의 1초간 모델(Gough, 1972)

하지만 이 고프의 모델도 실제 읽기 과정을 충분히 설명하고 있지 못하다는 지적을 받고 있다. 독해에서 상향식 처리만으로는 이해가 되지 않는다는 것이다. 이에 따라 하향식 처리를 주장하게 되었다.

3.1.2 하향식(top down) 처리

하향식 처리란 읽는 사람이 텍스트 내용에 대해 배경적 지식으로 스키마나 스크립트 등을 최대한으로 이용해서 텍스트에 포함되어 있는 정보를 선택하여 내용의 가설을 세운 다음 그 가설을 검증해 나가는,

읽는 사람 중심의 처리 방법이다. 이러한 이유로 '독자 구동형'의 모델이라고 불리고 있다. 이 모델에서는 상향식 처리에서처럼 단어의 의미만을 이해하는 것만으로는 쓰는 사람의 진의를 읽어낼 수 없고, 따라서 쓰는 사람의 의도를 정확히 읽어내기 위해서는 언어외적 의미나 비유 표현 등을 이해하는 것이 필수적이라고 생각한다. 그러므로 독해를 효율적으로 해나가는 방법은 모든 정보를 하나하나 차례로 이해해가는 것이 아니라 많은 정보들 중에서 매우 적은 정보, 말하자면 문장을 이해하기 위해 꼭 필요한 열쇠가 되는 정보를 취사선택하고 예측을 세워 그 예측이 올바른지를 검증해 나가면서 읽는 것이라고 주장하고 있다 (Goodman, 1970).

상향식 처리와 하향식 처리는 각각 단독으로 움직이는 것보다, 두 가지 처리가 상호작용했을 때 정보 이해가 효과적으로 진행될 수 있다. 정보를 흡수하는 쪽은 문장에 대해 어휘적, 의미적인 배경적 지식 또한 요구하며, 그 지식을 활용하는 것에 의해 이해가 촉진된다. 제4장에서도 다루겠지만 배경적 지식의 저장소는 워킹메모리로, 선택적 주의의 움직임에 의해 문장의 의미가 워킹메모리 내의 지식 시스템에 동화되어 다시 선택적 주의의 움직임에 의해 모아져 있던 배경적 지식을 워킹메모리 내에서 끌어내는 것이 가능해진다.

뇌과학에서의 제2언어습득론

3.2 스키마 이론

3.2.1 스키마란

스키마란 무엇인가. 스키마와 같은 개념은 스크립트(script), 프레임(frame), 플랜(plan), 데이터 구조 등으로 불리는데, 큰 틀에서 본다면 모두 같은 의미라고 할 수 있다. 여기서는 러멜하트와 오토니(Rumelhart & Ortony, 1977)에 의한 스키마를 채택한다. 스키마란 장기기억 내에 보관되어 있던 총칭적 개념(generic concepts)의 표현으로, 우리가 일상적으로 경험하는 사물, 사건, 상황, 활동 혹은 그 연속 등의 이해에 이 스키마가 사용되고 있다. 독해 과정에 있어서 읽기는 스키마에 의해 촉진된다(Barlett, 1932; Rumelhart & Ortony, 1977; Rumelhart, 1980).

존슨(Johnson, 1981, 1982)이나 카렐(Carrell, 1983, 1984, 1987)도 스키마를 텍스트 구조에 대한 지식인 형식 스키마(formal schema)와, 텍스트 내용과 관련된 지식인 내용 스키마(content schema)로 나누어 영어 학습에 의한 스키마와 문장 이해 과정의 관계에 대한 실증 연구를 보고하고 있다. 이들의 보고에 의하면, 학습자가 내용에 관해 이미 많은 지식을 가지고 있다면 그 문장의 이해도는 높아진다. 학습자가 이미 알고 있거나 흥미 있는 사항에 관한 정보를 읽거나 듣는 경우와 전혀 새로운 정보를 이해하는 경우, 전자의 이해가 훨씬 용이하며, 후자의 경우에는 전자보다 사고력, 추측력을 요하게 된다.

다음으로 덴마(天滿, 1989)가 소개하고 있는 러멜하트와 오토니(1977)에 의한 스키마의 정의를 기술하겠다.

① 스키마는 몇 개의 변수로부터 생겨난다. 예를 들어 '산다'라는 개

념을 생각해보자. 여기에는 '사는 사람'과 '파는 사람', '상품', '돈'이라는 변수가 포함되어 있다.

② 하나의 스키마는 다른 스키마에 포함되어 있으므로 계층 구조를 형성한다. 예를 들면 '머리'라는 스키마는 '눈', '코', '입', '귀'라는 하위 스키마를 포함하고, 그것들은 또한 각각 하위 스키마를 가진다. 예를 들면 '눈'은 '눈썹'이라든가 '속눈썹' 등을 포함한다.

③ 스키마는 다양한 차원에서 추상도가 높은 총칭적 개념을 표현할 수 있다. 예를 들면 '사다'라는 동사 스키마와 '머리 스키마'처럼 물건의 명칭이나 성질 등을 변수로 포함하고 있는 스키마나 '레스토랑 스키마'처럼 행위의 연속을 표현하는 스키마 등, 각각 수준이 다른 추상도를 반영한다.

④ 스키마는 사물의 엄밀한 정의가 아니라 말하자면 백과사전적인 지식, 즉 표준적이고 전형적인 지식을 표현하는 것으로 유연성을 가진다. 또한 스키마는 읽는 사람의 문화적 배경에 의해 달라질 수 있다. 자신에게 친숙한 문화적 배경에 관한 내용은 유연하게 이해되지만, 친숙하지 않은 문화를 이해할 때에는 자국의 문화에서 형성된 다른 스키마가 있기 때문에 잘못된 해석을 해버리는 경우가 있다(天滿, 1989).

3.2.2 스키마는 이해를 촉진시킨다

문장을 이해하기 위해서는 학습자의 여러 가지 배경지식이 요구된다. 문법적, 음성적 지식 등의 언어적 지식이기도 하고, 제계 동향이나 경제 동향 등의 사회 상식적, 전문적 지식이기도 하다. 정보의 이해는 이러한 스키마에 의해 촉진된다.

스키마처럼, 문장 이해에 관여하는 지식을 특정의 것으로 정의하려는 시도는 현재까지 인지언어학이나 인공지능의 연구에서 이루어져왔다. 그러한 연구들은 음성 언어 및 문어에 대해, 이해는 듣는 쪽이나 읽는 쪽이 이미 가지고 있는 지식, 즉 스키마와 텍스트 간의 상호작용에 의해 촉진된다는 것을 보여준다. 즉 학습에 의한 인풋은 학습자가 이미 가지고 있는 스키마와 새로운 정보가 매핑(mapping)되어 행해진다고 (Carrell & Eisterhold, 1983, 1984) 주장하고 있다.

종래의 제2언어 독해 연구의 주류는 스키마 이론(schema theory)을 중심으로 이해 과정을 탐구하는 것과 함께, 하향식 처리와 상향식 처리 중 어느 방법이 이해에 효과적인지에 대한 연구도 이루어져왔다. 하지만 현재는 쌍방향에서 처리하는 상호작용설이 가장 유력하다(Carrell et al., 1988). 한편 앞장에서 논의한 주의와 알아차림이 독해 과정에서도 주목되어 스키마를 활성화하기 위한 주의나, 주의에 의해 촉진되는 알아차림이 주목받고 있다.

3.3 인터랙티브 모델

3.3.1 상호작용은 이해를 촉진시킨다

이 장의 첫머리에서도 기술했지만, 언어 이해 과정에서 일어나는 상호작용은 몇 개의 다른 개념으로 설명되는데, 그 중 하나는 상향식 처리와 하향식 처리의 상호작용이 원활하게 움직여 고위 수준과 저위 수준의 인지 과정이 동시에 병행되는 것이다. 또한 학습자의 언어 처리 과정과 인지 과정 간의 상호작용도 있겠다. 선택적 주의는 어느 쪽의 상호작용 모델이건 관계없이 필요한 정보를 선택하기 위해 움직인다.

러멜하트(Rumelhart, 1977)의 인터랙티브 모델은 시각 정보 저장(visual information store), 특징 추출 장치(feature extraction device), 패턴 통합기(pattern synthesizer)를 통해 정보가 처리된다고 주장한다. 상향식 처리에서는 정서법(orthographic), 어휘(lexical), 통사(syntactic), 의미(semantic)의 하위 수준에서 실행되며, 여기에 상위 수준의 정보가 하향식 처리로 통합된다. 요컨대, 하위 수준에서 처리된 지각 정보와 상위 수준에서 처리된 비지각 정보가 동시에 작용하면 이해가 촉진되는 것이다.

카펜터와 저스트(Carpenter & Just, 1980)는 안구 운동의 연구에서 읽는 사람의 안구 정류 위치(fixation), 정류 시간(fixation duration)의 관계에 대해 조사했다. 안구의 정류에 의해 얻어진 정보가 워킹메모리(제4장 참조)와 어떠한 방식으로 호응되어, 다시 장기기억에 보관되어 있는 스키마와 어떠한 방식으로 관련되는지에 관해 주목했다. 그 결과, 고위 수준에 저장되어 있는 지식과 저위 수준의 안구 운동에는 명확한 상관관계가 있는 것으로 보고되었으며, 읽는 방법에 따라 고위 수준 처리와 저위 수준 처리의 상호작용, 즉 하향식 처리와 상향식 처리의 상호작용 효과가 결정된다고 결론지었다.

한편 스타노비치(Stanovich, 1980)는 하향식 처리와 상향식 처리가 반드시 동시에 행해져야 할 필요는 없다고 설명하고 있다. 독해에 의해 양자의 처리가 진행되는 타이밍은 읽는 사람의 배경적 지식, 읽는 방법, 언어의 조작 방법에 의해 달라지기 때문이다. 예를 들면 읽는 사람에 따라 모르는 단어가 많고, 내용을 이해하는 것이 곤란한 주제를 지정한 경우, 그때까지 가지고 있었던 장기기억 속에 있는 배경적 지식을

뇌과학에서의 제2언어습득론

단서로 문맥으로부터 내용을 추측하거나 글을 통사 분석하여 이해에 도달할 수 있다. 따라서 읽는 사람은 하향식 처리와 상향식 처리의 일방 혹은 양방의 이해 방법으로 언어를 처리하여 이해를 해나간다는 주장이다.

3.3.2 읽기는 인지 행위

에스키(Eskey, 1986)는 독해 과정은 인지적 행위라고 하여, 읽기라는 행위는 먼저 독자의 뇌내에 있는 언어의 인지 기구(cognitive structure) 운동에 의해 시작된다고 보았다. 언어의 인지 기구는 장기기억에 보관되어 있던 스키마(배경지식)의 영향을 받는다. 뛰어난 독자는 문자를 정확하게 인지하는 것, 예를 들면 몇 개의 언어 정보 중에서 내용 이해에 필수적인 키워드를 단시간에 습득하는 것이나, 읽을거리의 제목에서 내용을 적확하게 추측하는 것만으로 최소한의 시각적 정보 이해를 자동적으로 진행한다. 동시에 읽는 과정에서 내용을 빠르게 이해하여 문자나 단어 등의 형식적 정보와 의미적 정보를 뇌내의 인지 기구에서 솜씨 좋게 통합적으로 정리하는 것이 가능하다고 한다. 여기서는 읽기의 인터랙션이란 독자의 배경지식과 텍스트의 상호작용이다. 〈그림 3-2〉에서 이해한 내용이 인지 기구에 입력되어 정보의 형식과 내용이 하나로 정리된다. 이 순환에 의해서 인지 기구의 자원이 증대되어 독해를 생활화하게 된다.

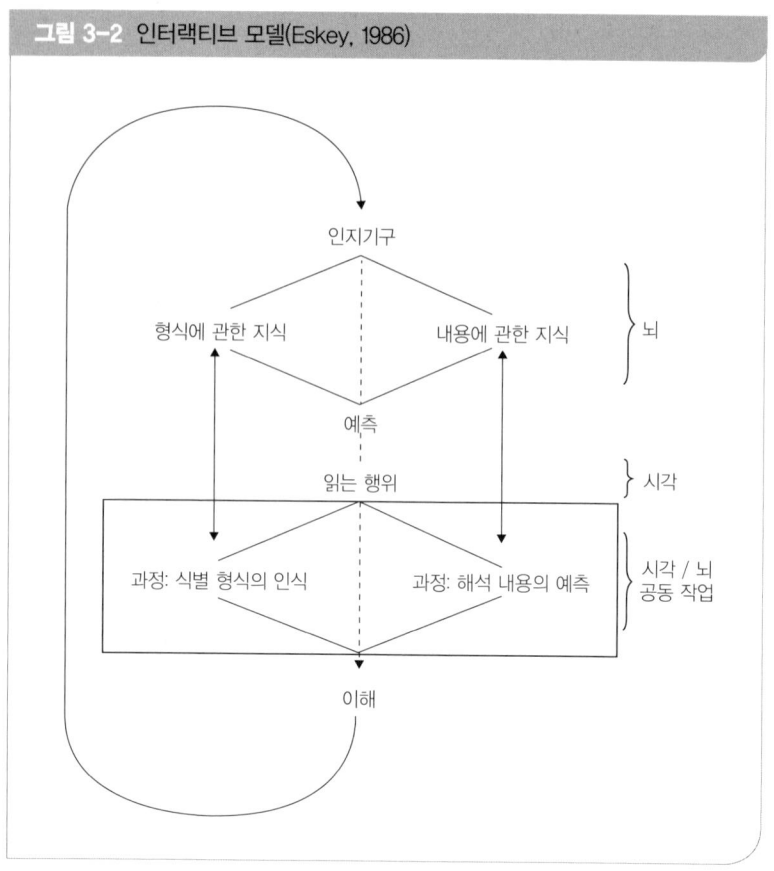

그림 3-2 인터랙티브 모델(Eskey, 1986)

스미스(Smith, 1988)는 이중언어 구사자를 대상으로 독해 과정 연구를 진행하여 인터랙티브 모델은 비시각적 정보의 역할이 크다고 주장하며, 읽기란 시각 정보와 비시각 정보 간의 거래(trade off)라고 했다. 여기서는 읽는다는 행위를 "항상 시각 정보와 비시각 정보가 사용되며, 읽기의 과정이란 읽는 사람과 텍스트의 상호작용이다"라고 설명하고 있다. 읽기가 숙련된 학습자는 시각 정보를 최소한으로 선택하여 비시각 정보를 최대한으로 활용하는 것이 가능하다. 비시각 정보의 예를 들면

뇌과학에서의 제2언어습득론

배경적 지식이나 사고력 등이며, 이를 이용하여 언어 정보를 손쉽게 이해할 수 있다면 제시된 단어나 음을 낱낱이 인식할 필요는 없다고 한다.

또한 스미스(1988)는 독해에서 읽는 사람이 '예측'하는 역할의 중요성을 주장한다. 영어와 프랑스어를 자유롭게 구사하는 사람에게 두 언어가 섞여 있는 문장을 읽게 한 뒤, 어떤 내용이 프랑스어이고 어떤 내용이 영어였는지 질문하는 실험을 했다. 그 결과, 어떤 언어로 적혀 있었는지 정확히 기억하고 있는 실험 참가자는 없었다고 보고되었다. 이 결과로부터 이중언어 구사자는 단어를 보고 음성화하기 이전에 언어를 의미적으로 이해하고 있다는 주장을 하고 있다.

즉 독해란, 기계적으로 문자를 음성화하는 작업이 아니라 텍스트의 의미를 구축하는 작업으로, 뛰어난 독자는 정확한 예측을 할 수 있어 정확하게 텍스트를 이해하는 것이 가능하다. 여기서 예측이란 먼저 무엇이 적혀 있는지를 추측하는 것에 더해, 텍스트의 이해에 필수적이지 않은 내용을 사전에 제외하는 것도 포함한다. 여기서도 선택적 주의는 정보를 취사선택하는 역할을 수행한다.

3.3.3 주의와 읽기 모델

여기서 새뮤얼스(Samuels, 1994)의 '주의와 읽기 모델'(그림 3-3)을 소개하도록 한다. 이 모델에서는 독해 과정을 기호 해독(decoding)과 이해(comprehension)로 크게 나누어 초심자와 숙련자의 기억 속 주의 자원에 주목하고 있다. 학습의 학습도와 주의의 방향성과의 관계에 대해 초보 독자는 언어 처리 용량을 초과하지 않는 한 주의는 기호 해독과 이해의 양방에 맞추어져 있다. 즉 상향식 처리와 하향식 처리의 상호작용이 이루어진다. 한편 읽는 사람의 처리 용량을 넘어선 경우, 주의는 기호 해독이나 이해 둘 중 어느 한쪽으로 치우쳐버린다. 읽기가 숙련된 학습자는 최소한의 단어나 문장의 정보량을 선택하는 것만으로 이미 가지고 있는 지식을 최대한으로 이용할 수 있다. 앞서 기술한 스미스(1988)의 모델과도 일치하지만, 배경적 지식이나 사고력, 비시각 정보를 이용하여 정보가 원활하게 처리·이해된다면 단어나 음성의 모든 언어 정보를 인식할 필요도, 주의를 기울일 필요도 없어진다.

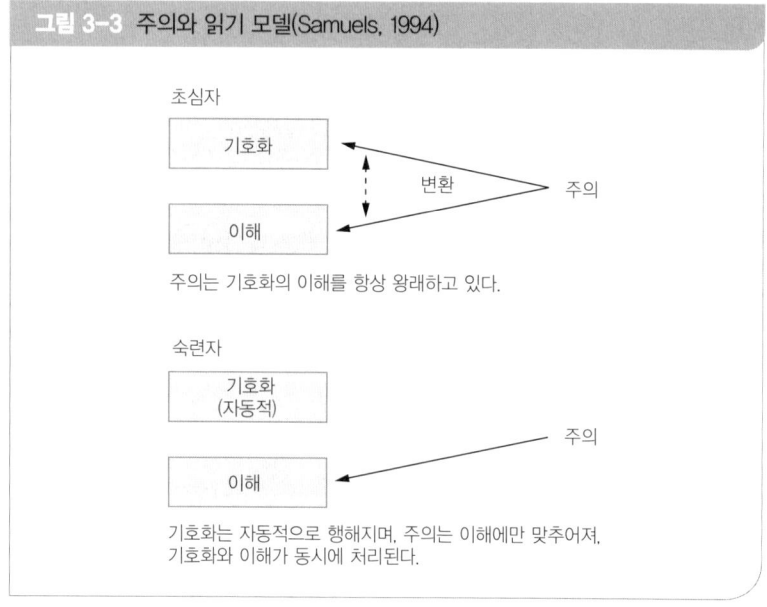

그림 3-3 주의와 읽기 모델(Samuels, 1994)

언어 처리 과정 중 주의 자원의 분배에서, 뛰어난 독자는 문자나 음성의 기호 해독을 자동적으로 처리하기 때문에 주의 자원을 내용 이해에 쓰는 것이 가능해진다. 한편 미숙한 독자는 문자나 음성을 기호 해독하는 상향식 처리에 많은 인지 자원을 분배하기 때문에 내용 이해를

뇌과학에서의 제2언어습득론

위해 분배되는 인지 자원이 적어진다. 주의는 상향식 처리와 하향식 처리의 양방향 작업이 필수적이지만, 주의의 용량에는 한계가 있기 때문에(Perfetti & Lesgold, 1977) 언어 정보에 쓰이는 주의는 처리 용량의 분배 비율에 의해 항상 상향식 처리와 하향식 처리 사이를 움직이게 된다. 읽는 것이 숙련된 학습자일수록 모르는 단어나 처음 접하는 정보를 만났을 때, 저위 수준의 정보 이외에 학습자가 이미 가지고 있는 지식이나 전략을 이용하여 이해를 보충하는 것이 가능해진다. 그것은 워킹메모리나 주의의 용량에 여유가 있기 때문에, 기술되어 있는 문자나 들려오는 음성 이외의 정보를 이용하는 것이 가능해지기 때문이라고 생각된다. 좀 더 효과적인 언어 정보 처리를 촉진시키기 위해서는 내용 이해에 주의 자원을 사용하는 것이 바람직하다.

3.4 새로운 상향식 처리 이론

3.4.1 상향식 처리의 자동화

이제까지의 연구에서는 상향식 처리와 하향식 처리의 상호작용에 의해 학습자의 이해가 촉진된다고 보고했다. 그러나 두 가지 처리의 상호작용은 반드시 동시에 진행되는 것은 아니며, 학습자의 숙련도나 제시된 과목의 난이도에 따라 상향식 처리와 하향식 처리에 가해지는 주의량은 조정된다고 시사되었다.

레이너와 폴라체크(Rayner & Pollatsek, 1989)에 의한 상향식 처리 모델에서는 또 하나의 새로운 접근으로서 상호작용을 하는 상향식 처리를 제창하고 있다. 어휘 처리에 주목하여 독자의 안구 운동을 조사한 실험에 의하면, 뛰어난 독자는 망막의 중앙에 위치한 단어(foveal word processing)의 처리를 위해 안구 정류(eye fixation)를 하며, 다음으로 안구를 정류시킬 위치를 결정하기 위해 망막 중앙 한쪽 밑의 영상 처리(parafoveal)로 안구 정류의 비행 운동(saccade)을 되풀이한다고 한다. 뛰어난 독자는 이 비행 운동에 의해 상향식 처리를 빠른 속도로 수행하기도 하고, 자동적으로 처리하기도 한다. 그리고 망막 중앙의 위치에서 처리된 어휘의 이해를 바탕으로 워킹메모리 안에 저장되어 있는 사전(lexicon)이나 텍스트(text representation), 현실 세계의 지식(real world knowledge) 등을 활성화하여 부여된 과제의 구문을 해석하거나, 의미를 이해하거나, 학습자의 모국어에 따라 이해가 촉진된다.

이러한 결론으로부터 생각해보면, 유창한 독자는 상향식 처리가 자동적으로 행해져 하향식 처리에 주의를 모두 쏟을 수 있기 때문에 좀 더 효과적으로 상호작용이 가능해진다고 할 수 있다. 즉, 새로운 상향식 처리 모델은 하향식 처리가 행해지지 않는 것이 아니라, 상향식 처리가 자동적으로 진행되어 하향식 처리에 주의 자원을 기울일 수 있는 것이다.

3.5 레벨트의 모델

3.5.1 심적 사전과 언어 지식

이 장에서는 언어 정보 처리에서 선택적 주의가 의식적 활성 상태에

뇌과학에서의 제2언어습득론

서 무의식적 활성 상태로 이동해가는 메커니즘을 탐색하기로 한다.

레벨트(Levelt, 1989, 1993)의 모델(그림 3-4)은 네모로 표현되어 있는 다섯 종류의 지식 처리 부문과 원형으로 표시되어 있는 하나의 심적 사전(metal lexicon)으로 설명된다. 심적 사전은 각각의 처리 중앙에 위치되어 있어 문법적, 음운적인 기호 해독과 그것들을 개념화하는 작업을 수행한다. 듣기와 읽기의 단어 인지를 수행할 때, 학습자는 내면에서 선택적으로 주의를 하여 단어를 저위 수준에서 인지한 후, 고위 수준의 처리로 나아가 문장을 이해하게 된다.

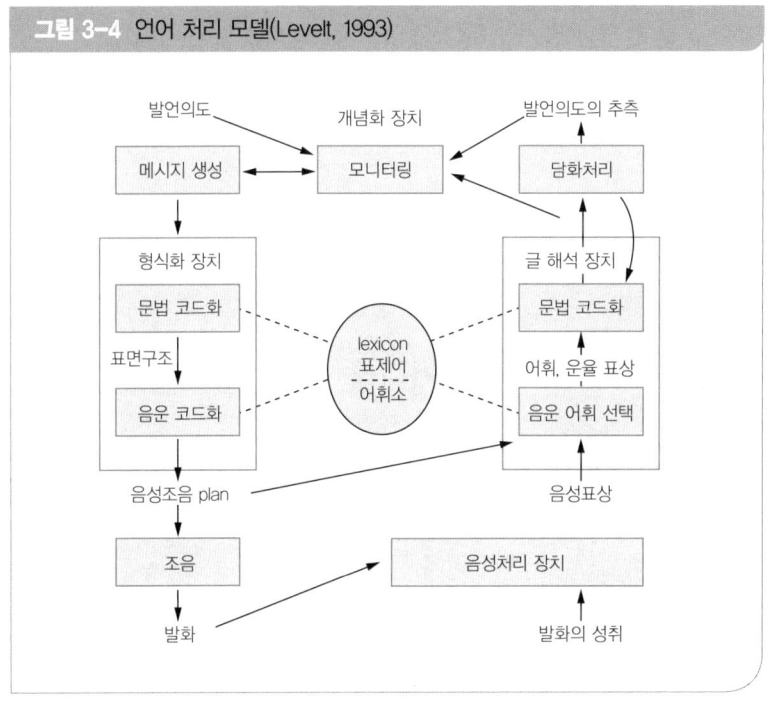

그림 3-4 언어 처리 모델(Levelt, 1993)

3.5.2 듣기와 읽기의 정보 처리 경로

듣기와 읽기에서 단어가 인지된 후의 언어 처리 과정은 공통된 것일까. 레벨트의 모델에서는 시각 및 청각 정보는 저위 수준에서는 각각 다른 처리가 행해지지만, 일단 정보가 해석되면 공통의 정보가 되어 어떤 방법으로 얻어진 정보라도 단어 수준의 어휘소(lexemes), 통사 수준의 어휘(lemmas), 담화 수준의 개념(concepts) 순으로 고위 방향으로 진행, 이해되어간다. 듣기와 읽기의 언어 정보를 처리하는 과정은 공통 가설(Grabe, 1991; 3.6.3 참조)을 시사하고 있다.

이 모델에 의하면, 일단 정보가 입력된 뒤에는 많은 부분에서 공통의 경로를 따라간다는 해석이 가능하다. 즉 청각이나 시각 정보는 정보의 입구에서는 다른 경로로 들어오지만, 정보가 해석된 이후에는 공통 경로로 처리된다.

3.6 읽기와 듣기의 메커니즘

3.6.1 읽기 모델

굿맨(Goodman, 1967)은 읽기란 심리언어학적 추리 게임(psycholinguistic guessing game)이라고 하여, 인지심리학의 입장에서 볼 때 읽기는 읽는 사람의 사고와 텍스트의 인터랙션을 통해 가능해진다고 했다. 또한 "읽기란 쓰는 사람에 의해 문장으로 코드화된 메시지를, 읽는 사람이 할 수 있는 한 재구축해가는 심리언어학적 처리"로, "효과적인 읽기란 텍스트의 요소 전부를 정확하게 인지한 결과가 아니라, 올바른 추측을 세우는 데 필요한 매우 소량의 생산적인 수단을 선택하는 기능의 결과"라고 설명하고 있다. 읽는 사람은 적극적으로 텍스트 내용에 대해 예측과 검증을 반복하여 읽는 사람의 예측과 텍스트의 메시지가 일치되는 언어 정보만을 효과적으로 선택한다. 예측이 틀린 경우에는 변경하거나 수정하는 작업을 계속해간다. 요컨대, 굿맨은 효과적인 읽기를 위해서는 텍스트 안에서 필요한 정보와 불필요한 정보를 선별하여 예측, 확인하는 '심리언어학적 추리 게임'을 전개하는 것이 필수적이라면서 예측에 부합하는 언어 정보에만 선택적 주의가 기울여지는 것의 중요성을 주장하고 있다.

따라서 굿맨(1967)의 모델에 의하면, 언어 정보를 이해하기 위해서는 지각하는 단어를 모두 정보로서 보유하는 것이 아니라, 들려오는 음성 메시지 중에서 혹은 읽은 문장 내에서 내용 이해에 필요한 것만을 선택하는 전략으로서의 선택적 주의를 효과적으로 수행해야 한다는 것이다. 요컨대, 읽는 사람은 선택적 주의를 기울이는 것에 의해 텍스트의 언어 정보에서 불필요한 정보를 제외하고 이해를 위해 필요한 정보만을 모으고(sampling), 예측하고(predicting), 예측을 검증하며(testing), 마지막으로 확인하는(confirming) 작업을 반복하는, 심리 게임과 유사한 과정을 수행해가게 된다.

3.6.2 듣기 모델

듣기 모델에 대해 생각해보자. 로스트(Rost, 1990)에 의하면, 듣기는 음성을 먼저 물리적인 음과 의미를 지닌 음성으로 식별하는 것부터 시작된다. 에이친슨(Aitchinson, 1987)은 음성의 인식(recognizing)과 파악(grasping)의 2단계로 듣기 과정을 설명하고 있다. 클라크와 클라크(Clark & Clark, 1977)도 앳킨슨과 시프린(Atkinson & Shiffrin, 1986)의 2저장소 모델과 유사한, 다음과 같은 듣기 처리가 행해진다고 서술하고 있다. ① 말하는 것을 듣고 단기기억에 저장한다. ② 화자의 메시지 내용과 기능을 정리한다. ③ 메시지 내용을 개개의 그룹으로 나눈다. ④ 장기기억에 저장한다. 또한 리처즈(Richards, 1983)는 회화를 듣고 이해하는 능력을 마이크로스킬(micro skill)로서 세 가지 항목을 제시하고 있다. 여기에는 '언어를 보유하는 능력', '강세(stress)나 억양(intonation)의 기능을 인식하는 능력', '키워드를 파악하는 능력', '지식이나 체험을 이용하는 능력', '예측하는 능력' 등이 있다.

짐슨(Gimson, 1989)은 듣기의 잉여성(redundancy) 효과에 초점을 맞추어 "We saw the liars and the tigers"라고 잘못 말했더라도 듣는 사람은 대부분 'liars'를 'lions'로 해석한다고 한다. 듣는 사람이 화제를 알고 있거나, 화자의 상황이나 내용을 이해하거나, 실제로 화제를 경험해 보았다면 내용을 적절하게 추론하는 데 도움이 된다. 샹크와 에이벌슨(Schank & Abelson, 1977)의 스크립트와 스키마 이론에서는 스키마가 내용 이해에 중요한 역할을 수행하는 것으로 기술되어 있다. 또한 에이친슨(1987)에 의하면, 듣기는 스키마를 사용한 '추측하는 일(guesswork)'이다.

브라운과 율(Brown & Yule, 1983)은 모국어 화자의 듣기 시, 듣는 사람은 먼저 화자의 의도를 생각한다고 한다. 강연 등에서 듣는 사람은 상대방의 말을 100% 이해하고 기억하는 것이 아니라 자신의 흥미에 따라 정보를 선택하여 듣고, 화자의 의도에 대한 나름대로의 멘탈 모델

(mental model)을 만들어 정보를 수집한다는 것이다. 고노(河野, 1998)도 상향식 처리로 음성 정보를 입력하고, 하향식 처리로 예상하고 검증해 정보를 구축한 다음 장기기억에 보존하는 모델을 구축하고 있다.

영어를 들을 때, 학습자는 관심의 유무에 상관없이 흘러들어오는 음성의 내용을 파악하여 화자의 의도를 찾아내지 않으면 안 된다. 정보 입수 과정에서 상호작용을 원활히 하기 위해서 학습자는 어떻게 하는 것이 좋을까. 듣기나 읽기에서 공통된 점은 스키마를 활용하여 정보 처리를 하는 것이다. 영어의 정보 처리 과정을 원활하게 수행하기 위해서는 제1언어, 제2언어를 불문하고 학습자의 스키마를 풍부하게 늘려가는 것이 중요하다.

영어를 성공적으로 학습하기 위해서는 학습자 자신이 여러 가지 과제나 내용에 폭넓게 흥미를 갖고 의식적으로 주의를 하면서 정보를 수집하여 지식을 늘리고, 사고력을 키우는 것이 도움이 된다. 특히 듣기의 상향식 처리의 경우, 읽기에 비해 언어외적 요소의 모든 정보를 이용하여 이해하는 것이 중요하다. 따라서 순식간에 사라져버리는 스피드의 음성을 낱낱이 듣고 이해하는 것이 아니라, 내용 이해에 필요한 키워드에 선택적 주의를 기울여 그것을 힌트 삼아 하향식 처리로 내용을 구축하는 것이 상호작용적으로 효과적인 듣기이다.

3.6.3 제1언어의 듣기와 읽기

제1언어 습득에 있어서 듣기와 읽기의 관계에 초점을 맞춰보자. 언어 정보 처리에서 음성과 문자란 어떤 처리 과정을 따르는가 하는 것은 많은 연구자들 이론의 대상이 되어왔다. 학습자의 스타일이나 전략에 따라 여태껏 논해지고 있는 가설로 댕크스(Danks, 1980)를 참조하여 두 가지 처리 과정에 대한 공통 가설, 상위(相違) 가설, 병용 가설을 소개하기로 한다.

'공통 가설'은 읽기와 듣기의 정보 처리 과정은 동일하다는 입장이다. 이 가설은 음성과 문자의 인식 수단 차이는 존재하지만 그것은 의미 처리에 들어가기 전의 단계에 지나지 않으며, 일단 정보가 선택되어 들어가지면 의미 처리의 단계에서 인식한 음성이나 문자를 말로써 이해해간다. 즉 양쪽 다 공통된 과정을 따라가게 된다는 것이다. 그레이브(Grabe, 1991)는 문자나 음성은 입력된 정보와 인지 스킬 간의 상호작용에 의해 처리된다고 한다. 즉 음성이나 문자 인식의 상향식 처리와 배경적 지식을 이용한 하향식 처리의 상호작용에 의해 이해가 촉진된다는 점에서 공통적이라는 것이다. 이미 굿맨(1966) 역시 음성과 문자는 지각적인 입력 방법이 다른 것뿐으로, 처리 과정은 동일하다고 주장하여 공통 가설을 긍정한 바 있다. 워냇(Wanat, 1971) 또한 정보의 발신과 송신이라는 의미에 따라 읽을거리와 읽는 사람, 화자와 듣는 사람을 예로 들어 설명하고 있다. 읽는 사람의 작업이란 문자를 음성으로 변환하고 문자 정보를 음성 정보로 입력하여 이해하는 것으로, 읽는 사람은 문자를 음성화하면서 읽게 되고, 그 음성은 입수된 시점에서 음성 정보로서의 처리 경로를 따르게 된다는 것이다. 이 가설을 지지하는 입장은 읽는 사람도, 듣는 사람도 서로 다른 방법으로 입력된 정보를 일단 어떠한 방법을 통해 추상적인 코드로 변환하는데, 그것들은 언어 정보라는 점에서 서로 다름이 없고 따라서 언어를 이해하는 과정은 동일하다는 설명이 가능하다.

한편 '상위 가설'은 듣기와 읽기의 정보 처리 과정은 서로 다르다는

뇌과학에서의 제2언어습득론

입장이다. 만약 음성 정보와 문자 정보가 같은 처리 경로를 따른다고 한다면 학습자가 어떤 방법으로 정보를 입수했더라도 이해도는 일치해야 하는데, 결과적으로 과연 그러한가에 대한 의문이 남아 있다. 보머스(Bormuth, 1972)는 확실히 듣기와 읽기가 기능적인 면에서 공통된 요소는 있지만 듣기 능력을 읽기 때 발휘하는 것은 불가능하며, 동일한 능력으로 평가하는 것 또한 불가능하다고 하고 있다. 위버와 킹스턴(Weaver & Kingston, 1971)은 어린이의 제1언어 습득에서 음성언어의 의미를 직접 문장언어로 변환하는 것은 불가능하다고 설명하고 있다. 여기서 의미 이해란 단어 수준 이상의 것으로, 문장과 문장을 통해 추론된 문맥 및 읽는 사람과 듣는 사람의 배경적 지식이 서로 작용하여 창출되는 것이다. 즉 의미의 변환 작업을 수행하는 것이 의미 이해로 이어지게 된다. 확실히 어린이의 언어 습득은 음성언어로부터 시작되므로, 음성언어를 이해하는 능력이 문장언어를 이해하는 능력에 관여하게 되는 것은 명백하다. 그러나 외국어를 습득한 어른의 경우를 예로 들면, 문서를 읽기 위해 훈련한 사람의 경우 책의 내용을 이해하기 위해서 듣기 능력은 요구되지 않는다.

이 두 가설에 대응하여 댕크스(1980)는 듣기와 읽기의 정보 처리 과정은 동일한 과정으로도, 독립된 과정으로도 명확하게 설명하는 것이 불가능하므로 이들을 중간적 위치에서 '병용 가설'로 설명하는 것이 보다 설득력 있다고 주장한다. 왜냐하면 현실적으로 무엇을 듣고 무엇을 읽을 것인가 하는 경우의 수는 매우 다양하기 때문에, 정보 내용과 정보 입수 상황에 의해 듣기 능력과 읽기 능력의 관계는 변화한다는 것이다. 따라서 무조건 정보 처리 과정의 공통성이나 상이성을 설명하는 것만으로는 부족하다. 듣기는 찻집에서 친구들끼리 모여 이야기할 때의 듣기도 있고, TV나 라디오 뉴스를 듣거나 대학에서 강의를 듣는 경우 등도 있을 것이다. 읽기 역시 즐기기 위해 소설을 읽는 경우와 신문기사나 대학의 텍스트를 읽는 경우도 있다.

과연 이러한 다양한 교재로 학습자의 듣기와 읽기 능력을 파악하여 두 능력을 동일한 것으로 판단해도 좋은 것일까. 일상 회화를 듣는 능력과 대학의 텍스트를 읽는 능력은 비교의 대상으로 적절한 것일까. 댕크스(1980)는 결과로 말할 수 있는 것은 듣기 능력과 읽기 능력은 교재에 따라 요구되는 능력의 질이 달라지며, 또한 부여되는 정보의 배경이 다르다면 정보를 받아들이는 방법도 달라지므로 듣기와 읽기의 정보 처리 과정이 동일한가에 대해서는 절대적인 답은 없다고 하였다. 이들을 비교하기 위해서는 개개의 상황에 대해 판단해가는 방법밖에 없다. 듣기와 읽기의 교재가 동등한 내용의 것이라면 학습자는 동일한 처리 과정을, 상이한 내용의 교재라면 상이한 처리 과정을 거치는 것이 아닌가라는 주장이다.

3.6.4 제2언어의 듣기와 읽기

일본인 영어 학습자는 '읽기는 할 수 있지만 듣기는 불가능하다'는 고민을 가지고 있는 경우가 많다. 과연 그런 것일까. 일본인 학습자의 내면에 있는 언어 처리의 메커니즘은 어떤 식으로 움직이고 있는 것일까. 듣기와 읽기는 말을 지각하여 이해한다는 점에서 공통점을 지닌다. 덴마(天滿, 1989)는 사람은 문장을 "일정한 의미 단위의 어군을 문구(chunk)로서 이해한다. 즉 중요한 관계를 가진 말과 그에 연관된 내용들을 하나의 개념 단위로 즉시 기억에 저장하여 그 전의 부분, 혹은 그 뒤

뇌과학에서의 제2언어습득론

에 이어지는 부분과의 상호 교류를 통해 의미를 구성해간다"라고 설명하고 있다.

이 설명에 의하면 듣기와 읽기의 정보 처리 방법은 공통된 것이며, 그 능력에서도 상관성을 가질 것이라는 추측이 가능하다. 하지만 오이시(1999)가 일본인 대학생 100명을 대상으로 한 영어 듣기 능력과 읽기 능력의 상관성을 조사한 실험의 결과, 둘은 낮은 상관(r=0.247)을 가진다는 결과가 나왔다. 한편 모국어인 일본어의 듣기 능력과 읽기 능력을 조사한 결과, 높은 상관(r=0.857, p〈0.01)을 가진다는 결과가 나왔다.

물론 이 상이성은 모국어로 언어를 습득한 것인가, 외국어로 학습한 것인가라는 습득 방법에서부터 명확히 다르지만, 영어 학습자의 수준이 모국어 화자에 가까운 경우에는 이 능력들 간의 상관성이 높아질 것이라는 추측이 가능하지 않을까? 모국어로 언어 처리를 하는 경우에 듣기 능력과 읽기 능력이 상관관계를 가진다는 것은, 문장언어와 음성언어의 정보 입수 방법이 서로 달라 뇌내에서도 정보가 입수되는 부위가 다르지만 양자의 정보 처리 과정은 공통적일 것이라고 추측할 수 있다는 것이다. 한편 일본인의 영어 능력의 경우처럼 듣기와 읽기, 두 능력 간의 상관관계가 없는 사람이 있다는 사실을 고려할 때, 뇌내에서 정보가 입수되는 부위 및 정보 처리 방법이 모두 다른 것은 아닌가 하는 추측도 가능하다.

이상에서 살펴본 바를 정리해보면, 언어 운용 능력에 대해 제1언어에서는 세분화된 능력, 듣기, 말하기, 읽기, 쓰기가 서로 통합적으로 기능하여 연관성을 가지고 있지만, 제2언어의 경우 언어 운용을 하는 단계에서 각 기능이 개개의 처리 과정을 따르기 때문에 통합적으로 기능하는 것이 불가능하다는 결론을 내릴 수 있다.

여기서 듣기와 읽기의 언어 정보 처리 과정을 신경언어학적, 인지언어학적, 심리언어학적 관점에서 고찰해보도록 하겠다. 먼저 신경언어학적 측면에서 볼 때, 듣기와 읽기에 의해 정보를 입수하는 단계에서 활성화되는 뇌내 부위는 서로 다른 것이 명백하다. 인지언어학에서 볼 때도 역시 듣기 시의 음성은 읽기 시의 문자와 비교할 때 입수된 양과 질이 다르다. 문자는 한 자씩 천천히 읽는 것이 가능하지만, 음성은 스피드를 가지기 때문에 순식간에 끝나버린다. 한 구절, 한 구절 빠뜨리지 않고 처리하여 기억하는 것은 어렵기 때문에 하향식 처리에 의지하는 경우가 많아진다. 이러한 이유로 감각기억의 단계에서 언어 이해와 처리의 명암이 갈리게 된다. 즉 정보를 문자로서는 이해할 수 있더라도, 음성으로서 입력하는 경우에는 정보가 들어오는 입구에서부터 차질이 생겨 듣고 이해할 수 없는 경우도 있다. 심리언어학적 측면에서는 음성이 들려오는 순간, 정의 필터(Affective Filter: Krashen, 1981)가 높아져 버려 음성이 언어로써 들리지 않는 사람도 있다는 추측이 가능하다.

상향식 처리와 하향식 처리의 상호작용이 듣기와 읽기가 효과적으로 정보 처리 과정을 거치도록 하고 있지만, 학습자가 입수한 정보의 질과 양에 의해 상향식 처리와 하향식 처리가 차지하는 비율이 좌우될 수 있을 것이다.

이상의 내용을 정리하면 학습자에게 언어 과제의 난이도가 높은 경우, 정보 처리 과정의 입구에서 정보가 들어오지 못하게 되어 정확히 입력되지 못하고, 그 뒤의 정보 처리에도 지장을 주게 된다. 언어 능력에는 '언어 능력'과 '언어 운용 능력'이 있으며, '언어 운용 능력'은 또다시 몇 개의 요소로 나뉜다. 영어 학습자 중에서 모국어 화자에 가까운 학습자는 이 두 능력이 서로 관련성을 가지지만, 모국어 화자의 수준에서 먼 학습자의 경우에는 각각의 능력이 관련성을 가지지 못하여 상호 보완적이지 못할 것이라고 추측된다.

3.7 언어 능력이란

3.7.1 언어 능력 – 언어 지식으로서

이 장에서는 학습이 진행됨에 따라 명시적 지식(의식적 지식, 현재적 지식, 선언적 지식)이 암묵적 지식으로 변하여 언어 처리가 의식적 처리에서 무의식적, 자동적 처리로 변하게 되는가에 대해 논의가 이루어지고 있다. 여기서 언어 지식으로서의 언어 능력에 대해 생각해보자.

언어는 듣기, 말하기, 읽기, 쓰기의 네 가지 기능으로 표현되는데, 이 네 기능 이외에도 언어를 사용하는 능력이 있다. 스쿳납-캥거스(Skutnabb-Kangas, 1981)는 듣기, 말하기, 읽기, 쓰기에 의하지 않은 언어 사용 능력으로서 '사고'에 쓰이는 언어가 존재한다고 했는데, 커민스(Cummins, 1984)는 이를 언어에 의한 '인지적 능력'이라 말하고 있다.

듣기, 말하기, 읽기, 쓰기의 기능은 각각 독립된 것일까, 서로 관련성을 가지는 것일까. 각각 독립된 것이라는 입장의 근거는 교육을 받지 않은 사람 중에서 모국어를 듣거나 말하는 것은 가능해도 읽거나 쓰는 것은 불가능한 사람, 또는 책상에서만 학습한 경우에 그 언어를 읽거나 쓰는 것은 가능하지만 듣거나 말하는 것은 불가능한 사람, 후에 상세히 기술하겠지만 뇌에 장애가 있어 듣기는 되지만 말하는 것은 불가능하거나, 반대로 말하는 것은 되지만 듣는 것은 불가능한 사람들, 또한 어

휘나 문법력은 있지만 이에 비해 듣기 능력과 말하기 능력은 부족한 일
본인 영어 학습자 등을 살펴볼 때 설명이 가능할 것이다.

하지만 일반적으로 모국어를 습득하는 순서를 생각해보면, 사람은
태어난 후 부모나 보육자의 이야기를 듣고, 들은 내용을 그대로 흉내
내는 것을 계속 반복하게 된다. 그 후 유아기에는 부모 등이 그림책을
읽어주어 문자를 배우고 쓸 수 있게 된다. 여기서부터 언어는 듣기, 말
하기, 읽기, 쓰기의 순으로 습득된다는 것과 이 네 가지 기능은 밀접한
연관성을 가진다는 점은 논란의 여지가 없다고 할 수 있겠다.

두 가지 상반되는 현실을 주시하면, 고위 차원의 '인지적 능력' 아래
에 몇 개의 세분화된 능력들이 서로 연관되어 운용될 것이라는 가정이
가능해진다. 즉 '언어 능력=언어 운용 능력'이 아니라 '언어 능력〈언어
운용 능력'이라는 부등식이 성립되어, 언어 운용 능력은 듣기, 말하기,
읽기, 쓰기, 그리고 발음, 어휘, 문법, 의미, 문체 등으로 세분화된다는
것을 알 수 있다.

3.7.2 언어 능력과 뇌의 구조

촘스키(Chomsky, 1965)는 생성문법 이론에서 인간의 대뇌에는 언어
습득 장치(LAD) 혹은 보편문법(Universal Grammar)이라고 불리는 능력이
있어 태어나면서부터 언어를 습득할 수 있으며, 성장 과정의 영향이나
언어 사용자의 언어 경험 등에 의해 언어에 대한 지식이 축적되어간다
고 하였다. 나아가 뇌내에 축적된 지식을 '언어 능력(competence)', 직접
말하거나 듣는 능력을 '언어 운용 능력(performance)'이라고 불러 이 둘
을 구별했다. 촘스키가 말하는 '언어 능력'을 커민스는 학습자의 '인지

적 능력'이라고 불렀으며, 언어 능력을 발휘할 때 듣기, 읽기 등으로 표현되는 능력을 '언어 운용 능력'이라고 하였다. 따라서 학습자의 뇌내에 '언어 능력'이나 '인지적 능력'이 있다고 해도 그것이 직접 듣기, 읽기, 말하기, 쓰기의 능력으로 발휘되는 것은 아니다.

오이시(1990)는 역시 일본인 대학생 100명을 대상으로 영어 듣기와 읽기의 이해 과정에 대해 알아보기 위한 실험으로, 과제 수행 중에 어떤 것이 학습자의 내면에서 처리되었는가 하는 프로토콜(protocol) 조사를 수행했다. 그 결과, 학습자의 의식상에 이 두 가지 간의 정보 처리 방법은 듣기가 읽기보다 더욱 추측력을 발휘하게 한다는 사실이 명확하게 드러났다. 고위 차원에서는 양 기능이 공통적으로 '인지적 능력'을 사용하고 있었지만, 그 능력의 사용 방법은 메타인지적 차원에서 차이가 있음이 밝혀졌다.

3.7.3 언어 능력의 모듈성 가설

캐널(Canale, 1983)은 언어 능력은 개개의 기능에 따라 나누어진 것이라고 주장했다. 즉 네 가지 기능의 상호 상관성은 낮으며, 어떤 기능을 측정하는 테스트에서 고득점을 했더라도 다른 기능을 측정하는 테스트에서 고득점할 것이라고 말할 수는 없다는 것이다. 특히 일반적인 일본인 학습자를 생각해볼 때, 읽기 능력과 말하기 능력의 상관성은 반드시 높지만은 않다. 즉 현실적으로 일본인 학습자의 능력을 평가할 때, 언어 처리 능력이 각각 별개로 이루어져 있다는 입장이 더욱 설득력 있다.

바크먼과 코언(Bachman & Cohen, 1998)에 의하면, 1960~1970년대에

걸쳐서 언어 능력은 문법, 어휘 및 듣기, 말하기, 읽기, 쓰기의 개별 기능으로 성립된다는 구조언어학적 입장이 많았지만, 1970년대 후반이 되면서 단일 능력 가설을 지지하는 입장이 많아졌다. 올러(Oller, 1976, 1979)는 "언어 능력은 그 이상으로 분할될 수 없는 단일한 능력이다"라고 주장했다. 단일 능력 가설에 의하면 언어 능력은 예측 문법으로, 언어가 어떠한 방식으로 실행되더라도 내용의 예측이 중요한 요소로 작용한다고 한다. 즉 빈칸 메우기(cloze)나 받아쓰기 시험(dictation)을 보더라도 예측 문법은 효과적으로 실행되고 있다고 한다. 언어 능력은 네 가지 기능의 운용 능력으로, 그것이 표현된 방법은 다르지만 그 능력은 단일한 것이라는 입장이다.

하지만 현재는 이 단일 능력 가설을 지지하는 입장은 줄어들고 있으며, 언어 능력의 모듈성 가설이 받아들여지고 있다. 이는 듣기, 말하기, 읽기, 쓰기의 능력은 각각 개별적 능력이지만 서로 관련성을 가지고 있다는 입장이다. 올러(1982) 자신도 당초의 언어 능력 단일 가설을 부정하고, 언어 능력의 모듈성을 긍정하고 있다.

캐널과 스웨인(Canale & Swain, 1980) 및 캐널(1983)은 의사소통 능력(communicative competence)을 언어 지식과 그 운용 능력의 통합체라고 하여 문법적 능력, 담화 능력, 사회언어 능력, 해결 능력의 하위 능력으로 구성되어 있다고 정의하고 있다. 바크먼과 파머(Bachman & Palmer, 1996)는 '언어 능력(language competence)'이라고 불리는 모델을 제안했다(그림 3-5). 즉 언어 능력은 크게 두 가지 구성 요소로 이루어져 있는데, 하나는 '언어 구성 능력(organizational competence)' 혹은 '언어 지식'이고, 또 하나는 '화용적 능력(pragmatic competence)'이라고 했다. 개개의 하위 분류는 다시 두 가지 구성 요소를 가지고 있다. 한편 메타지식적 해결

능력으로서 '전략적 능력(strategic competence)'은 언어 능력과는 다른 요
소로 처리하여, 화자가 가지고 있는 비언어적 배경지식과 함께 언어 능
력을 사용할 때 최후 결정에 쓰이는 능력이라고 설명한다.

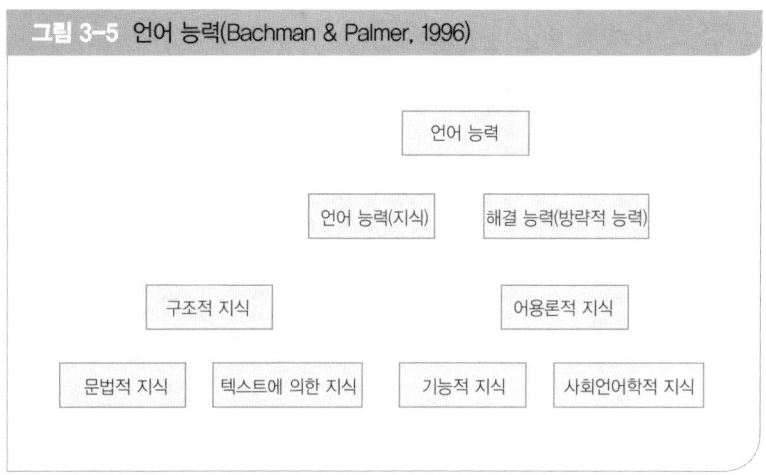

그림 3-5 언어 능력(Bachman & Palmer, 1996)

3.7.4 언어 능력과 언어 운용 능력

과학이나 철학 분야에서도 언어 능력와 언어 운용 능력은 구별되
어 다루어진다. 언어 능력이란 사람이 '학습' 혹은 '습득'한 지식을 말하
며, 외적으로 관찰할 수 없는 것을 가리킨다. 한편 언어 운용 능력은 우
리가 말하거나 들을 때, 텍스트의 문제를 풀 때 등에 발휘되는 언어 사
용 능력으로, 외적으로 관찰 가능한 능력이다. 촘스키(1965)도 이상적인
화자−청자는 "기억의 한계, 주의 산만, 흥미의 전이, 실수 및 반복, 말
의 첫 부분이 잘못된 경우, 휴지, 생략, 첨가 등에 의한 언어 운용상의
변수를 일으키지 않는다"라고 하였다. 하지만 현실의 언어 사용에서는

'언어 지식' 외에 화자의 심리 상태, 발화 상황, 기억력이나 주의력 등의 요소 역시 포함되어 있으므로 인간의 대뇌 움직임은 이 다양한 요소들의 모듈 구조로서 존재한다는 가설이 성립되었다.

뇌신경학의 입장에서도 '언어 운용 능력'은 없어져도 '언어 지식'은 보존되는 경우가 보고된 바 있다. 뇌졸중 등에 의해 기능이 국소적으로 손상된 환자 중에서 이전과 다를 바 없이 타인의 이야기를 이해하고 입과 목의 기능을 유지하고 있지만, 발화 능력이 손상된 경우가 있다. 이 환자는 좌반구 전두부에 타격을 받아 이 영역의 신경 활동이 소실되었음이 분명하다. 반대로 측두엽의 베르니케 영역에 손상을 입은 경우에는 상대방의 말을 이해할 수 없는 '이해성 실어증'을 앓게 된다.

3.7.5 PDP 모델

러멜하트와 맥크릴랜드(Rumelhart & McClelland, 1986)는 인간 인지 활동의 뇌신경 회로 모델을 병렬 분산 처리(PDP, Parallel Distributed Processing)적으로 설명하려고 시도했는데, 이것을 'PDP 모델'이라고 부른다. 심리학 분야에서는 PDP 모델 혹은 연결주의(connectionist) 모델, 과학 분야에서는 신경 회로망(neural network) 등으로 부르고 있다.

최근, 글의 이해에 관여하는 PDP 모델이 제안되고 있다(McClelland et al., 1989). 글 이해의 PDP 모델은 몇 개의 특징을 갖고 있는데, 첫 번째는 언어 정보의 획득과 획득된 정보의 자기 조직화 과정을 직접적으로 파악하는 것이다. 또 다른 특징은 다수의 단순한 정보 처리 유닛의 네트워크가 병렬적으로 작동하여 전체를 통합한 정보 처리를 실행한다는 점이다.

언어 정보의 보유와 이용에 대해 명확히 하고자 할 때 어휘 정보의 집합체인 '심적 사전'이라는 개념이 이용될 수 있다. PDP 모델에서는 개개의 정보 보유 단위가 활성치를 가지며, 촉진적 혹은 억제적 결합을 통해 상호작용한다. 특정 정보 처리 방법들은 촉진적으로 결합하느냐, 억제적으로 결합하느냐에 따라 네트워크에 활성화 패턴이 형성되어 그 과정으로써 파악된다. 특정 학습 규칙을 이용해 네트워크 전반에서 학습 과정을 다루는 것이 가능하다(齋藤他, 1996).

3.8 뇌과학 데이터의 필요성
- 언어 처리 모델을 검증하기 위해

이 장에서는 먼저, 언어 처리 과정에서 상향식 처리와 하향식 처리에 중점을 두었다. 상향식 처리는 단어나 문장 등을 시각이나 청각적 정보를 이용해 이해해가는 방법, 즉 읽거나 듣거나 한 단어 또는 문장의 의미가 단독적으로 이해되는 것이다. 한편 하향식 처리는 비시각, 비청각적 정보를 이용하여 정보를 처리하는 것으로, 학습자가 여태껏 획득한 스키마(배경지식)를 이용하여 사고력이나 인지력을 써서 정보를 이해하거나 미지어를 추측하는 것이다. 그리고 여태껏 읽거나 들은 내용을 예측하여 전에 이해한 내용과 연결 지으면서 정보 처리를 해나가는 방법이다.

읽기에서도, 듣기에서도 상향식 처리와 하향식 처리가 서로 상호작용하는 것이 이해와 기억을 촉진하는 효과적이며 인터랙티브한 정보 처리 방법이다. 인터랙티브의 해석에 대해서는 많은 연구자에 의해 서로 다른 의미가 제시되어 있지만, 독해 연구에 관해서는 읽는 사람이 텍스트를 파악하여 의미를 구축해간다는 점에서 모두 공통점을 갖는다. 앞에서도 기술했지만, 이 인터랙티브 처리에 대한 견해는 카렐과 아이스터홀드(Carrell & Eisterhold, 1983)의 스키마 이론에 기반을 둔 것으로, 문장 내용을 이해할 때 학습자는 단어 등의 언어적 지식뿐만 아니라 일반적인 지식이나 세계적인 상식을 활용하여 이해를 촉진시킨다는 것이다.

러멜하트(1977, 1980)나, 러멜하트와 오토니(1977)는 스키마 이론을 독해 모델로 받아들여 읽기의 과정에서 상향식 처리와 하향식 처리가 상호작용하는 것은 동시에 또 다른 하나의 인터랙션을 일으킨다고 한 바 있다. 요컨대, 텍스트에서 얻은 새로운 정보를 학습자의 장기기억 내의 배경적 지식에서 선택한 스키마와 상호작용하면서 추론을 진행해 나간다는 것이다.

이 단계에서 선택적 주의는 정보를 선택하는 동시에, 선택한 정보를 이해하기 위해 학습자의 배경적 지식 내에서 필요한 정보를 끄집어내어 효과적으로 움직인다. 최근의 문장 이해에 대한 PDP 모델에서는 상호작용 모델이 학습자에 의한 자기 구체화의 과정을 직접적으로 포착할 수 있다고 한다.

본래, 언어 능력이란 듣기나 읽기 등 언어 정보를 입수하는 수단의 상이성에 따라 다른 것이 아니라 줄곧 단일한 능력으로 여겨져왔다. 하지만 외국어의 경우에 듣기 능력과 읽기 능력이 반드시 상관성을 가지는 것은 아니다. 지식으로서 '언어 능력'을 사용하는 경우에 이것을 100% 발휘할 수 있는 것은 아니며, 언어를 사용할 때의 다양한 요인과 결합하여 듣기, 말하기, 읽기, 쓰기의 능력으로서 표현된다. 이러한 언

어 처리의 메커니즘을 설명하기 위해서 현재 주관적인 데이터에 더해
뇌과학 분야에서의 실증적 데이터가 요구되고 있다.

제4장

언어와 워킹메모리

■ ■ ■

　최근, 워킹메모리에 대한 연구가 심리학 분야에서 활발히 이루어지고 있다. 뇌과학 분야에서도 고차원적 뇌기능 측정 장치가 개발됨에 따라 워킹메모리와 뇌과학에 대한 연구가 고조되고 있다. 그러나 "워킹메모리란 무엇인가?" 하는 질문에 대해서는 확실한 답이 없으며, 다양한 논쟁만이 펼쳐지고 있다. 이 장에서는 워킹메모리란 어떤 구조로 이루어져 있는가에 대해 지금까지의 모델을 정리하고, 사람이 언어를 처리할 때 워킹메모리의 기능에 대해 뇌내 선택적 주의 활성화와의 관계에 주목하여 제1언어 및 제2언어 처리에서 워킹메모리의 움직임에 대해 기술하겠다.

4.1 워킹메모리란

4.1.1 사람의 기억 구조

　워킹메모리란 다양한 인지 활동의 기반으로 기능하여 어떤 활동이나 과제의 수행에 필요한 정보를 일차적으로 저장하는 움직임을 하는 메커니즘이라고 생각되고 있다. 또한 이미 몸에 배인 지식을 항상 사용하여 과제나 목표를 달성하기 위해 움직인다.

　사람의 기억 구조에 대해서 생각해보자. 인간의 기억은 감각기억(sensory memory), 단기기억(short-term memory), 장기기억(long-term memory)의 세 가지로 크게 분류될 수 있다. 감각기억은 스파클링(Sparkling, 1960)에 의해 제창된 것으로, 감각기관에 보존되는 기억이다. 시각에서는 1초간 약하게, 청각에서는 약 4초간 보존된다고 한다. 이때 보존되는 정보의 양은 꽤 많으며, TV나 영화의 영상을 연속하여 인식하고 이해하는 것은 감각기억의 효과이다. 감각기억에서 취득한 정보는 주의의 활동에 의해 단기기억으로 전송된다. 단기기억이란 단기간 보존되는 기억이다. 밀러(Miller, 1956)도 언급하고 있는데, 단기기억의 용량은 작기 때문에 단기기억에 전송되는 경우 꽤 많은 양의 기억이 소실된다. 또한 단기기억 속에서 언어 정보의 기억은 음성적 기억으로 변환된다. 고프(Gough, 1972)의 '읽기의 1초간 모델'(제3장 3.1 참조)에 따르면, 제1단계에서 문자로 쓰인 언어의 기억이 음성으로서 들리는 언어로 기억에서 변환된다.

　인지심리학의 선구자인 밀러(1956)에 의하면, 정보는 단기기억 속에 약 20초간 보존되며 7±2개(5~9개)까지의 정보밖에 보존할 수 없다. 감각기억을 수초간 보관하는 저장소를 '감각 저장소(sensory storage)', 단기기억을 보관하는 저장소를 '단기 저장소(short-term storage)'라고 부르는데, 단기기억 정보는 시간의 경과에 따라 소실된다. 이것을 막기 위해서는 리허설이 필요하다. 유지 리허설(maintenance rehearsal)을 함으로써 단기기억에 축적된 정보를 장기기억으로 전송할 수 있다.

　장기기억이란 장기간 보존되는 기억으로, 사건이나 지식의 기억을 포함한 내용이며 망각하지 않는 한 영속적으로 보존된다. 장기기억을 보관하는 저장소를 '장기 저장소(long-term storage)'라고 부른다(4.2 참조).

4.1.2 워킹메모리의 역할과 용량

워킹메모리는 단기기억의 개념을 더욱 폭넓게 하여 과제 수행에서 정보의 처리 기능 역할을 보충한다. 단기기억이 보존 기능에만 주목한 데 비해, 워킹메모리는 글의 이해나 추론 등 좀 더 고차적인 인지 기능과 연관되어 있다. 즉 필요한 정보를 처리해 나가면서 일시적으로 내용을 보존하는 움직임을 수행하는 것이 워킹메모리이다. 이미 학습된 지식이나 경험에 끊임없이 주의를 기울여 선택해가면서 목표를 달성하기 위해 기능한다. 언어 활동에서 워킹메모리는 중요한 역할을 수행하고 있다. 글을 읽을 때에는 워킹메모리가 지식이나 에피소드를 바탕으로 한 장기기억 내에 축적되어 있는 정보를 검색하여 단어나 글을 이해하게 된다.

워킹메모리 용량에는 한계가 있다. 단어의 보존에 워킹메모리 용량을 할애하게 되면 글의 이해는 소홀해지게 된다. 요컨대 상향식(bottom up) 처리에 시간이 걸려 하향식(top down) 처리가 소홀해지는 것이다. 또한 워킹메모리는 단지 정보의 저장소만이 아니라 주의의 감시 시스템 역할도 수행하고 있으며, 이러한 역할이 주목받고 있다. 읽는 사람은 글을 읽을 때 내용을 이해하기 위한 핵심 개념을 찾게 된다. 특정 단어를 중요한 정보라고 판단하면, 순간 그 단어를 중심으로 내면에서 이미지를 구축하게 된다. 좀 더 효율성 높은 이미지를 형성할 수 있다면 글의 이해가 촉진된다. 워킹메모리의 유연한 대처보다 이 이해가 효율적으로 진척된다.

워킹메모리란 말하자면 '뇌의 메모장'이나 '마음의 칠판'(苧阪, 2000)으로, 특히 일시적으로 정보를 보관해두는 기능을 수행하고 있다. 종래에는 기억에는 단기기억과 장기기억이 있다고 주장되어왔지만, 언어의 이해나 추론 등 고도의 인지적 처리에 대한 설명으로 이어지지 못하는 경우가 많았다. 이는 뇌과학이나 인지심리학 분야에서 주목하고 있는 워킹메모리의 움직임으로 설명할 수 있을 것이다.

4.2 2저장소 모델

4.2.1 정보의 필터링과 리허설

제3장에서도 언급했는데, 언어의 인지 활동 시스템을 생각하면 사람이 말을 듣거나 읽을 때 정보 처리 단계는 2단계로 나눌 수 있을 것이다. 제1단계에서 음성이나 문자를 지각하며, 제2단계에서 그 내용을 이해한다. 전자의 문자나 음성을 인식하는 저위 수준의 정보 처리 방법을 상향식(bottom up) 처리라고 부르며, 후자의 학습자가 가지고 있는 배경지식을 이용한 고위 수준에서의 이해 방법을 하향식(top down) 처리라고 부른다. 하향식 처리와 상향식 처리의 두 가지 정보 처리 방법이 상호작용할 때 정보 처리가 가장 진척되어 이해와 기억이 촉진된다(Grabe, 1991; 제3장 3.3 참조).

상향식 처리와 하향식 처리의 상호작용을 앳킨슨과 시프린(1968)의 2저장소 모델(그림 4-1)과 대조해보면, 상향식 처리에서는 음성이나 문자 정보가 감각 저장소에 입력되어 그 후 단기 저장소에 들어간다. 감각 저장소에 들어 있는 문자나 음성의 정보량은 꽤 많지만, 단기 저장소에 들어갈 수 있는 정보량에는 제한이 있어 단기 저장소에 들어가기 전에 필터링되어 정보의 취사선택이 이루어진다(Miller, 1956). 이 단계에서 선택적 주의가 움직인다. 여기에서 취사선택된 정보는 리허설 기능에 따라 단기 저장소로 보내져 의미적 처리가 진행된 후에 장기 저장소에 보내진다. 단기기억에서 장기기억으로 정보가 전송될 때 예측이나 검증이 이루어져 하향식 처리가 이루어지게 된다. 이러한 음성이나 문자 처리의 인지적인 활동에서 워킹메모리의 움직임에 따른 정보의 일시적인 보존이 이해를 촉진시키게 된다고 한다(Baddeley, 2000).

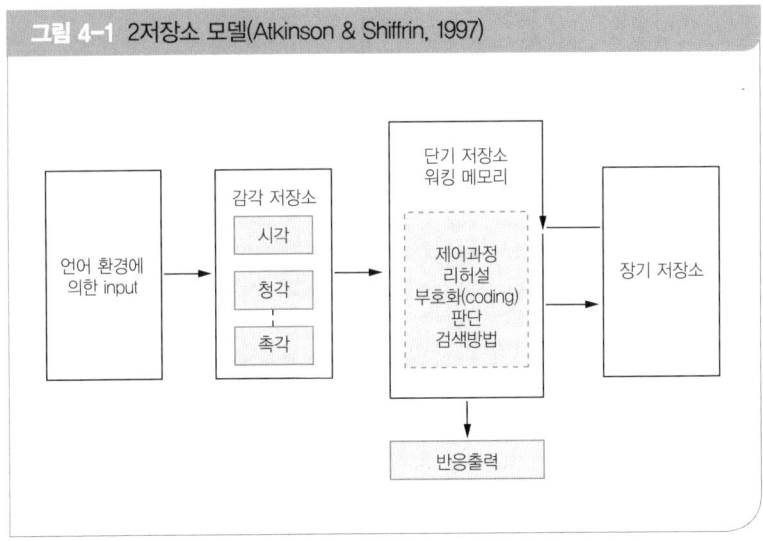

그림 4-1 2저장소 모델(Atkinson & Shiffrin, 1997)

4.2.2 정보 처리와 보존

워킹메모리는 의식적으로 상기된 정보가 적극적으로 보존되는 점에 주목하여 탄생한 개념이다(苧阪, 1997). 이는 또한 '작동기억'이나 '작업기억'이라고도 불리며, 오사카(苧阪, 2000)도 '목표 시행적 과제나 작업 수행에 관계한 적극적인 기억'이라고 정의하고 있다. 또한 그러한 움직임을 기능적 측면에서 보존과 기억으로 분류하며, 보존 기능은 제시된 정보를 학습자가 짧은 시간 내에 뇌 속에 적극적으로 보존하는 기능으로서 이해를 촉진시킨다. 이는 후에 본인이 정보를 보존해 둘 필요가 없다고 느끼면 워킹메모리 속에서 소거된다.

골드먼-래킥(Goldman-Rakic, 1987)에 따르면, 워킹메모리는 인지 활동에 필요한 움직임으로서 결정이나 판단을 내리거나, 새로운 정보를 수집하거나, 장기기억에서 정보를 꺼내거나, 계속하여 입력하는 정보를 통합하는 기능을 하고 있다고 한다. 카펜터와 저스트(Carpenter & Just, 1992)는 워킹메모리가 움직이는 때는 장기기억이 활성화된 상태로, 이는 정보를 기억 내에 보존하는 움직임을 촉진시킨다고 한다. 워킹메모리와 장기기억의 관계는 지금까지 명백하게 밝혀지지는 않았지만, 정보가 단기기억에서 장기기억으로 전송되는 인지 활동의 구조는 워킹메모리 개념에 의해 부분적으로 설명되고 있다.

오사카(1999)에 의하면, 사람의 인지 과정에서 의식의 세 단계(제2장 2.1.2 참조) 중에서도 제2단계인 외향적 의식(awareness)와 제3단계인 내향적(recursive) 의식이 학습에 관여되어 있다고 한다. 제2단계의 외향적 의식(awareness) 수준은 정보를 선택하는 기능을 수행하며, 내향적(recursive)인 제3단계에서는 자기 자신의 처리 정보를 확인하는 모니터 작업을 수행한다.

정보가 통합되기 위해 외향적 의식(awareness) 수준에서는 상향(bottom up)적인 주의가 자동적으로 움직이며, 내향적(recursive) 수준에서는 하

뇌과학에서의 제2언어습득론

향(top down)적인 주의가 의식적으로 움직인다. 전자는 '시각 워킹메모리', 후자는 '언어 워킹메모리'라고 불린다. 이 두 가지 움직임에 의해 학습자는 선택적 주의를 자동적, 혹은 의식적으로 움직여 많은 정보 속에서 본인에게 가장 적절한 정보를 선택함으로써 그것을 자기 내면에 입력하여 모니터하게 된다.

4.3 워킹메모리와 선택적 주의

4.3.1 배들리의 워킹메모리

대표적인 워킹메모리 모델은 배들리(Baddeley, 1986)의 모델이다. 배들리는 워킹메모리를 언어 이해, 학습, 추론의 인지적 활동을 위해 필요한 정보를 일시적으로 저장하거나 조작하는 시스템으로 파악했으며, 다양한 인지 활동을 필요로 하는 과제의 요구에 대처할 수 있는 기능을 지니고 있다고 설명한다(그림 4-2). 이 모델에서 워킹메모리는 하나의 중앙 실행계(central executive) 및 2개의 서브시스템인 음운 고리(phonological loop)와 시공간 스케치패드(visual-spatial sketchpad)로 나뉘어 있다. 중앙 실행계는 워킹메모리의 중심적 장치로서 판단, 추론, 의지의 결정 등 메커니즘을 가지면서 주의를 기울이거나 할당하는 역할을 수행한다. 음운 고리와 시공간 스케치패드는 2저장소 모델(그림 4-1)의 단기 저장소에 들어간다. 음운 고리는 회화나 문장 이해 등 언어적 정보 처리에 관여하는 것으로, 내적인 언어를 반복하는 리허설에 의해 정보를 일시적으로 보존하는 메커니즘을 지닌다. 시공간 스케치패드는 시각, 공간 등의 이미지로 처리되어 언어화될 수 없는 비언어적 정보를 일시적으로 보존하고 있다.

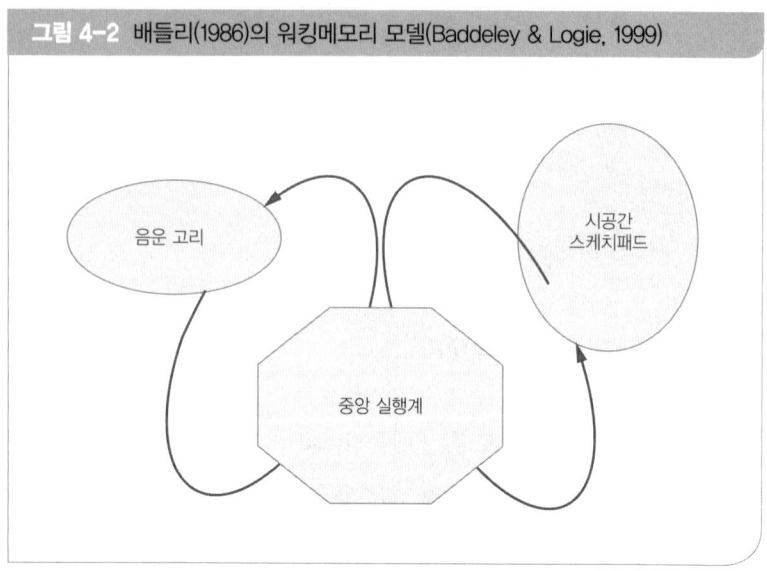

그림 4-2 배들리(1986)의 워킹메모리 모델(Baddeley & Logie, 1999)

4.3.2 워킹메모리의 개념

워킹메모리 개념은 원래 '주의의 모델'(Kahneman, 1973)에 따른 것으로, 그 용량 분배에 대해서는 주의의 용량 분배를 통해 설명할 수 있다. 이 모델에서는 주의 자원에 한계가 있어, 개별 학습자의 학습 스타일이나 의도에 따라 주의가 어떤 작업에 할당될 것인지가 결정된다. 예를 들면 영어 학습자가 단어를 이해하지 못하는 경우에는 그 의미를 추측하는 상향식(bottom up) 처리에 주의가 기울여진다. 하지만 단어의 의미를 이해하면 상향식 처리는 자동적으로 움직여 문장 전체의 내용이나

뇌과학에서의 제2언어습득론

언어 외적 의미를 이해하는 하향식(top down) 처리에 주의를 분배할 수 있다.

언어 학습에서 학습자가 언어를 이해해 갈 때 뇌내에서 가장 적극적인 정보의 처리와 보존이 필요하게 된다. 학습자의 뇌내에서 처리와 보존의 거래(trade off)가 잘 진행되면 텍스트가 효율적으로 이해되어 상대적으로 많은 워킹메모리 용량을 보존 작업에 할당할 수 있게 된다. 이러한 단계에 의해 선택적 주의는 필요한 정보는 보존하고 불필요한 정보는 소거하는 움직임을 수행하게 된다. 선택적 주의의 활성화에 의해서 워킹메모리의 움직임을 효과적으로 활성화시킬 수 있을 것이다.

4.3.3 언어의 워킹메모리

언어의 워킹메모리에는 시각적인 외향적 의식(awareness) 수준을 기반으로 움직이는 워킹메모리와 내향적 의식(recursive)한 수준의 움직임으로서 워킹메모리가 중심이 된 두 가지 작업이 있다. 읽기 시의 인지 활동이란 문자, 단어, 문장 등을 시각적 정보로 처리해가는 동시에, 문장의 내용을 파악해가면서 이미 읽은 내용을 워킹메모리(마음의 칠판)에 보존해가는 작업이다. 독해 과정에서 처리와 보존은 상호거래(trade off)의 관계로, 서로 경합하게 되어 양자가 촉진되면서 정보 처리나 보존을 해가게 된다(苧阪, 2000). 새로운 정보를 처리하여 보존하면 그 정보는 언제라도 검색 가능한 활성화된 상태로 워킹메모리에 머물며, 워킹메모리에 축적된 지식, 이른바 배경지식에 따라 언어 활동이 촉진되어 내용이 이해되고 정보 처리 모델이 잘 순환하게 된다.

선택적 주의는 워킹메모리 모델에서 시각, 청각 등의 감각기억에 들어간 정보를 선택하여 워킹메모리 내로 전송하는 움직임을 한다. 또한 워킹메모리 내의 정보도 선택적 주의에 따라 검색되어 새로운 정보와 조합되며, 이에 따라 이해가 촉진된다. 단기기억에서의 정보 검색은 단 기간 행해지지만, 장기 저장소에서의 정보 검색은 인지적인 작업에 필 요한 시간이 소요되는 작업이다. 이에 대해서는 아직 명확히 밝혀지지 않고 있으며, 뇌과학 분야에서의 실증적인 연구가 기대되고 있는 상황 이다.

4.4 제1언어의 워킹메모리

4.4.1 카펜터와 저스트의 모델

카펜터와 저스트(Carpenter & Just, 1989)는 배들리의 모델을 보조하여 워킹메모리 속에 포함되는 인지 자원이 어떻게 인지 활동과 관련되는 지, 그리고 실제 학습자가 읽기나 듣기를 할 때 워킹메모리 내의 처리 자원은 어떤 역할을 하고 있는지를 명확히 밝혀내고 있다.

이 메커니즘은 워킹메모리를, 인지 활동을 활성화하는 인지 자원이 라고 하여 듣기나 읽기를 통해 고위 인지 활동을 할 때 입수된 정보를 일시적으로 보존하면서 음성이나 문자 정보도 동시에 처리한다고 한 다. 또한 보존하기 위해 정보를 일시적으로 활성화시킨 상태에서 보존 하게 된다. 그러나 그 인지 자원의 용량에는 한계가 있어 처리 기능과 보존 기능 간의 용량 분배가 이루어지게 되며, 이에 따라 항상 처리와 보존의 거래(trade off)가 이루어질 수밖에 없다. 이러한 거래(trade off)에 따라서 결정된 자원 분배에 의해 정보가 처리되며, 여기서는 거래되고 분배되는 자원의 총량을 워킹메모리 용량으로 상정하고 있다.

4.4.2 워킹메모리의 활성화

언어 학습에서 듣기나 읽기의 정보 처리는 항상 처리와 보존이라는 기능을 동시에 수행하는 고위 인지 활동이다. 학습자는 언어 정보의 처리 기능과 보존 기능을 거래 분배 해가면서 학습을 촉진시킨다.

정보는 선택적 주의라는 필터를 통과하여 활성화된 상태로 일시적으로 워킹메모리에 보존된다. 그다음 정보를 처리하여 차례로 정보가 축적, 통합되어간다. 또한 보존된 내용은 차례대로 새로 들어오는 정보와 통합해가면서 처리되기 위해 항상 꺼낼 수 있는 상태여야만 한다.

이러한 움직임에 의해 언어 처리 과정에서 학습자가 세운 가설이 틀린 경우라도 워킹메모리 내의 정보를 검색하여 가설을 검증해가면서 처리를 진전시킬 수 있게 된다. 워킹메모리의 정보 검색 방법은 오스벨(1986)의 인지 학습 이론인 유의미 학습이 새로운 정보를 오래된 정보와 연결하여 정착시킨 뒤, 학습자가 가지고 있는 지식인 '인지의 못(cognitive peg)'에 새로운 못을 거는 것과 유사하다(제2장 2.3 참조). 요컨대 정보를 검색하여 통합하기 위해서 선택적 주의는 워킹메모리를 활성화시키는 중요한 역할을 수행한다고 할 수 있다.

4.5 제2언어의 워킹메모리

4.5.1 워킹메모리와 학습자의 기억 용량

제1언어의 듣기나 읽기에서 정보 처리 과정은 상향식 처리에서 하향식 처리까지 병렬적으로 이루어진다. 제2언어의 처리는 제1언어의 처리와 비교하여 상향식 처리의 효율이 낮다. 이것이 학습자의 기억 용량 저하로 이어져 독해가 저하되는 것은 아닌가 하는 지적도 있다. 또한 요리오(Yorio, 1971)는 제2언어의 학습에서는 제시된 과제 속의 미지어 때문에 기억 용량이 저하되어 이미 기억한 내용도 워킹메모리 내에 저장되지 않으며, 적절한 처리도 이루어지지 못한다고 지적하고 있다.

워킹메모리 내의 처리 자원은 언어 과제의 난이도나 학습자의 처리 능력에 반응하여 무의식적으로 배분된다. 초급 학습자는 미지어를 포함한 문장이나 익숙하지 않은 문장 및 어려운 문장을 읽는 경우 상향식 처리에 많은 인지 자원을 이용하고, 따라서 상향식 처리 단계에서 주의 자원을 이용하게 된다. 한편 상급 학습자는 상향식 처리를 비교적 자동적으로 수행하기 때문에, 의미의 파악이나 추론의 언어 처리 활동을 위해 좀 더 많은 워킹메모리를 운용할 수 있다. 요컨대, 상향식 처리에서 선택적 주의가 무의식적으로 움직여 하향식 처리에 선택적 주의를 배분할 수 있게 됨으로써 더욱 깊은 인지 활동이 이루어진다.

지금까지의 많은 연구에 의해 입증되었듯이, 제1언어를 읽을 때보다 제2언어에 의한 읽기는 언어 처리의 효과가 낮으며, 읽기를 하는 도중에 처리와 보존의 거래(trade off)가 효율적으로 이루어지지 않으므로 하향식 처리를 할 여분도 없어진다. 세갈로비츠와 허버트(Segalowitz &

뇌과학에서의 제2언어습득론

Hebert, 1990)도 제2언어의 처리는 언어를 의미적으로 처리하는 데 시간이 걸려 일단 처리된 이미지가 열등화되고, 더 빨리 사라져버리게 된다고 설명한다. 또한 초급 학습자는 저위 수준의 문자를 인식하는 상향식 처리에 주의를 많이 분배하여, 고위 수준의 인지적 처리나 추론을 하는 하향식 처리에는 소홀해지게 된다고 한다(McLeod & McLaughlin, 1986).

4.5.2 워킹메모리와 독해 능력

워킹메모리와 제2언어 독해 능력의 관계에 대해 그 상관관계를 검증하는 사례가 몇 개 존재한다. 버퀴스트(Berquist, 1997)는 제2언어에서 읽기 폭 검사(RST, Reading Span Test)를 통해 제2언어의 워킹메모리 운용 능력과 TOEIC의 읽기 섹션 간의 상관관계가 확인되었다고 보고했다. 해링턴과 소여(Harrington & Sawyer, 1992)도 읽기 폭 검사와 TOEFL 읽기 섹션 간의 높은 상관관계가 확인되었다고 보고했으며, 데인먼과 카펜터(Daneman & Carpenter, 1980)도 같은 결과를 보고한 바 있다(門田地, 2001).

또한 워킹메모리와 제2언어의 하위 수준 기능과의 높은 상관관계가 확인된 예도 있다. 허멜(Hummel, 1998)은 읽기 폭 검사와 미시간 테스트(Michigan Test) 문법 섹션과의 상관관계가 높다고 보고했다. 또한 독해력과 워킹메모리의 상관관계는 문법이나 어휘력이 워킹메모리와 갖는 상관관계 이상으로 훨씬 강했다고 보고했다. 서비스(Service, 1987)는 일본인 영어 학습자의 듣기 능력도 워킹메모리와 높은 상관관계를 가진다고 보고했다. 저프스(Juffs, 2000, 2003)는 통사적으로 복잡한 구조의 글을 처리하는 시간을 단어마다 측정한 결과, 워킹메모리 운용 능력이 뛰어난 독자는 하향식 처리가 이루어져 복잡한 구문을 처리할 수 있는 데 비해, 워킹메모리 운용 능력이 낮은 독자는 읽기를 시작하고 나서 상향식적 해석에만 머물러 독해 도중에 가설-검증의 과정을 진행시키지 못하고 잘못 읽는 경우가 많다는 점을 시사했다.

대체로 워킹메모리와 언어의 어떤 능력이 관련성을 가지는가에 대해서는 허멜(1998)의 결과와는 달리, 문장 이해의 고위 수준 능력보다 문법력이나 어휘력 등의 저위 수준 능력과 상관이 높은 것으로 보고된 경우가 많았다. 따라서 제2언어에서의 독해는 제1언어에 비해 상향식 처리에 많은 인지 자원이 요구되는 것은 아닐까 생각해볼 수 있을 것이다. 하향식 처리와 상향식 처리 간 상호작용의 효율성은 워킹메모리뿐만 아니라 목표언어의 숙련도에 따라서도 결정된다고 할 수 있을 것이다.

요시다(吉田, 2000)는 일본인의 영어 독해 전략과 읽기 폭 검사의 관계를 조사하여 그 결과를 보고하고 있다. 읽기 폭(reading span)이 좁은 학습자는 되풀이해 읽거나, 한 자 한 자 번역하기 위해 언어의 기호 해독 작업에 시간과 노력을 쏟는 경우가 많다. 이에 비해 읽기 폭이 넓은 학습자는 추측의 전략을 적절하게 사용한다. 그러나 읽기 폭이 넓은 학습자가 전략을 유효하게 이용하여 텍스트 이해에 연결시키는 것이 가능한지는 명확하지 않으며, 전략의 유효 이용은 학습자의 워킹메모리상 용량의 문제가 아니라 학습자의 숙련도에 따라 결정된다고 보고되고 있다.

이러한 선행 연구 결과를 통해 대체로 워킹메모리 운용 능력이 제2언어 숙련도를 나타내는 지표라고 생각할 수 있다. 제2언어의 숙련도가 높아지면 제2언어와 제1언어에서 공통으로 이용하는 인지 자원의 비율이 늘어나게 된다. 제2언어에서의 워킹메모리는 제1언어의 그것보다 현저히 작기 때문에 용량이 제한되어 있다.

결론적으로, 워킹메모리와 언어 능력의 상관관계에 대해서는 다양한 실험 결과가 보고되고 있으며, 언어의 어떤 능력과 상관관계가 있는지는 결론지어지지 않고 있으나 선택적 주의와 워킹메모리는 상관성이 있어 언어 이해에 영향을 주게 된다고 한다.

4.6 워킹메모리와 뇌

4.6.1 워킹메모리의 영역국재설

뇌내에서 워킹메모리는 자기의식의 활성화에 따라 '마음의 칠판'(苧阪, 2000)의 기능을 도입하는 방식으로 활용된다. '칠판'은 뇌내로 접근하여 정보 처리의 네트워크 움직임을 돕는다. 자기의식에서 뇌내의 지식 메커니즘에 대한 설명은 진전되어왔지만, 자기를 인식하는 메타의식에 대해서는 거의 설명이 이루어지지 못하고 있다. 의식의 계층 구조가 세 가지 수준을 가진다는 점은 이미 기술했는데, 이 중 고위 수준의 의식으로 간주되는 것이 자기의식이다. 자신이 생각하는 것은 스스로 의식할 수 있다. 하지만 스스로 의식할 수 있는 것에는 한계가 있다. 정보 처리 이해에서 이 의식의 제약, 즉 정보 처리적인 의미에서 병목(bottleneck) 상태가 사람의 선택적 주의의 메커니즘을 만들어내며, 정보 통합에 따라 많은 병렬 정보를 다중적, 제약적으로 선택하여 정보의 올바른 처리와 이해를 촉진시킨다(苧阪, 2000).

뇌내 기구에 대해 워킹메모리가 뇌내의 특정 영역에 한정되어 존재한다는 '영역국재설'과 하나의 영역에 한정되어 존재하지 않고 뇌내 네트워크로 표현된다는 '분산협조설'이 있다. 영역국재설은 배들리(1986)의 '중앙실행계 모델'이 대표적인데, 이는 전두엽이 손상된 환자가 중앙실행계의 장애를 가질 가능성을 시사하고 있으며, 중앙실행계의 움직임과 전두엽의 기능을 연결 짓고 있다. 정상인(건강인)을 대상으로 한 fMRI 실험에 의하면, 음운 고리의 활동을 책임지고 있는 중심은 좌반구의 청각부 근처나 측두엽 내측의 뇌섬(insular) 영역, 연상회(縁上回), 브로카 영역을 중심으로 한 영역에서 관측된다고 한다. 한편 시공간 스케치패드에 대해서는 측두엽의 두정영역과 후두피질 등의 시각 분야가 관계되어 있는 것이 명백히 밝혀졌다(Carpenter et al., 1999). 그러나 또 한편 뇌내에서 중앙실행계의 기능을 수행하는 부위를 특정 지을 수는 없으며, 다만 전두전야에 중앙실행계적인 역할을 하는 영역은 있다고 한다(苧阪, 2000).

4.6.2 워킹메모리의 분산협조설

분산협조설에서는 워킹메모리의 뇌내 메커니즘이 전두 분야를 중심으로 분산적으로 전개되어 있다는 견해를 피력하고 있다. 이는 전두엽에 장애가 있는 환자의 증례(Petrides, 1995)와 전두엽 절제 수술 사례(Shallice, 1982) 등을 통해 명백해졌다. 언어를 사용하는 워킹메모리와 뇌활성 부위에 대한 연구(Paulesu, Frith & Frackowiak, 1993; Petrides, Alivisatos, Meyer & Evans, 1993)에서도 좌우 양측의 전두 연합영역의 배외측이 다른 영역과 함께 활성화된다고 보고되었다. 전두엽은 후두나 측두에서 입력된 정보를 온라인으로 활성화시켜 보존하고, 필요에 반응하여 그것들의 정보를 취사선택한 후 정보를 통합하여 움직인다고 한

뇌과학에서의 제2언어습득론

다. 오사카(2000)에 따르면 워킹메모리의 보존에는 전두전야(전두 연합영역)를 포함하여 다양한 뇌 영역이 관여하므로, 워킹메모리는 전두전야에만 존재하는 것이 아니라는 견해가 일반적이다.

또한 영역국재설은 워킹메모리 시스템의 일부만을 검색할 뿐 아니라 뇌내 기구 속에서도 하위 수준, 즉 상향식 처리 기능에 대해서만 성립한다고 주장하며, 워킹메모리의 전체적이고 통합적인 상위 수준에서의 처리를 설명하는 것은 뇌내의 국재적인 활동과 함께 다양한 특정 부위를 상호 활성화시켜 통합적으로 움직인다고 해석하는 것이 적절하다고 설명한다(Awh, Smith & Jonides, 1995; Baker, Frackowiak & Dolan, 1996).

4.7 뇌과학 데이터의 필요성
– 워킹메모리 모델을 검증하기 위하여

워킹메모리는 언어 이해, 학습, 추론 등의 인지 활동에서 필요한 정보를 일시적으로 보존하여 처리하는 기능을 한다. 워킹메모리의 활성화에 따라 저위 수준의 정보 처리 작업을 자동화하여 좀 더 많은 기억 자원을 고위 수준의 인지 활동에 할당하는 것이 가능해진다. 워킹메모리 모델에 따르면 시각이나 청각으로 들어온 정보가 선택적 주의를 통과하여 워킹메모리에 전송되고, 그것이 리허설 기구에 보존되어 그 후 장기기억으로 전송된다고 하나, 지금까지의 연구에서 실증적으로 증명되지는 않았다. 또한 학습자의 워킹메모리에서 정보 검색이 자동적으로 이루어지더라도, 장기기억에서 정보 검색은 시간이 걸리는 인지적 과정이므로 이 메커니즘도 애매하다. 또한 워킹메모리 내의 정보가 전부 의식적으로 처리되는지, 의식적으로 주의를 기울인 것만이 처리와 보존의 거래(trade off)와 관계가 있는 것인지도 밝혀지지 않고 있다.

최근에는 기능적 영상법의 진보에 따라 인지신경학, 인지심리학 등의 분야에서 워킹메모리 연구가 활발한 진전을 이루었다. 뇌내 기능에 따라 살펴보면, 사람이 목표를 정하고 계획하여 실행하는 과정에서 고위 수준의 인지 기능을 통합적으로 움직이는 시스템은 전두전야에 국재되어 있다고 생각된다. 이에 따라 워킹메모리를 구성하는 신경 회로가 전두전야에 존재한다는 가정이 이루어지고 있지만 명확하게 입증되지는 않았으며, 전두전야뿐만 아니라 뇌내의 다른 부위도 통합적으로 관련되어 있다는 주장도 존재한다. 뇌내의 어떤 부위에 국재하는지는 명확히 밝혀지지 않았지만, 제2언어 습득의 숙련도와 읽기 폭 검사 간에 높은 상관관계가 있다고 하여 언어 습득에서 워킹메모리의 역할이 크다고 보고된 바 있다. 이후 뇌과학적 방법에 따라 언어 습득에서의 워킹메모리의 역할을 좀 더 명확히 하기 위해 실증적 데이터 수집이 요구되고 있다.

뇌과학에서의 제2언어습득론

제5장

언어와 뇌

제1장부터 제4장까지는 언어 정보 처리 과정의 자동화에 대해 인지 심리학적 측면에서 그 연구 성과를 기술했다. 이러한 연구들의 연구 방법은 교수자와 학습자의 인지적 실험을 통한 연구자의 보고에 머무르기 때문에, 현재보다 객관적인 연구 방법이 요구되고 있다.

　　21세기는 '뇌의 시대'라고 불리며, 고차 뇌기능 이미징법의 개발과 함께 뇌 연구가 다양한 분야에서 비약적인 진전을 보이고 있다. 그에 따라 종래의 인지 이론을 뇌과학적으로 검증할 수 있는 가능성도 높아졌다. 이는 최근 특히 언어, 인지, 사고 등 인간의 고차 뇌기능에서 정보의 처리와 보존의 메커니즘과 관련하여 주목받고 있지만, 현재까지의 연구 성과는 미흡하다. 이 장에서는 언어와 뇌의 관계에 대한 선행 연구를 정리하고, 뇌과학적 관점에서 제2언어 학습 및 외국어 학습에 대한 응용성을 탐구해보기로 한다.

5.1 언어와 뇌 연구의 역사

5.1.1 실어증 환자에서 시작하다

언어와 뇌 연구의 역사를 개관해보자. 언어와 뇌 연구는 뇌의 장애를 가진 환자를 대상으로 시작되었다. 닥스(Dax, 1836)가 뇌사 상태의 실어증 환자를 해부하여 환자의 뇌 손상 부위를 관찰한 결과, 언어 활동을 담당하고 있는 것은 좌뇌라는 개념을 신경학 분야에서 처음으로 확립했다. 그 후 1861년 브로카(Broca)가 말을 전혀 구사할 수 없게 된 실어증 환자를 병리 해부하여 뇌내의 병변 부위를 살핀 결과, 좌측두엽의 전방부가 발화와 관련성 있다고 하여 그 부위를 브로카 영역(Broca's area)이라고 이름 지었다. 1874년에는 베르니케(Wernicke)가 말을 이해하는 것이 불가능한 환자의 뇌내 부위를 특정하여 좌뇌측두엽의 후방부가 언어 이해와 관련 있다는 것을 발견한 뒤 베르니케 영역(Wernicke's area)이라고 이름 붙였다. 그 뒤로도 사고나 병에 의한 뇌 손상 환자의 연구가 많이 진행되어 뇌와 인지 기능의 연구는 차츰차츰 전진해왔다 (岩田, 1996).

1940년대에는 와다사키(和田式)에 의해 아미탈 소다(amytal soda)를 혈액에 주입하여 뇌혈류량을 측정하는 방법이 개발되었다. 1960년대에는 절단 뇌(split brain) 상태의 뇌를 가진 사람을 관찰하면서 언어 기능과 좌반구의 관계가 연구되었다. 정상인의 좌우 대뇌반구는 뇌량(corpus callosum)이라 불리는 신경섬유 다발로 연결되어 있어 우뇌에 들어간 정보도 좌뇌로, 좌뇌에 들어간 정보도 우뇌로 각각 뇌량을 통해 전달되지만, 절단 뇌 상태의 사람은 좌우 뇌 상호간의 정보 전달이 이루어지지

뇌과학에서의 제2언어습득론

못한다.

그 후 절단 뇌를 가진 실어증 환자를 대상으로 순간 노출기 (tachistoscope)라는 장치를 이용하여 언어 능력을 관찰하는 실험이 이루어졌다. 이 실험에서는 좌우 중 한쪽의 시야를 가리고, 사물을 수십 밀리초(ms: 1,000분의 1초)간 제시하여 보고 있는 쪽의 시야로 본 것에 대해 물었다. 그러자 오른쪽 시야로 본 물건은 정답을 맞혔지만, 왼쪽 시야로 본 물건은 맞추지 못하는 결과가 나왔다. 이 실험으로 인해 왼쪽 시야에 있는 것은 좌뇌로 전달되며, 오른쪽 시야에 들어온 것 또한 좌뇌에서 정보 처리된다는 사실이 명백해졌다. 정상인의 경우 뇌량을 통해 정보를 교환하기 때문에 우뇌에 들어온 정보도 좌뇌로 전달할 수 있고, 무언가 본 것에 대해서는 좌뇌를 통해 말로 표현할 수 있지만, 절단 뇌 상태인 환자의 경우에는 좌뇌와 우뇌의 정보 교환이 이루어지지 못하기 때문에 왼쪽 시야에서 본 것을 말로 표현하지는 못했으며, 이 점에서 좌뇌의 언어 우위성이 검증되었다.[5]

펜필드와 로버츠(Penfiled & Roberts, 1959)의 대뇌피질에 대한 전기 자극은 대뇌의 국재화를 좀 더 명확히 했다. 이들은 뇌를 외과 수술하면서 국소 마취를 하여 환자의 뇌내 다양한 부분을 자극한 다음, 환자에게 직접 체험에 대해 탐문했다. 이 수술에서 뇌의 어떤 부분을 자극하면 망각하고 있던 기억이 되살아나기도 한다는 것을 알게 되었다. 쟁월

---

5 왼쪽 시야의 시각 정보(일부)는 우뇌의 시각 처리 부위, 오른쪽 시야의 시각 정보(일부)는 좌뇌의 시각 처리 부위에 도달한다. 여기까지의 경로는 뇌 바깥이고, 이렇게 뇌내로 들어온 시각 정보가 언어로 변환되려면 좌뇌 언어 영역에 도달해야 처리된다. 이때 뇌량이 절단된 경우, 우뇌에 들어와서 지각된 시각 정보가 좌뇌에 전달되지 못한다. (역자주)

(Zangwill, 1967)도 오른손잡이 실어증 환자의 97.5%와 왼손잡이 실어증 환자의 약 60%가 좌뇌 손상으로 실어증이 생겼다는 점에 따라서 언어 기능은 좌뇌에 의존한다고 보고했다. 게슈빈트(Geschwind, 1965)의 신경 섬유 손상에 의한 이단증후군 연구나, 스페리(Sperry, 1968)의 분리 뇌 환자 연구에서도 언어의 좌뇌 우위성에 대해 보고된 바 있다.

5.1.2 정상인을 대상으로 한 연구

지금까지 언급한 연구 결과는 모두 뇌 장애 환자를 대상으로 한 것이 지만, 그 후 정상인을 대상으로 한 연구의 필요성이 제기되었다. 1960 년대에 정상인을 대상으로 한 뇌내 좌우차의 증명으로 양이분리청법 (dichotic listening)을 사용했다. 양이분리청법이란 2개의 서로 다른 간단한 단어를 좌우 귀에 동시에 들려주는 실험이다. 실험 참가자는 무엇을 들었는지 보고하도록 지시받았다. 왼쪽 귀보다 오른쪽 귀로 들어온 단어가 좀 더 정확하게 보고된다면, 오른쪽 귀와 언어 처리를 담당하고 있는 좌뇌의 신경적인 연락(관계)이 왼쪽 귀와 우뇌의 기능보다 더 우위에 있다는 결론이 내려진다. 실험 결과, 오른쪽 귀와 좌뇌의 처리가 우위에 있으며 그 속도도 빠르다는 결과가 나왔다. 1972년에는 X선 CT가 개발되어 인체를 해부할 필요 없이 손상 부위를 특정하는 것이 가능해졌다.

1990년 이후에는 언어와 뇌기능에 대한 연구가 비약적으로 진전되어왔다. 그 이유는 fMRI(Functional Magnetic Resonance Imaging: 기능적 자기공명영상법), PET(Positron Emission Tomography: 양전자 단층촬영법), MEG(Magnetoencephalogram: 뇌자기도) 등의 비침습적인 기술이 널리 활용되었기 때문이다. '비침습적'이라는 문자 그대로, 실험에서 약물을 복용하거나 인체를 손상시키지 않고 뇌의 활동을 측정할 수 있게 된 것이다. 1995년에는 간이적인 뇌기능 측정 장치인 광(光)토포그래피가 개발되어 일상적인 환경 속에서 뇌활성 상태를 측정할 수 있게 되었다.

이러한 영상법 외에도 1930년대로 거슬러 올라가면 사람의 생리 현상을 포착할 수 있는 방법으로 뇌파도(EEG: Electroencephalogram)가 있다. 1950년대에 사람의 감각 자극에 따라 유발되는 미약한 전위를 측정하는 장치가 개발됨에 따라 1960년대에는 인지 활동을 측정할 수 있는 사상 관련 전위(ERPs: Event-Related Potentials)가 개발되었다. ERPs는 두 피상의 전극을 통과한 뇌내 전기 활동의 발생원이 특정되지 못한다는 난점은 있지만 뛰어난 시간 해상도와 범용성이 장점으로, 지금까지도 많은 연구가 이루어지고 있다. 최근에는 많은 채널을 이용한 광분해 뇌파 측정법이 개발됨에 따라 공간 해상도 문제가 해결되었다.

언어 처리 연구에서는 쿠타스와 힐랴드(Kutas & Hillyard, 1983)가 글 도중에 의미적으로 어울리지 않는 단어를 삽입하여 각 단어에 대응하는 뇌파를 조사했다. 그 결과, 문맥에 어울리지 않는 단어에 대응하여 N400 성분이라는 뇌파가 나타났으며, 이것으로부터 어떤 글 속에 있는 단어 계열에 따라 각 단어는 그 표현 시점에서 선행하는 문맥과의 의미적인 검증이 이루어진다는 사실이 시사되었다. 네빌 등(Neville et al., 1991)은 생성문법으로 가정된 보편문법의 모든 원리의 모듈성에 대해 GB 이론과 뇌과학의 관련성을 검증했다. 그 결과, 의미적 일탈문에 대해서만 우반구, 두정부 우위의 N400 성분이 나타났고, 다른 문법적 일탈에 대해서는 각각 다른 ERP 패턴이 나타나[6] 각 문법 해석에 일치하

---

6 통사적 문제가 있는 문장을 처리할 때, 문제가 발생한 시점에서 600밀리초 후에 관찰되

는 언어 기능이 인지 체계에 따른 하위 모듈을 형성하는 가능성이 시사되었다. 최근 언어 구조의 계층성이나 분리 하위 모델을 뇌파로 검증하려는 시도가 이루어지고 있다(Hagiwara et al., 1999; Kaan et al., 2000).

이제까지 인지신경학 분야에서 가설에 머무르던 이론에 대해 재인식 과정이 반복되어왔지만, 신경언어학 분야에서는 대상이 언어라는 인간 독자적인 현상에 맞춰져 있어 인지적 연구 방법에 더해 객관적 방법으로 실증 연구가 가능해졌다. 본서에서 다루고 있는 제2언어 습득의 분야에 대해서도 새로운 뇌기능 이미징법을 사용하여 학습자의 뇌혈류량을 측정함으로써 뇌내 메커니즘의 변화를 관측할 수 있게 되었다. 그리하여 종래 인지 수준에서 논의되어온 이론이 뇌과학 분야에서 실증되어 이후의 언어 교육에서 새로운 지식을 얻을 수 있을 것이라 예측된다.

5.2 뇌의 구조

5.2.1 브로드만의 뇌도

현재의 뇌 연구는 사람의 대뇌피질 활성도에 대해 논하는 것이 대부분이다. 대뇌피질은 좌우 대칭의 반구 2개에 분리되어 뇌량이라고 불리는 신경섬유 다발로 묶여져 있으며, 전두엽, 두정엽, 측두엽, 후두엽의 네 부분으로 구분되어 있다. 일반적으로 좌반구는 언어나 논리 등의 분

는 양전류의 현저한 증가분을 P600이라 한다. (역자주)

뇌과학에서의 제2언어습득론

석적 작업을 하고, 우반구는 사람의 감정이나 표정을 인지하거나 사물의 전체를 감각적으로 포착하는 움직임을 한다고 한다.

뇌기능은 19세기 오스트리아 빈의 뇌해부학자 갈(Gall)이 뇌의 일정 부위에 사람의 다양한 정신 기능이 국재한다는 가설을 제창하여 국재론이 생겨났다. 그는 두개골 속에 있는 대뇌의 그 기능을 담당하는 부분이 융기하고, 부족한 부분은 미발달한다면서 그 결과는 두개골의 모양에 영향을 주게 된다고 생각했다. 그러한 견해는 골상학이 되어 두개골의 형태로 정신 활동을 판단하게 되지만, 후에 이러한 견해에는 논리적 오류가 있음이 밝혀졌다.

그러나 갈의 대뇌국재론은 큰 공적이 되어 후에 독일의 신경해부학자 브로드만(Brodmann)에 의해 '브로드만의 뇌도'(1909)가 작성되었다(그림 5-1). 브로드만의 뇌도에서는 대뇌피질 52군데에 번호가 붙여지고 각각 다른 기능을 가진다고 추정되어 이후 뇌는 장소에 따라 움직임이

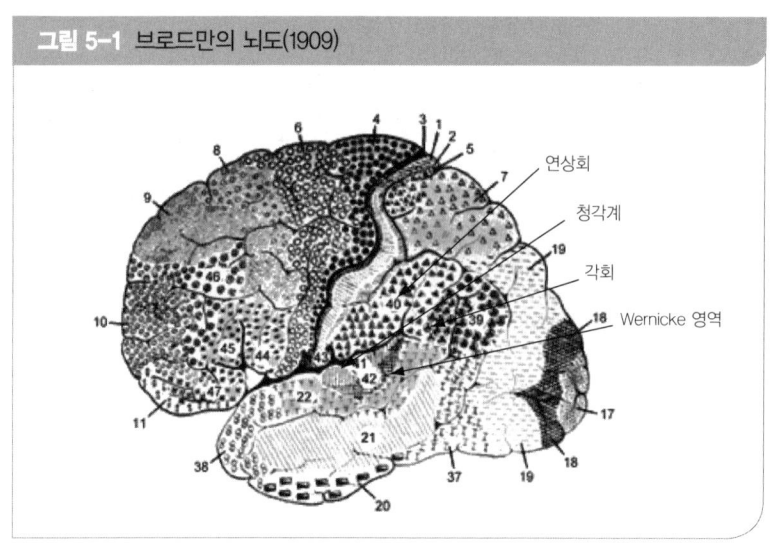

그림 5-1 브로드만의 뇌도(1909)

달라진다는 '기능국재론'이 발전하였다. 하지만 실험을 통해서는 이들 부위가 어떤 식으로 기능하고 있는지 완전히 밝혀지지 못했으며, 또한 사람의 뇌에서는 12~16번과 48~51번에 해당하는 곳이 없다고 한다.

브로드만의 뇌도를 보면 대충 언어 기능을 담당하는 언어 중추는 좌반구에 국재하여 브로카 영역(44, 45번 영역)에서는 언어를 산출하고, 베르니케 영역(22번 영역의 후반)에서는 음성 언어를 이해하는 것으로 추정했지만, 현재는 대뇌의 다양한 부위가 동시에 상호작용하여 언어 처리를 한다는 입장이 다수 의견이다.

5.2.2 말과 뇌의 모듈성

말은 뇌내에서 어떤 처리 과정을 거치는 것일까. 뇌내 부위에 주목해 보자. 베르니케의 모델에서는 하나의 기본적인 뇌기능은 하나의 국재하는 영역에 위치하여 이들의 영역이 상호작용, 연합함으로써 복잡한 뇌 활동이 가능해진다고 생각된다. 베르니케에 따르면 언어의 음성이나 문자 기호는 먼저 청각 영역(41, 42번 영역), 혹은 시각 영역의 1차 감각 영역(17번 영역)에 도달한 다음, 청각과 시각 기호의 공통적 연합영역인 각회로 전송되어 양자의 공통적인 신경 신호로 부호화된다. 다음으로 이 부호는 베르니케 영역으로 전송되고 언어로서의 기능이 작동하여 뇌내 사전(장기기억 내 정보의 정리 선반)의 의미와 접합된다. 이 일련의 과정을 통해 편성된 언어는 모듈 형태로 움직여 브로카 영역으로 전송된 다음, 언어를 전달하기 위해 변환된 음성언어, 문자언어로서 아웃풋된다고 한다.

이와타(岩田, 1987)의 연구를 정리해보면, 언어 정보 처리는 다음과

뇌과학에서의 제2언어습득론

같이 행해진다고 한다. 듣기의 경우 귀로 들어온 음성은 좌뇌의 청각 영역(41, 42번 영역)에서 처리된 후, 오른손잡이인 대부분의 사람은 베르니케 영역(22번 영역)으로 전송된다. 그 뒤 브로카 영역(45번 영역)을 경유하여 연상회(40번 영역)에 전송되며 말로서 이해된다. 들을 때 음성으로 흘러들어온 청각 정보나, 읽을 때 문자로서 입력된 시각 정보는 먼저 제1차 청각 영역 및 제1차 시각 영역이라고 불리는 대뇌피질의 제1감각 영역에 들어간 다음, 청각 연합영역 및 시각 연합영역에서 이해의 도움이 되는 식으로 복잡한 정보 처리가 이루어진다.

뇌내에서 언어 정보가 처리되는 과정을 더욱 구체적으로 살펴보면, 듣기의 경우 제1차 청각 영역에 의해 음성 정보 중에서 억양과 강세 등이 식별되어 청각 연합영역에서 베르니케 영역을 통과하여 이야기로서 인지되고, 그 후 두정 연합영역 등의 고위 연합영역으로 전송되어 배경지식과 상호작용하여 의미 이해가 이루어진다고 한다. 읽기의 경우 제1차 시각 영역에 의해 문자 정보는 단어로 인식되고, 시각 연합영역에서 문자로 인지된 후 복잡한 처리가 이루어져 측두 연합영역에 전송된다. 좌우 시야에서 입력된 문자는 후두엽의 시각 영역(17번 영역)에서 시각 연합영역(18, 19번 영역)으로 보내져 거기서 문자의 시각 패턴이 인식된다. 그것이 각회(39번 영역)에 보내지면, 문자가 음성으로 변환되어 의미를 가지는 베르니케 영역(22번 영역)에서 이해된다. 측두엽 하부에 보내지면 문자의 의미는 상기되지만 음성과의 결합은 이루어지지 않는다. 그 후에는 브로카 영역(45번 영역)을 경유하여 연상회(40번 영역)에 도달한 다음 말로서 이해된다. 이와타(1996), 파울레스, 프리스와 프레코위아크(Paulesu, Frith & Frackowiak, 1993), 하워드 등(Howard et al., 1992)의 연구에 따르면, 의미 처리를 담당하는 뇌내 부위는 사람에 따라 다르고, 청각 연합영역 전방과 중부, 각회 혹은 후방이라고 보고되어 실험 참가자 12명 중 3명은 명백히 부위가 특정되지 않았으며 개인차가 있다는 결과를 보고했다. 또한 뇌내 사전이 움직이는 경우, 영어와 일본어는 활성화되는 부위가 서로 다르다고 보고되었다.

그린필드(Greenfield, 1998)는 PET에 따른 실험을 통해 문자를 읽을 때와 들을 때 각각 움직이는 뇌의 부위가 다르다고 보고한 바 있다. 정보를 입력할 때 음성은 청각 영역에, 문자는 시각 영역에 입력되는 것부터 서로 다른 뇌내 부위로 정보의 처리가 개시된 후, 차례로 언어를 이해하여 인지 능력으로 축적되는 측두 연합영역이나 두정 연합영역에서 처리되어간다는 것이다.

그러나 뇌기능은 매우 복잡하기 때문에 기능국재설만으로는 설명해낼 수 없다고 하여 "고도의 인지는 뉴런 전체의 작용과 관련되어 국재적으로 뇌를 규정할 수는 없다"는 통합작용설도 주장되고 있다. 이렇듯 다양한 보고로 뇌내 활성도에 대해 연구자마다 개별차가 있어 일치를 보이지 않고 있다. 뇌기능의 연구는 진전되어왔지만 실제 데이터로 획득된 것은 지금까지 정의된 사항으로는 일치를 보이지 않는 점도 있고, 명확히 판정하기 어려운 부분도 있다. 이상의 내용에서 생각해보면, 뇌와 언어 연구의 창시자로 일컬어지는 펜필드와 로버츠(1959)가 베르니케 영역이라는 말을 사용하지 않고 청각 연합영역 후방에서 각회와 연상회를 포함한 넓은 범위를 '후언어 중추'라고 했으며, 마찬가지로 브로카 영역 주변을 '전언어 중추'라고 일컬었지만, 지나치다 할 만큼 막연한 이 정의가 현재에도 용인되고 있다.

5.2.3 인지와 뇌

언어는 사람만이 가진 고도의 커뮤니케이션 시스템이다. 언어 능력이 생득적으로 구비된 것인지, 언어 환경에 의해 체화된 것인지의 문제는 줄곧 논의의 대상이었다. 촘스키(1957)는 문법 규칙은 생득적 시스템으로, 뇌내에 짜여 있는 생득적 언어 습득 장치를 '보편문법'이라고 했으며, 이를 통해 언어학과 인지 뇌과학 분야에 혁명적 사상을 불어넣었다(Smith, 1999; Chomsky, 2000). 포더(Foder, 1983)는 유아기에는 분석적 능력이나 문법 규칙의 지식은 없지만, 어떠한 고생이나 역경 없이도 자연스럽게 모국어를 습득한다고 하였다. 모국어의 경우, 무의식 속에서 유아기에서부터 주위의 사람과 접촉하면서 커뮤니케이션할 수 있는 정도의 수준이 되어간다. 그러나 그린필드(1991)는 신경학의 시점에서 언어 능력은 생득적으로 갖추어진 것이 아니라, 인간의 발달 단계에 따라 단계적으로 구축되어가는 것이라고 하였다.

언어 인지와 뇌의 관계에 대해 데넷(Dennett, 1978)은 만약 사람의 사고가 의식의 흐름이라고 한다면, 언어 사용자의 행위는 의식적 사고라고 하였다. 한편 촘스키(1984)는 언어 사용자라도 통사 처리 단계에서 단어나 구절을 무의식적으로 처리한다고 하여, 의미 이해 등의 복잡한 처리에서는 언어 시스템 그 자체가 사람의 내적인 모듈성을 포함한 처리라고 설명하고 있다. 또한 포더(1983)는 언어를 감각 시스템과 같이 모듈성을 가진 인풋 시스템이라고 주장했지만, 촘스키(1986)는 언어의 모듈성을 인풋 시스템으로만 간주하는 것은 한계가 있다고 지적했다. 오히려 믿거나, 생각하거나, 지식을 쌓는 것이 인간 내면에서 움직이는 시스템이라고 생각하는 것이 좀 더 정확한 표현이라고 사료된다.

바스(1988)는 사람의 인지 활동에서 의식적 주의의 모듈 기구를 제창했다. 의식의 뇌 모델(Newman, Baars & Cho, 1997; 제2장 2.3 참조)에서는 의식이 움직이는 경우를 입력한 정보가 새롭거나, 중요하거나, 혹은 예측을 하는 경우라고 설명하고 있다. 이에 비해 충분히 예측되는 사상이나 잘 알고 있는 정보의 경우에는 의식을 동반하지 않는 모듈 기구가 자동적으로 처리한다. 새로운 기술을 습득하거나, 새로운 정보나 중요한 정보를 처리해가는 경우에 사람은 의식적으로 주의를 기울이게 되며, 이에 따라 뇌내의 모듈 기구가 활성화된다.

언어와 기억의 모듈성에 대해서는 캐플란과 워터(Caplan & Water, 1999)가 워킹메모리와의 관련성에 대해 통사 처리는 워킹메모리와 관련성이 없지만, 일상의 발화에 대한 이해나 산출은 의식적인 상태로 행해져 워킹메모리와 관련성이 크다고 한다. 언어 처리와 언어 중추와의 관련성에 대해 실어증 등의 기능 장애 연구로 밝혀진 바에 따르면, 언어 기능은 뇌내의 베르니케 영역, 각회, 연상회, 브로카 영역의 부위에서 조작되고 이들 부위가 언어 기능과 모듈을 이루어 각각 연관되어가면서 처리한다고 한다(Obler & Gjerlow, 1999).

5.3 언어 처리의 뇌

5.3.1 뇌의 네트워크

언어는 뇌내에서 어떠한 처리 경로를 따르는 것일까. 최근, 뇌기능 이미징법 등 뇌내를 실시간으로 촬영하고 화상화하여 관측하는 방법이 개발된 덕분에 언어 과제 수행 중의 뇌활성 상태를 직접적으로 설명할

뇌과학에서의 제2언어습득론

수 있게 되었다. 이제까지의 언어학적 이론이 생물학적으로 실증될 수 있게 되어 신경언어학 분야에 의해 연구의 폭이 넓어지게 되었다. 최근의 연구들에서는 뇌내의 기능을 특정하려는 움직임이 활발하게 이루어지고 있다. 신경언어학 영역에서도 특히 정상인을 대상으로 한 연구가 진행되어 언어 처리의 메커니즘에 주목하고 있는 추세이다.

이누이(乾, 1997)는 fMRI를 사용한 실험에서 언어의 모든 기능을 설명하는 '뉴럴 네트워크 모델'을 제창했다(그림 5-2). 청각적으로 지시된 단어는 먼저 청각 영역(41, 42번 영역)에서 처리된 후, 베르니케 영역(22번 영역)의 음성 인지 기능보다 단어가 인식된다. 그리고 베르니케 영역을 통과한 정보는 세 가지 경로를 따를 가능성이 보고되고 있다. 첫 번째는 연상회(40번 영역)에 전송되는 경로이며, 두 번째는 브로카 영역(45

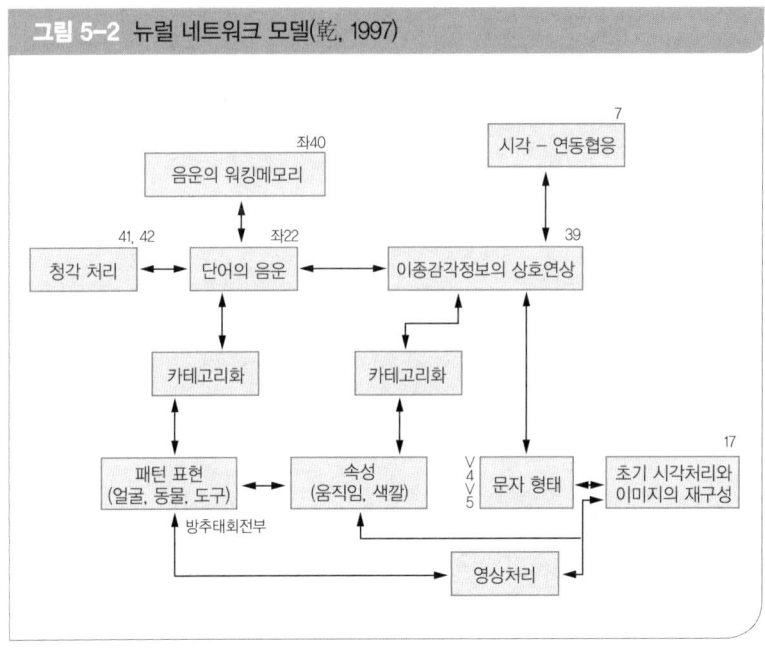

그림 5-2 뉴럴 네트워크 모델(乾, 1997)

번 영역)을 경유해 40번 영역에 보내져 음운 정보가 단기적으로 보존되는 것이다. 세 번째 경로는 베르니케 영역(22번 영역)에서 각회(39번 영역)로 보내진 후, 관련된 청각 연합영역에 전송되어 거기서 개념 정보가 생성되는 것이다. 또한 연상회는 음운의 워킹메모리, 각회는 연상기억장치의 움직임을 담당하고 있다고 한다. 이러한 처리 과정을 거친 정보에서, 이들 언어를 처리하는 뇌 부위가 각각 연관되면서 모듈을 이루어 뇌기능이 움직인다고 생각할 수 있을 것이다.

사카이(酒井, 2001, 2002)는 언어 기능과 뇌기능의 일대일 대응이라는 방식으로 명확히 설명할 수는 없으나 언어 처리는 베르니케 영역, 브로카 영역, 각회 및 연상회에서 모듈을 작동시켜 이들 부위가 보완해 나가면서 각각의 기능을 작동시킨다고 말한다.

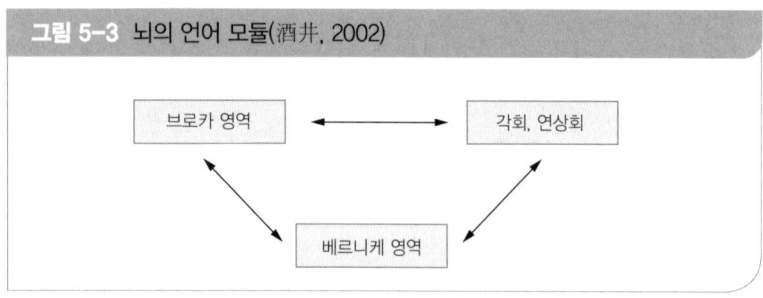

그림 5-3 뇌의 언어 모듈(酒井, 2002)

5.3.2 뇌의 다양한 정보 처리 경로

사람의 뇌내에서 언어 정보를 처리하는 경로는 반드시 보편적인 것이 아니라, 사람에 따라 다양한 현상이 나타난다는 것 또한 보고되고 있다. 앞항과 같은 예측 가능한 언어 정보 처리 경로와는 별개로, 언어를 이해할 때 각각의 이야기에서 단어, 단어에서 글의 방향으로 이해하지 않고, 문자를 의미로 이해하는 예도 있다.

구체적인 현상으로 맥귀건(McGuigan, 1970)은 묵독 중의 음운 기호화(phonological coding)에 대해 학습자의 묵독에 관여하는 음성 기관의 근전도(EMG, Electromyography)를 쓰는 경우, 대부분의 연구에서 안정 시에 비해 근육 운동이 증가한다는 결과를 보고했다. 즉 시각으로 들어온 문자 정보에서도 학습자가 뇌내에서 음독을 한 경우, 베르니케 영역(22번 영역)과 청각 영역(42번 영역)이 활성화된다고 한다.

스미스(1988)의 보고에서는 실어증 환자를 예로 들어 뇌에 장애를 가진 환자에게 문장을 읽어준 뒤 무엇을 읽었는지 답하게 하는 실험을 행한 결과, 적혀 있는 단어 그대로가 아니라 예를 들면 ill을 sick, city를 town, ancient를 historic, injure를 hurt, quiet를 listen, fly를 air로 잘못 읽었다고 보고되었다. 즉 단어를 의미가 아닌 개념 자체로 이해한 듯한 결과를 보이고 있다. 이 사례에서는 문자를 뇌에서 음성화하여 이해하는 것이 아니라, 의미로써 직접 이해가 이루어지고 있다는 해석이 올바르다고 할 것이다. 즉 상향식 처리는 이루어지지 않고, 하향식 처리만이 이루어진다고 해석할 수 있겠다.

프라이스 등(Price et al., 1992)은 사람이 단어를 기억하거나 이해하려고 하지 않을 때에도 베르니케 영역이 활성화되는 경우가 있다고 한다. 이 현상에 대해 이와타(1996)는 베르니케 영역이 언어 이해뿐만 아니라 어음 인지의 중추이기 때문이라는 점에서, 인지 활동도 베르니케 영역이 담당하고 있다는 점을 시사하고 있다.

또한 파울레스, 프리스와 프레코위아크(Paulesu, Frith & Frackowiak, 1993)는 22번 영역과 42번 영역에 대해 기억은 개별적 음운 처리와 관계되어 있고, 외부의 청각 음운 자극이 없는 경우에도 사람의 내어(內語, inner speech)에 의해 활성화되기도 한다고 설명한다. 또한 목소리를 내지 않아도 복창 시스템이 움직여 브로카 영역이 활성화되기도 한다는 점을 지적하고 있다.

이러한 점에 비추어볼 때, 뇌의 정보 처리 경로(그림 5-4)에 의해 문자 정보는 음성 회로를 따르지 않아도 의미 회로를 따라 이해될 수 있다고 생각할 수 있을 것이다. 이러한 실험들은 실어증 활자의 병례로 정상인에게 적용하기에는 한계가 있다는 점을 언급해두고 싶지만, 정상인의 뇌기능을 측정할 수 있는 장치가 개발됨에 따라 언어에 관계하는 기억이나, 언어 기능을 담당하는 언어 영역이 인지나 배경지식과 관계있다는 전두 연합영역이나 측두 연합영역과 깊은 관계를 맺고 있다는 사실이 점점 밝혀지고 있다.

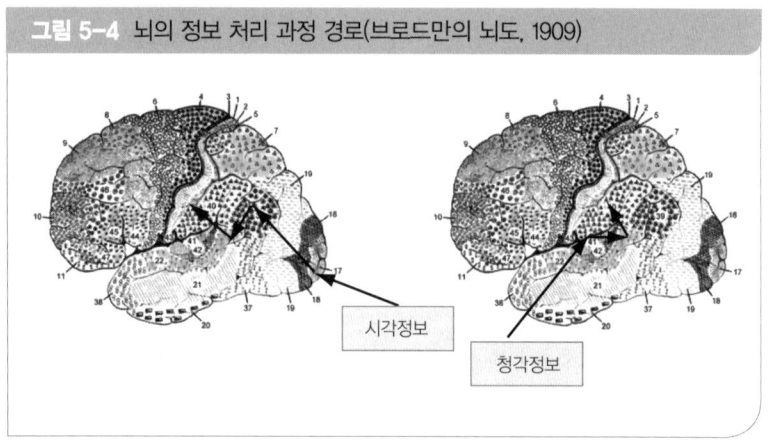

그림 5-4 뇌의 정보 처리 과정 경로(브로드만의 뇌도, 1909)

뇌과학에서의 제2언어습득론

5.4 제2언어와 뇌

5.4.1 제2언어는 뇌의 어디에서 처리되는가?

이중언어 구사자의 뇌 연구는 실어증 연구에서부터 시작되었다. 이
중언어 구사자를 대상으로 한 종래의 뇌 연구가 뇌기능의 국재화에 초
점을 맞춘 것에 비해, 최근 연구에서는 제1언어와 비교하여 제2언어가
뇌내의 어떤 부위에서 어떤 방법으로 처리되는지 주목하고 있다. 제1
언어의 기능은 거의 단정적으로 좌뇌에 국재해 있다고 여겨지지만, 제
2언어의 경우 좌뇌와 우뇌의 어느 쪽에 국재하고 있는지에 대해 학설
이 나뉘고 있어 현재 일치하는 견해는 없다.

패러디스(Paradis, 1977)는 이중언어 구사자의 경우, 뇌의 장애에 따라
일어나는 언어 장애는 제1언어와 제2언어를 비교하면 그 병태나 회복
속도가 서로 다르다고 보고했다. 유아기에 습득한 제1언어는 뇌내 깊
은 곳에 기호화되어 있어, 후에 습득한 제2언어에 비해 먼저 습득한 제
1언어는 뇌 장애의 영향을 쉽게 받지 않고 치료 후에도 완전히 회복되
기 때문이다. 한편 피트르(Pitres, 1895)는 습득 순서에 관계없이 뇌 장애
를 가지기 전에 환자에게 가장 친숙한 언어가 가장 장애의 영향을 덜
받으며 거의 완전히 회복한다고 하였다. 리보(Ribot, 1882)는 '제1효과'라
는 개념으로 설명하고 있는데, 이 개념은 이중언어 구사자의 경우 어
느 것이 제1언어인지, 또한 어느 언어가 장애를 가지기 전에 친숙한 언
어였는지는 확인하기 곤란하다고 한다(Albert & Obler, 1978; Galloway &
Krashen, 1980).

이들의 결론은 너무 단순하여 그 후 뇌 연구 데이터가 축적되어가면

서 차츰 새로운 실증 데이터로 인해 종래의 결과는 뒤집어졌다. 이중언어 구사자의 신경언어학적 모델이 제1언어 모델과 같은지에 대해서도 다양한 논의가 전개되어왔다. 정보의 자극과 반응하는 뇌내 부위에 대해 언어 자극은 좌뇌에서 처리하며, 비언어 자극은 우뇌에서 처리한다고 고려되고 있다. 그러나 이는 자극의 종류에 따른 차이가 아니며, 두 가지 반구의 뇌기능 차이에 더욱 주목이 집중되고 있다. 이 견해에 따르면 각각의 반구는 처리하는 자극의 종류에 따라 다른 것이 아니라, 오히려 어떤 타입의 작업이 뇌내의 어떤 부위에서 처리되는 것이 적합한가라는 점에 주목하여 자극을 처리하는 방법의 차이는 받아들이는 쪽의 뇌기능에 의한다고 설명한다. 요컨대, 기능적으로 좌뇌는 정보를 분석적 또는 연속적으로 처리하며, 우뇌는 정보를 전체적 또는 병렬적으로 처리한다는 것이다.

이상에서 살펴본 바와 같이, 언어 처리와 뇌기능에서 좌뇌와 우뇌 기능의 우위성 정도를 질문해왔다. 하지만 어느 한쪽에 그 기능이 치우쳐 있는 것이 아니라, 양반구는 뇌량이라 불리는 신경섬유로 이어져 있어 좌뇌도 다소 전체적, 병렬적 처리를 하는 것이 가능하며, 우뇌 또한 분석적, 연속적 처리가 가능하기 때문에 양 기능이 서로 보완해 나가면서 기능을 수행한다고 할 수 있다. 현재 이중언어 구사자의 언어와 뇌기능의 관계에 대해 언어를 이해할 때에는 다른 인지 기능과 지각의 요소가 포함되어 있다고 하여, 제2언어 처리에 대해서 인지 기능과 지각 기능 등 어떤 요소가 어느 정도 양반구의 패턴에 영향을 미치는지 연구를 진행하고 있다.

뇌과학에서의 제2언어습득론

5.4.2 숙련도와 뇌의 움직임

제2언어는 숙련도가 다르면 처리되는 뇌내 부위가 다른 것일까. 이 질문은 언어 습득의 '단계 가설(The Stage Hypothesis)'로 설명되고 있다. 단계 가설이란 언어의 뇌기능은 언어 능력이 발달함에 따라 우뇌에서 좌뇌로 이동해간다는 주장이다. 첫째로, 습득 시기와 관련하여 제2언어가 조기에, 또 고도로 습득될수록 제1언어의 뇌활성 패턴과 닮아가게 된다는 것이다. 발리슬(Ballisle, 1975)은 양이분리청법으로 프랑스어와 영어, 두 언어를 병용하여 동시에 습득한 네 살 어린이에 대해 두 언어 모두 모국어 화자와 같이 좌뇌의 기능이 우위성을 가졌다고 보고했다. 그러나 한편으로는 제1언어보다 제2언어를 처리할 때 좌뇌의 기능에 의존하게 된다는 보고도 있었다(Gordon, 1980; Kotik, 1975).

둘째로, 숙련도에 대해서는 "제2언어 처리에 의한 좌뇌의 움직임은 숙련도가 높은 이중언어 구사자일수록 서툰 학습자보다 명확히 나타난다"(Krashen & Galloway, 1978; Obler, 1977)는 가설이 있다. 지금까지 이 단계 가설을 지지하는 듯한 결과를 낸 연구가 몇 가지 있는 반면, 그 후의 연구에서 이를 반증하는 결과를 낸 연구도 몇 가지가 있다(Vaid, 1983). 지지하는 사례로, 제1언어가 영어이고 제2언어가 히브리어인 이중언어 구사자를 대상으로 오블러 등(Obler et al., 1975)이 연구한 결과, 제2언어를 처리할 때보다 제1언어를 처리할 때 좌뇌를 더욱 많이 사용한다는 사실을 보고한 바 있다. 또한 슈나이더만과 베셰(Schneiderman & Wesche, 1980)가 수행한, 제1언어가 영어이고 제2언어가 프랑스어인 이중언어 구사자를 대상으로 한 양이분청법 실험에서 영어의 경우 좌뇌가 활성화되지만, 프랑스어의 경우에는 좌뇌와 우뇌가 동시에 활성화되었다는 결과를 보고하였다. 또한 실버버그 등(Silverberg et al., 1979)은 히브리어 화자를 대상으로 학교 교육에서 영어를 제2언어로 각각 2, 4, 6년간 학습한 세 그룹을 비교하여, 햇수를 거듭할수록 영어의 처리 기능이 우뇌에서 좌뇌로 이동한다고 보고했다. 하지만 여기서는 초등학교에 최초로 영어가 알려져 읽는 것에 초점을 맞추었기 때문에 2, 4년간 학습한 그룹에서 보여진 좌뇌와 우뇌의 활동은 일반적인 제2언어 습득의 영향이라기보다, 오히려 읽기 지도를 받은 후의 스킬이 좌우 뇌의 어느 쪽에서 처리되는가라는 판단이 될 가능성이 있다.

필모어(Fillmore, 1979)에 따르면 제2언어 습득을 막 시작한 학습자의 발화에 나타나는 언어 구조는 암기를 통해 기억하고 있는 정해진 문구 등에서부터 구성되어 있다고 하였고,[7] 맥러플린(1978)은 초보 학습자는 기능어보다 내용어, 음성적 특성보다 운율적 특성이 있는 발화, 그리고 통사적이라기보다 어용론적인 정보가 더 잘 이해된다고 보고하였다. 이들 언어의 구성 요소는 모국어를 습득하기 시작한 단계에서 우뇌의 기능이 국재하고 있다고 하여(Searleman, 1977; Obler, 1977), 숙련도가 낮을수록 언어 기능은 우뇌에 의존한다는 단계 가설을 지지하는 결과가 되었다.

셋째로, 습득 방법의 측면에서는 학교 교육으로 언어를 습득한 경우 초보 단계에서는 우뇌의 기능이 움직이고 있으나, 언어적 스킬이 숙련되어감에 따라 좌뇌의 기능이 활성화된다고 한다. 쟁월(1967)도 제2언

---

7 정해진 문구(formulaic chunk)란 화용적으로 인사나, 상용어구와 같이 정해진 상황에서 일정하게 사용되는 여러 단어로 구성된 표현을 말한다. 예로 'good morning', 'nice to meet you'와 같은 덩어리 표현이 여기에 속한다. (역자주)

뇌과학에서의 제2언어습득론

어를 제1언어처럼 자연스러운 환경에서 습득한 언어 항목을 처리할 때에는 우뇌를 사용하는 정도가 많아지며, 반대로 학교 수업으로 학습한 항목은 좌뇌를 사용할 가능성이 있다고 보고했다. 일반적으로 우뇌는 언어가 자연적으로 습득된 유아기에 더 많이 활성화되어, 대부분 다섯 살쯤부터 언어 처리의 좌뇌 우위가 안정된다고 보고되었다(Krashen, 1974).

또한 언어 및 인지 처리가 가능해지는 것도 다섯 살 이후라고 하여 인지 기능의 국재설이 보고되고 있다(Rozansky, 1975). 이 연구와 같은 시기에 유아를 대상으로 이루어진, 뇌 반구 국재화에 대한 연구에서는 언어 처리에서 좌뇌 우위성의 신경학적 기초는 태어날 때 이미 만들어져 있다고 주장했으며(Molfese & Molfese, 1979), 언어보다 인지의 뇌기능에 주목한 연구도 있다. 위텔슨(Witelson, 1977)도 인지적 측면에서 언어 기능이 우뇌 우위에서 좌뇌 우위로 이동하거나, 연령과 함께 언어 처리에 관여하는 부위의 국재화가 이루어지는 것이 아니라, 인지 기능이 성장과 함께 발달하여 언어 처리에 영향을 미치게 된다고 한다. 즉 형식적, 분석적 처리를 요구하는 인지 기능이 발달함에 따라 언어 처리가 좌뇌에 의존하게 된다는 것이다. 이러한 주장에 의하면, 크라센(Krashen, 1977)이 구별한 '학습'과 '습득'은 어떤 의미에서 좌뇌와 우뇌의 기능 구별과 일치한다고 할 수 있다(Genesee, 2000).

크라센(1977)에 따르면, 제2언어의 학습은 예를 들어 전통적인 교수법인 문법 번역식 교수법(Grammar-Translation Method)의 문법 해독 방식이나, 청화식 교수법(Audiolingual Method)의 패턴 연습(pattern practice)을 통해 언어 형식에 주의가 기울여지도록 교수된다는 특징을 가진다. 이러한 접근은 학습자에게 언어는 추상적으로 규칙에 지배되는 것이라는 의식을 심어주게 된다. 한편 '습득'에서는 학습자가 언어 규칙을 무의식적으로 내재화하여 잠재적 지식으로 축적해가게 된다. 이는 언어 습득이 실천적으로 의미를 가진 커뮤니케이션이 일어나는 듯한 자연스러운 환경에서 행해지는 과정을 통하기 때문이라고 간주되고 있다. 이것에서부터 '학습'의 언어 처리 방법은 좌뇌와 연결되어 있는 분석 방법과 일치하며, '습득'의 언어 처리 방법은 우뇌와 관계된 감각적인 처리 방법과 일치한다고 여겨진다. 그러므로 제2언어 습득이 자연히 행해지는 경우는 우뇌에 의존하며, 학교에서 형식적 수업을 통해 습득하는 경우에는 좌뇌에 의존한다고 생각할 수 있다.

이와 같은 연구 결과를 통해 제2언어 처리에서 우뇌의 활동은 자연스러운 환경 속에서 제2언어가 느리게 습득된 경우 더욱 크게 관여한다고 말할 수 있다. 그리고 좌뇌의 활동은 제2언어가 비교적 이른 시기에 학습된 경우나, 그 언어가 어느 정도 정규 교육에서 학습되었는지에 따라 크게 관련된다고 할 수 있다.

이러한 제2언어 처리에 관여하는 실증적 연구 결과를 어떻게 언어 교육에 응용할 것인가에 관점을 맞추는 것이 필요하나, 실험에 사용되는 교재가 사람이 사용하는 언어로는 한정된 언어 구조라는 점에 따라 한정된 조사 결과일 수밖에 없다. 이제까지 대부분의 연구가 실험 제시 교재로서 개개의 어휘를 사용했기 때문에, 의미적 표현이나 통사적 표현의 이해 등 다른 수준의 언어적 특성의 처리에 대해서는 조사가 이루어지지 않고 있다. 이러한 연구에서는 실험 과제와, 학습자가 실제로 영어를 사용할 때 직면하는 표현과는 커다란 차이가 있기 때문에 연구 결과가 기초 이론에 머무르고 있다. 따라서 교수법과의 직접적인 관련성은 매우 한정되어 있다고 한다(Scovel, 1982).

언어 학습자가 실제로 직면하는 과제를 사용할 경우 어떻게 실증적인 결과가 얻어지고, 그것이 영어 교수법에 어떻게 응용될 수 있는가는 남아 있는 과제로, 이후의 영어 교육에서 뇌과학의 연구 대상으로 주목받고 있다.

5.5 의식과 뇌

5.5.1 의식은 뇌를 활성화한다

의식의 모듈을 뇌의 구조와 구체적으로 대응시키는 것이 가능할까. 뇌과학의 최근 입장에서는 "의식은 뇌의 활동이다"(澤口, 2000)라고 하여 의식과 뇌 간에 깊은 관계가 있다고 주장하기 시작했다.

뇌내의 모듈 기능에 대해 언급하겠으나, 뇌는 다수의 기능 단위로 구성되어 모듈을 형성하고 있다. 의식, 언어, 뇌의 공통된 특징은 모듈성(modularity)이 있다는 점이며, 언어나 의식의 모듈에 대응해 뇌내에 모듈 구조가 있다고 생각할 수 있다. 최근, 뇌기능 영상법이 왕성하게 진척되어 실제로 의식을 움직이고 있는 뇌가 어떻게 움직이는지를 뇌의 내부에서부터 볼 수 있게 되었다. 이 기술을 사용한 연구가 비약적으로 진보하여 이러한 생각을 지지하는 데이터는 최근 급속도로 축적되어가고 있다. 거기서 명확해진 것은 "각 의식에 대응하여 뇌의 국소적인 부위가 활동한다"라는 사실이다.

5.5.2 언어와 의식과 뇌의 모듈성

문장어나 음성언어를 의식하여 이해할 때 전두 연합영역이나 측두 연합영역의 국소 영역이 활동한다는 점은 이미 밝혀졌다(澤口, 2000). 이 뇌기능 영상법은 뇌내 혈류 증가량을 통해 측정하기 때문에 의식이 움직이면 뇌내 혈류량이 증가한다는, 의식과 혈류량의 관계에 기반하고 있다.

로이와 셰링턴(Roy & Sherrington, 1980)도 뇌국소의 활동은 그 부위 뇌혈류량의 변동을 초래하게 된다고 하였다. 또한 뇌조직의 흥분에 따른 혈액 증가 반응은 매우 빨라서 자극뿐만 아니라 다양한 자립신경계가 관여하고 있다고 한다. 현재, 뇌조직의 흥분이 어떠한 메커니즘에 따라 국소 혈류량을 증가시키는지는 명확히 밝혀지지 않았으나, 자극 하중에 따라 뇌의 활동을 보는 경우 뇌혈류량을 측정하는 방법이 보다 고도의 뇌 변화를 포착할 수 있다고 한다. 포스너(1995)도 언어 활동과 뇌혈류량의 관계에 대해 학습자가 과제에 주의를 기울일 때 모국어보다 제2언어 처리 시 뇌혈류량이 많아지는 경향이 있어, 학습자가 곤란한 과제로 어수선해졌을 때 혈류량이 증가한다고 해석할 수 있다는 점을 PET로 실증했다.

이상의 보고에서 언어와 의식과 뇌는 모듈성이 풍부한 움직임을 한다는 것을 알 수 있다. 언어 자극을 준 경우, 학습자가 이해하려고 의식적으로 주의를 기울이면 혈류량이 늘어나 뇌내 활성도가 높아지게 된다고 할 수 있다. 뇌내의 언어 영역은 청각 영역, 베르니케 영역, 브로카 영역, 각회, 연상회로서 언어 자극에 대응하여 의식이 고양되면 이들 부위에서 혈류가 증가하는 메커니즘이라고 해석할 수 있다.

5.6 최근의 뇌기능 이미징법

5.6.1 PET, fMRI, ERP와 그 연구

이미 기술했지만, 최근 fMRI나 PET 등의 뇌기능 이미징법을 사용하여 인간의 고차 뇌기능을 관측할 수 있게 되었다. 여기서 뇌기능 이미징법과 그 연구에 대해 소개하겠다. fMRI보다 먼저 1980년에 PET가 개발되었다. PET는 뇌혈류량 중의 포도당과 산소를 측정하여 에너지 대사를 직접 측정함으로써 국소 뇌혈류량을 측정하는 장치이다. 폭스(Fox, 1986)는 뇌의 산소 대사와 혈류량 증가의 관계는 명확히 밝혀지지 않았지만, 뇌조직이 흥분하면 혈류량이 증가하기 때문에 자극 하중에 따라 뇌 활동 상태를 보는 경우, 뇌혈류량을 측정하는 방법이 보다 고감도로 뇌내 변화를 파악할 수 있다고 시사했다. 뇌조직의 흥분에는 에너지가 필요한데, 그 에너지는 포도당의 대사에 의해 공급된다. 뇌 구조가 흥분하면 그 부위의 포도당과 산소의 소비량이 증가하여 그것들을 공급하는 혈류량도 증가한다. 그러므로 사람의 뇌 대사량이나 혈류량의 변화를 국소적으로 측정하면 뇌의 활동 상태를 볼 수 있다(上村, 2000). 언어 영역에 관한 연구에서 스트롬스월드 등(Stromswold et al, 1996)이 PET 이미징법으로 글의 이해에 브로카 영역의 일부가 깊이 관여한다는 것을 화상으로 표시하여 시각적으로 관측했다. 이는 언어학 분야에서 충격적인 결과를 가져왔다고 할 수 있다.

1992년 개발된 fMRI는 혈액 중에 포함되어 있는 환원헤모글로빈 양을 측정하여 뇌의 활동에 수반되는 혈류량의 변화를 파악하는 계측기이다. 약제 등을 체내에 주입하지 않는 비침습적인 방법으로, 공간 해상도가 높다(2밀리미터 이상)는 이점이 있기 때문에 현재에도 널리 이용되고 있다. 그러나 시간 해상도가 낮은 뇌내에서 순간 변화하는 활동을 관측하기에는 정확하지 않으며, 또한 고강도 자장이나 유도전류가 인체에 영향을 미치는지는 명확히 밝혀지지 않은 게 현재 문제점으로 남아 있다. 또한 fMRI를 통해 나타나는 혈류의 증가, 즉 뇌의 활성화라는 화상 시그널 요인은 반드시 뇌신경의 전기적 활동 때문이 아니며, 거기에 부수적으로 일어나는 국소적인 혈류의 변화가 중요한 것이라고도(小川, 1995) 한다. 뇌신경의 전기적 활동 변화는 fMRI로 촉진되기에는 너무 적으나, 뇌 국소에서의 활성화가 그 부위에서의 혈류 증가를 불러일으키는 것이 몇몇 실험에서 나타나, 다양한 fMRI 연구는 자극에 대응해 혈류 변화를 일으키게 된다는 의미에서 뇌과학 분야 및 심리학과 신경언어학 분야의 연구에도 유용한 실험 수단이라 할 수 있다.

사카이(2001)는 정상인 오른손잡이 일본인 7명을 대상으로 fMRI를 이용하여 일본어 회화를 읽은 경우와 들은 경우의 문맥 자극과 어휘 자극에 대해 청각 영역, 베르니케 영역, 각회, 브로카 영역의 반응을 비교했다. 그러자 읽은 경우가 들은 경우보다, 어휘 자극이 문맥 자극보다 베르니케 영역의 활동을 활성화시켰다는 결과가 나타났다. 한편 각회, 연상회, 브로카 영역은 읽은 경우나 들은 경우 모두 문맥 자극이 어휘 자극보다 활성화되었다는 결과가 나왔다. 파울레스 등(Paulesu et al., 1993)도 정상인의 발화 시, PET를 통해 활성 부위를 조사할 때 음운 고리에 해당하는 연상회 부근에서 혈류 증가가 관측되었다. 또한 발화하지 않은 경우에도 브로카 영역이 정보의 리허설에 관계한다는 점을 시사했다. 스미스와 요나이드와 코페(Smith, Jonides & Koeppe, 1996)는 시각으로 제시된 네 가지 문자를 3초 보유하는 과제와, 서로 같은 문자인지 알아

맞히는 과제를 비교했다. 활성화는 좌반구, 좌두정엽, 두피질, 브로카 영역, 운동 전야, 보충 운동 영역에서 광범위하게 나타났다. 또한 단어 인지에서는 단어의 기호화 초기에 실비우스 열(Sylvian fissure)의 활성이 세지는 것을 지적하고 있다(Koyama et al., 1997; Salmelin et al., 1996). 따라서 음운적 기호화에 실비우스 열이 관계되어 있을 가능성을 시사하고 있다.

이외에도 뇌파측정법이 있다. 1950년대에 이미 이용되어, 사람의 감각 자극에 따라 유발되는 미약한 전위를 관측하는 방법이다. 1960년대에는 심리학 분야에서도 사용할 수 있게 되었다. 사람의 인지 활동에 따라 일어나는 뇌내 전기 활동을 두피상에 장착한 전극을 통해 관측하는 방법도 그 중의 하나로 소개되었다. 뇌내에서 발생하는 전위는 사상 관련 전위(Event Related Potential)라고 부른다. 이 방법은 공간 해상도가 낮고 뇌내 전기 활동의 발생원이 특정되지 않는 점 등의 문제점이 있지만, 시간 해상도가 높으며 측정이 쉽고 간단하다는 이점 때문에 이 방법에 따른 연구가 축적되고 있다.

쿠타스와 힐랴드(1984)는 유의미한 글이라도 선행 문맥에서 예상될 가능성이 낮은 단어에 대응하여 N400이 표출된다는 것을 명확히 밝혀 냄으로써 스키마가 활성화되는 것은 선행하는 문맥과 의미적으로 관련되는 단어나 글이 언급되는 경우라고 실증했다.

마이클 등(Michael et al., 2001)에 따르면 fMRI를 이용한 제1언어 연구에서 동일한 텍스트를 사용한 듣기와 읽기의 상이점을 모색한 결과, 먼저 듣기는 읽기에 비해 우뇌를 더 잘 사용한다고 한다. 다음으로, 듣기 시에는 읽기 시보다 브로카 영역이 활성화된다고 보고했다. 또한 이들의 차이점은 듣기와 읽기의 정보 처리 방법의 차이에서 오는 것이라고 보고했다. 즉 듣기 시에는 단기간에 정보를 처리하지 않으면 안 되고, 단기기억 내의 정보를 늘려가지 않으면 안 되는 데 비해, 읽기 시에는 학습자가 읽는 속도를 통제하거나 반복하여 읽는 것이 가능하다는 점에서 정보 처리 방법에 질적인 차이가 있기 때문에 뇌내 활성도의 차이도 발생하게 된다고 한다.

이상에서 기술한 바와 같이, 지금까지 제1언어와 뇌기능의 관계에 대해 연구가 진전되어왔다. 종래에 언어와 뇌기능 간의 관계 조사 및 그 결과는 뇌의 손상이나 질환 때문에 언어 기능을 잃은 환자에 한해 제한되어왔지만, 최근에는 기술의 진보에 따라 정상인의 뇌에 장해를 가하지 않고 조사할 수 있게 되었다. 이러한 기술 개발 덕분에 원래 뇌와 언어의 연구는 제1언어에 한정된 분야였는데, 차츰 제2언어 습득에 대해서도 연구할 수 있게 되었다. 이중언어 구사자의 실어증 연구에서 환자가 가진 복수의 언어 간의 관계에 대해 많은 연구자들이 관심을 보이고 있다. 특히 몇 개의 언어가 뇌의 같은 영역에서 똑같은 방법으로 처리되는가에 대해 연구의 초점이 맞춰지고 있다(Alpert & Obler, 1978). 특히 베이드와 제네시(Vaid & Genesee, 1980)는 1977년 이후 이중언어 구사자 연구가 비약적으로 진전되어왔다고 보고했다. 최근 수년 동안의 연구에서 에르난데스 등(Hernandez et al., 2000)은 스페인어와 영어의 조기 이중언어 구사자의 뇌에서 2개의 언어가 처리되는 부위는 공통되어 있다고 했지만, 테싱크 등(Tesink et al., 2002)은 모국어인 네덜란드어와 외국어인 영어, 프랑스어의 뇌내 활성화 패턴이 다르다고 하였다. 이처럼 이중언어 구사자의 언어 뇌내 활성 부위에 대해 지금까지 일치하는 견해는 없다.

뇌과학에서의 제2언어습득론

5.6.2 광토포그래피

광토포그래피를 사용한 몇 개의 언어와 뇌 연구에 대해 몇 가지 기술하겠다. 일본어의 글 처리 방법을 조사한 연구인 사카이 등(2001)은 이야기 글을 일정 시간 들려주는 방법과 과제문을 반복하여 들려주는 방법을 통해 좌우 양방의 뇌활성도를 조사했다. 그 결과, 좌우 두 쪽 모두 이야기 글을 들려준 경우에 혈류가 증가한 점에서 글을 반복하여 들려준 경우보다도 이야기 글을 들려준 경우에 뇌내가 활성화되었다는 점을 시사했다. 이 결과는 PET에 따른 반복된 글과 이야기 글을 비교한 마조예 등(Mazoyer et al., 1993)의 결과와 일치한다. 따라서 뇌내는 이미 반복된 학습으로 익숙해진 언어 과제에 몰두하는 경우 활성화되지 않고, 새로운 과제에 직면했을 때 활성화된다고 할 수 있다.

마키(牧他, 2001) 등은 유아기 언어 기능 연구에서 생후 5일 이내의 건강한 신생아 12명을 대상으로 광토포그래피를 사용한 실험에서, 모국어의 언어 자극을 가했을 때 자극 개시에 따라 언어 영역과 청각 영역에서 혈류량이 증가한다는 것을 보고했다. 즉 뇌기능의 발달은 출생 시가 아니라 태생 시에 시작된다고 한다.

타가(多賀, 2001)도 신생아 뇌혈류의 주기적 변화 관측에서 광토포그래피로 산화헤모글로빈(oxy)과 환원헤모글로빈(de-oxy)의 변화를 나타내어, 결과에서 얻어진 메커니즘이 초음파 도플러법이나 fMRI에 따른 다른 뇌기능 이미징법과 일치하는 결과가 나왔다고 보고했다. 국소적으로 신경 활동이 증대하면 그 부분에서 산소 소비량도 증가하지만, 그 산소 증가량을 상회하는 혈류의 과잉 보상이 생겨서 산화헤모글로빈의 농도는 증가하고, 환원헤모글로빈의 농도는 감소한다고 한다. 타가

(2001)의 광토포그래피로 얻어진 산화헤모글로빈과 환원헤모글로빈의 수치 변동은 자발적인 신경 활동과 그에 링크된 혈류의 과잉 보상을 시사한다. 하지만 신경 활동이 직접 관여하지 않아도 다른 요인으로 산소의 수용이 늘어 혈류가 증가할 가능성도 부정할 수 없기 때문에, 이후 다양한 각도에서 검증해볼 필요성도 있다.

오이시(2002) 및 오이시와 기노시타(2003)는 모국어인 일본어 과제와 외국어인 영어 과제를 제시할 때의 혈류량을 비교한 경우, 일본어 과제를 제시할 때가 영어 과제를 제시할 때보다 듣기나 읽기에서 모두 혈류량의 증가가 적었다는 결과를 보고하여 학습자가 이해하기 곤란한 언어의 과제를 수행할 때 뇌혈류량이 많아진다고 추측되었다. 그 결과를 기반으로 오이시와 기노시타(2002b)는 영어 초급 학습자와 상급 학습자의 뇌혈류량을 측정했다. 그 결과, 초급 학습자와 비교하여 상급 학습자는 언어 처리와 관계되는 부위에 혈류가 선택적으로 집중되어 있다는 결과를 얻었다.

5.7 뇌기능 이미징법의 응용
– 언어 이해 메커니즘의 설명을 향해

이 장에서 기술한 바와 같이 뇌와 언어 연구의 역사는 1800년대 초기로 거슬러 올라가며, 정상인을 대상으로 한 언어 현상은 특히 최근에 주목받고 있다. 뇌내를 관측하는 것은 지금까지 언어 장애가 있는 환자에 한정되어, 정상인의 뇌내를 관측하기 위한 비침습적 장치의 개발은 이루어지지 못했기 때문이다. 최근, 뇌기능 화상 장치가 개발됨에 따라 정상인도 외부에서 뇌활성 상태를 혈류량 등으로 관측할 수 있게 되어 빠른 속도로 이 분야의 연구가 진전되었다.

제2언어 습득 분야에서도 뇌와 언어의 모듈 기능은 주목받고 있어 최근의 수년 동안 연구 데이터가 증가되어왔다. 모국어와 외국어의 처리 기능은 뇌의 어떤 부위에 국재하고 있는가, 이 두 언어의 뇌기능은 똑같은 것인가 등의 관점에서 fMRI나 PET 등의 장치로 연구가 진행되어 왔다.

본 연구에서 사용하는 광토포그래피는 지금까지의 대형 기기에 비해 정신적, 육체적으로 실험 참가자에게 가해지는 부담이 적고, 병원의 검사실 같은 대규모 환경 설정 없이 일상 환경에서 계측 가능하며, 사용 중의 소음도 없다는 점에서 언어 과제에 집중하여 몰두할 수 있으므로 언어 이해 메커니즘을 설명하는 데 적합한 장치라고 할 수 있다. 혈중 헤모글로빈 양을 측정하는 점에서 계측 데이터도 fMRI와 전혀 다른 기능이 아니며, 오히려 사람이 주의를 촉진한 경우에 증가하는 산화헤모글로빈 양이 fMRI에서는 계측되지 않지만 본 장치에서는 계측되기 때문에, 과제로 향하는 주의의 정도를 관측하는 점에서도 유효성이 높다. 또한 본 장치가 개발됨에 따라 지금까지 주목받지 못한 단락 읽기(paragraph reading)이나 단락 듣기(paragraph listening) 등 장기간의 과제 수행에도 사용될 수 있으며, 일상의 언어 학습 활동 실태도 파악할 수 있게 되었다.

제6장

광토포그래피로 뇌를 보다

····

    '뇌의 세기'라 불리는 현대 사회에서 임상의학 분야뿐만 아니라 발달, 행동과학, 교육과학, 언어학 등의 분야에서도 뇌기능에 관계되는 식견을 획득하는 것은 대단히 중요한 과제이다. 사람은 어떠한 방법으로 언어를 이해하는 것일까. 언어 이해 과정 중에 선택적 주의는 어떻게 움직이는 것일까. 이러한 질문에 대해 종래의 연구 방법에서는 학습자에 대하여 프로토콜(protocol)이나 인터뷰 형식을 수용해왔지만, 이러한 방법으로는 학습자와 연구자의 주관적 관측에 머무를 수밖에 없다.

    최근에는 fMRI나 PET 등의 뇌기능 관측 방법이 개발되어 새로운 데이터와 그에 기반한 해석이 이루어져 뇌기능이 조금씩 밝혀지고 있다. 하지만 이러한 대형 장치로는 자연스러운 상태에서의 데이터가 수집될 수 없으며, 언어 처리와 같은 극히 고차원적인 뇌기능을 일상의 학습 수준에서 측정하기에 적절하지 않다. 그 때문에 자연스러운 환경에서 학습자의 뇌기능을 계측하는 방법이 요구되어왔다. 그 중에서도 정상인의 행동 양식과 학습 과정을 밝혀내는 연구에서 검사실의 폐쇄된 환경이 아니라 교실 내의 자연스러운 학습 환경에서 얻어낸 데이터가 요구되어왔다.

    이러한 요구에 부응하기 위해 광토포그래피가 개발되고, 이에 따라 자연스러운 학습 환경에서 사람의 학습 활동을 측정할 수 있게 되어 새로운 학술적 관점에서의 연구 가능성이 넓어졌다. 지금까지 인지학적 데이터에 머물렀던 연구가 매우 손쉽게 뇌과학적인 데이터를 모을 수 있게 되어 언어 처리의 뇌내 메커니즘을 설명할 수 있게 되었다. 이 장에서는 종래 인지심리학의 입장에서 진척되어온 언어 습득 연구를 뇌과학의 입장에서 검증하는 방법론을 기술하겠다.

6.1 광토포그래피

6.1.1 광토포그래피의 구조

여기서는 광토포그래피의 개발 경위와 그 구조에 대해 기술하겠다(책 말미의 자료 Ⅱ 참조). 뇌기능에서 흥미로운 점은 사람의 행동과 관계되어 있는 것은 대뇌피질의 기능이라는 점이 각각의 실험에서 명확히 밝혀져왔다는 것이다. 인간 뇌의 진화 과정을 보면, 척추동물의 뇌는 파충류에서 포유류, 그 중 영장류, 그리고 인간으로 진화하면서 중심이 되는 뇌간(brain stem)의 주위에 차례로 층상 구조를 만드는 형식으로 진화해왔다. 그러므로 인간의 뇌에서 표층의 대뇌 신피질을 측정하면 흥미로운 성과를 얻을 수 있다고 이해되어왔다(小泉, 2001).

사람의 뇌내 고차 뇌기능을 측정하는 경우, 특히 언어 처리나 사고 방법에 대해 알아보기 위해서는 인체에 영향을 가하지 않는 안전한 방법으로 측정하는 것이 불가결하다. 종래에 정상인에게 사용하던 비침습적 뇌기능 측정 장치는 제5장에서도 일부 설명했지만 뇌파도(EEG)와 뇌자기도(MEG), 그리고 양전자 단층촬영법(PET)과 기능적 자기공명영상법(fMRI)을 들 수 있다. 각각의 장치에는 이점도, 문제점도 있어 현

뇌과학에서의 제2언어습득론

재 이들은 뇌내 메커니즘을 설명하기 위해 상보적으로 사용되고 있다. 이들 장치가 개발된 후, 빛을 사용하여 뇌혈류의 산소화 상태를 단층영 상으로 측정하는 방법인 광CT(Computed Tomography)가 개발되었다. 이 방법에서는 빛을 이용하여 대뇌피질의 활동 동영상을 측정할 수 있다 는 점이 실증되었다. 이 방법을 '광토포그래피법'이라고 부른다. 그리고 1995년에는 광토포그래피를 사용한 간이적 뇌기능 측정 장치인 '광토포 그래피'가 히타치(日立)제작소에 의해 개발되었다.

신경 활동이 활발해지면 대뇌피질이 활동하여 그 신경 근처의 혈행 동태가 변화하고, 그 활동에 필요한 산소를 공급하기 위해 산소를 운반 하는 산화헤모글로빈의 농도가 진해진다는 점이 확인되었다. 혈액 중 의 헤모글로빈 양이 많을수록, 즉 혈류량이 많을수록 흡수되는 빛의 양 은 증가하기 때문에 대뇌피질의 혈류량이 관측되어 대뇌의 활성 상태 가 관측된다.

광토포그래피는 대뇌피질의 혈류에 포함되어 있는 산화헤모글로빈 및 환원헤모글로빈의 농도 변화와 그 총합인 총 헤모글로빈을 관측한 다. 계측과 연산 처리에 걸리는 시간은 0.1초 정도이기 때문에 언어 과 제를 제시한 동안의 뇌활성 상태를 실시간으로 측정할 수 있다. 또한 헤모글로빈의 농도 변화가 2차원 동영상으로 표시되기 때문에 뇌 부위 의 혈류 상태를 영상화할 수 있어 어떤 부위에 어떤 경로로 혈류가 나 타나는지를 시각적으로 명확히 할 수 있다(권두화 참조).

계측 시스템의 특징

광토포그래피의 계측은 근적외선 분광법에서 파장 780나노미터(nm) 및 830나노미터의 반도체 레이저 각각 8개에서 방사된 빛의 강도를 전부 다른 주파수로 변조시킨다. 각 2파장광을 각각 혼합한 후, 8개의 조사광 광섬유(fiber)에서 두피상의 서로 다른 위치에 방사하여 반사된 빛을 8개의 포토다이오드(PD, Photodiode)로 검출한다. 그러므로 각각의 반도체 레이저에서의 빛은 각각 파장 및 조사 위치, 그리고 서로 다른 변조 주파수에 따라 라벨링(labeling)된다. 실험 참가자의 반사는 8개의 검출광 광섬유를 사이에 두고 각각 8개의 포토다이오드로 검출한다. 이들 조사광 광섬유와 검출광 광섬유는 3센티미터 간격으로 서로 번갈아 격자상에 배치된다. 시간 해상도는 현실적으로는 하나의 영상마다 0.1초로 측정된다. 실험 수준에서는 현재 20~30밀리초의 시간 해상도로 확인되고 있다(山下他, 2000).

뇌 심부 계측

계측하는 개소는 대뇌피질 2센티미터(주로 뇌 표면)이다. 뇌간 등의 뇌 심부는 빛이 두피에서 거의 도착하지 않고 계측이 매우 곤란하기 때문에, 대뇌피질의 표면에서 2센티미터 깊이에 머무른다. 뇌간부나 뇌구 내부에 접혀져 있는 대뇌피질, 대뇌내측의 대뇌변연계(lymbic system), 소뇌 등에 대해서는 현재 계측할 수 없다.

측정치

광토포그래피의 측정치는 산화헤모글로빈과 환원헤모글로빈의 농도 변화와 그 합계의 수치로, 뇌 혈액 중 헤모글로빈의 광흡수 특성에 따라 측정된다. 대뇌가 활성화되면 혈액 중의 헤모글로빈 양이 많아져 대뇌피질의 혈류량도 늘어나기 때문에 흡수되는 빛의 양은 증가한다.

통상, 헤모글로빈 등 색소 농도의 정량 계측에서는 계측량의 단위로

뇌과학에서의 제2언어습득론

밀리몰(mM, millimole) 등이 사용되고 있다. 하지만 분광광도계로 사용된 투명 용매 중 색소 농도의 정량 계측 수치와는 다른 것이다. 인체는 빛 산란체로서 그 구조 중에 흡수체로서의 헤모글로빈이 포함되어 있는 상태이며, 대뇌피질 즉 뇌활성 부위의 광로장(光路長)이 특정되지 않기 때문에 정량화에 문제가 있다. 이 때문에 현재 상태에서는 농도의 차원에 거리의 차원을 더한 단위 밀리몰을 측정량으로 사용하고 있다. 이 수치는 활동 부위에서 광로장이 명확해지면 정량화의 가능성을 포함한 수치라고 할 수 있다(山下他, 2000).

해부학적으로 뇌의 구조에 시점을 맞추어보면, 대뇌피질의 활동이 근적외선 분광법에 의해 헤모글로빈의 농도 변화로 측정할 수 있는 것은 대뇌피질에는 미량의 혈관이 둘러쳐져 있어 스펀지 같은 대뇌피질의 구멍 속을 헤모글로빈이 통과해가기 때문이다. 대뇌피질의 활동에서 산소가 필요하여 혈액 중에 산소가 흡수되면 혈액 중 산화헤모글로빈의 양이 증가하는 메커니즘이다. 데라시마(寺島, 2004)도 "신경해부학의 입장에 따라 신경 활동이 흥분하면 흥분 부위의 혈류량이 증가하여 혈중 산화헤모글로빈이 많아진다"라고 설명하고 있다.

공간 분해능과 시간 분해능

광토포그래피의 공간 분해능에 대해서는 측정 원리를 통해 명확히 설명하는 것은 불가능하지만, 몇 센티미터의 넓이를 가진다고 말할 수 있다. 본 장치는 두피의 빛을 조사하여 3센티미터 정도 떨어진 두피상에서 빛을 검출한다. 검출된 빛의 강도는 생체 구조에서의 산활광과 반사광을 합한 것으로, 대략 2센티미터까지 침투하여 그곳의 구조 상태를 반영한다. 현재의 상황에서는 이 빛의 넓이가 두부에의 광전 특성에 기초한 공간 분해능의 수치와 견적이 가능한 한도 내에 국한된다.

시간 분해능은 현상에서는 최소 0.1초로 측정 가능하다. 일반적으로 뇌 활동 등에 따라 일어나는 변화는 초 단위이며, 따라서 이들의 변화를 측정하기 위해 충분한 시간 분해능을 가지고 있다.

6.1.2 광토포그래피

앞서 서술한 사항처럼 광토포그래피 시스템의 특징을 소개하겠다. 종래 신경학 분야에서는 이누이(Inui et al. 1998, 2000) 등에 따라 언어의 뇌기능을 측정하는 방법으로 PET나 fMRI 등을 사용해왔다. 먼저 알려진 이러한 방법들에서 실험 참가자는 거대한 측정 장치에 들어가 단단히 고정되어 대부분 몸을 움직일 수 없는 상태일 뿐만 아니라, 방사선이나 자기로부터의 차단이 필요하므로 특수한 장치 속에서 측정될 수밖에 없었다. 이러한 신체적 구속은 의료적으로 비침습이라는 상태에 반하여 실험 참가자에게 신체적, 정신적 스트레스를 준다. 또한 PET나 fMRI는 측정 중 소음도 수반하기 때문에 언어 활동과 같은, 주의와 집중력을 요구하는 과제에는 적절하지 못하다. 한편 광토포그래피는 일상적인 환경에서 탐침(probe)을 두피에 장착하는 것만으로 측정되기 때문에 실험 참가자에 대한 부담도 적고, 사용 중의 소음도 없으며, 사람을 대상으로 한 실험에서는 간편하고 안전한 데다 객관적인 정보가 시각화된다는 점에서 이 연구 분야의 첨단을 이끈다고 할 수 있다. 데이터 분석에서도 앞서 기술했듯이 PET나 fMRI에서는 환원헤모글로빈의 농도 변화만 반영하지만, 광토포그래피는 산화헤모글로빈과 환원헤모글로빈의 농도 변화를 각각 측정할 뿐만 아니라 합계도 측정할 수 있다는 이점을 가진다(小泉, 2001; 酒井, 2000).

그리고 사토와 제이콥스(sato & Jacobs, 1992)는 학습자가 언어 정보를 처리하여 인풋에서 인테이크의 과정을 촉진하기 위해서는 선택적 주의가 움직여 뇌내의 NRT를 활성화시킬 필요가 있다고 설명한다. 또한 NRT가 지령을 내리면 대뇌피질이 활성화되어 뇌혈류량이 증가한다고 생각된다. 광토포그래피를 사용하여 뇌혈류량의 증가량을 측정하는 것에 의해 언어 처리 과정에서 선택적 주의가 의미적으로 움직이고 있는지 아닌지가 관측될 수 있다.

6.1.3 광토포그래피의 한계

광토포그래피에 따른 뇌기능 계측에는 상기의 이점이 있는 반면, 문제점도 몇 가지 남아 있다. 먼저 뇌내의 활성 부위에서 언어 처리에 관여한다고 여겨지는 베르니케 영역, 각회, 연상회가 두피에서부터 특정되는 것은 아니며, 브로드만의 뇌내를 참조하여 두피에서부터 추정하는 수준에 머무른다. 하지만 듣기나 읽기로 음성, 문자를 지시한 경우, 그 자극에 대하여 반응하는 부위가 특정되었다는 점에서 그 부위가 언어 영역 부근이라는 것을 판별할 수 있다(大石, 2001a).

다음의 한계점은 혈류가 증가한 것의 의미 해석이다. 두피에 광토포그래피로 측정하는 혈류 내의 산화헤모글로빈 양이 직접 뇌신경 활동을 반영하고 있다고 단정할 수는 없다. 대뇌피질의 혈류량은 다양한 원인에 의해 산화되기 때문에 혈류가 증가한 것이 흥분성의 뇌활성화를 반영하고 있는지, 억제성의 활성화인지는 명확히 할 방법이 없다. 본 연구에서도 혈류 증가가 언어 이해를 의미하는지, 단순히 의식적으로 주의를 기울이고 있을 뿐인지를 판별하는 데 이르지는 못했다. 이에 대해서는 실험 참가자의 자기 보고 및 이해도 테스트를 통해 판단하는 방법밖에 없다. 본래 연구에서 가장 명백히 밝히고 싶은 학습자의 언어 이해 정도는 측정되지 않으며, 어디까지나 언어 운용 시에 의미적인 주의가 집중되어 산화헤모글로빈의 양이 증가함으로써 뇌가 활성화된다고 생각하는 것에 머무르고 만다. 즉 학습자에게 용이한 문제나 이미 들어본 적 있는 문장이어서 의식적으로 주의를 집중시키지 않아도 이해되는 경우에는 뇌내의 혈류량 증가도 적다는 것이 지금까지의 연구에서 보고되고 있다. 한편 상급 학습자라도 난이도가 높은 영문이 주어진 경우, 의식을 집중하여 몰두함으로써 혈류량의 증가가 많아진다. 그러므로 이해되지 않아도 의식적으로 주의가 집중되는 것에 따라 뇌의 언어 처리에 관여하는 부위의 혈류량이 증가하여 일견 뇌내가 활성화된 상태가 됨으로써 언어 처리에 관계하고 있는 듯하다. 한편 쉽게 이해되어도 뇌혈류량이 증가하지 않는 경우에는 뇌내가 비활성 상태라고 잘못 관측하게 될 우려가 있다. 그러므로 실험 참가자의 숙련도나 메타인지 전략 등과 통합적으로 조사할 필요가 있다.

또한 언어 처리 메커니즘을 찾기 위해서는 많은 데이터를 수집하여 일반화할 수밖에 없는데, 한 번의 계측으로 수집되는 것은 실험 참가자 한 사람의 데이터이다. 또한 광토포그래피 장치의 특성상 실험 참가자의 두피상에 탐침을 장착하는 데 상당한 시간이 요구되므로 데이터가 하나의 실험에서 수집되는 실험 참가자 수는 소수로 한정된다. 이는 fMRI 등의 다른 장치에서도 똑같이 떠안고 있는 한계점이다.

뇌과학에서의 제2언어습득론

6.2 영어 학습자의 뇌를 조사하다

6.2.1 뇌의 자동화 가능성을 탐구하다

본 연구의 목적은 일본인 영어 학습자가 과제를 수행하는 동안 뇌활성도의 변화를 조사하여 뇌내 메커니즘을 선택적 주의의 자동화라는 점에 주목하여 설명하는 것이다. 먼저 영어를 듣거나 읽을 때 학습자의 뇌내 어떤 부위에 혈류가 집중되는지 조사한다. 그리고 과제의 난이도, 스키마의 유무, 과제의 반복된 제시에 따라 뇌활성 상태가 어떻게 변화하는지에 대해 학습자의 숙련도별로 광토포그래피를 사용하여 측정한다. 그러나 혈류량에만 뇌내 활성 패턴을 판독하는 것은 불가능하기 때문에, 실험 참가자의 다양한 요인과 통합적으로 대조하여 판단한다. 그리고 뇌내에서의 언어 처리 과정에 관여하는 선택적 주의의 자동화 상황을 찾아 학습자의 언어 지식의 무의식화 및 언어 처리의 자동화 가능성과 연관 짓는다.

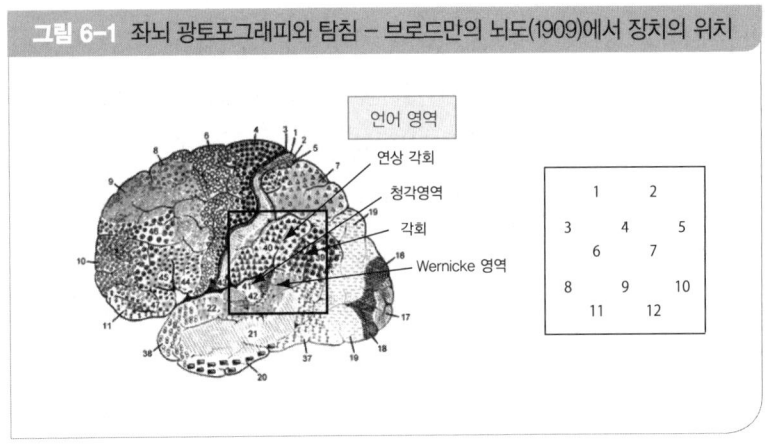

그림 6-1 좌뇌 광토포그래피와 탐침 – 브로드만의 뇌도(1909)에서 장치의 위치

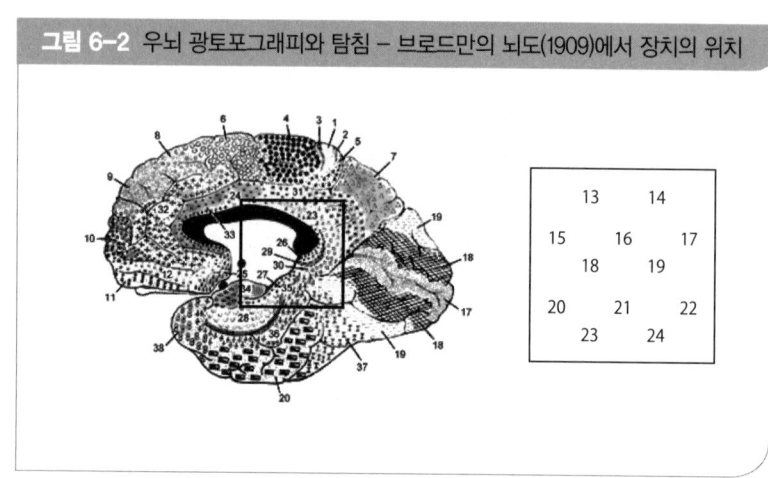

그림 6-2 우뇌 광토포그래피와 탐침 – 브로드만의 뇌도(1909)에서 장치의 위치

6.2.2 뇌를 조사하는 여섯 가지 실험

실험(그림 6-3)은 3부로 구성된다. 실험 1과 2(제7장)에서는 과제를 수행할 때 실험 참가자의 뇌의 어떤 부위에 혈류가 가장 집중되어 활성화되는지 조사한다. 실험 3(제8장)에서는 실험 참가자를 초급, 중급, 상급 학습자로 분류하여 실험 1과 2에서 가장 활성화되었던 부위에 대해 다양한 실험군으로 뇌내 활성 패턴에 어떤 특징이 나타나는지 조사한다. 그리고 상급 학습자의 활성 패턴을 최적 뇌활성 패턴으로 상정하여 그 특징을 명확히 한다. 실험 4, 5, 6에서는 과제의 제시 방법을 바꾸어 실험 1과 2에서 가장 활성화되는 점이 명확해진 부위에서 뇌활성 상태의 변화를 측정한다. 과제의 제시 방법은 실험 4에서 과제의 난이도를 바꾼 경우, 실험 5에서 과제 제시 전에 내용에 관여하는 정보를 얻어 스키마를 활성화한 경우, 실험 6에서 텍스트의 반복 제시(2회)를 행한 경우로, 이들의 제시 방법이 뇌활성 상태에 어떤 영향을 미치는지 조사한다.

뇌과학에서의 제2언어습득론

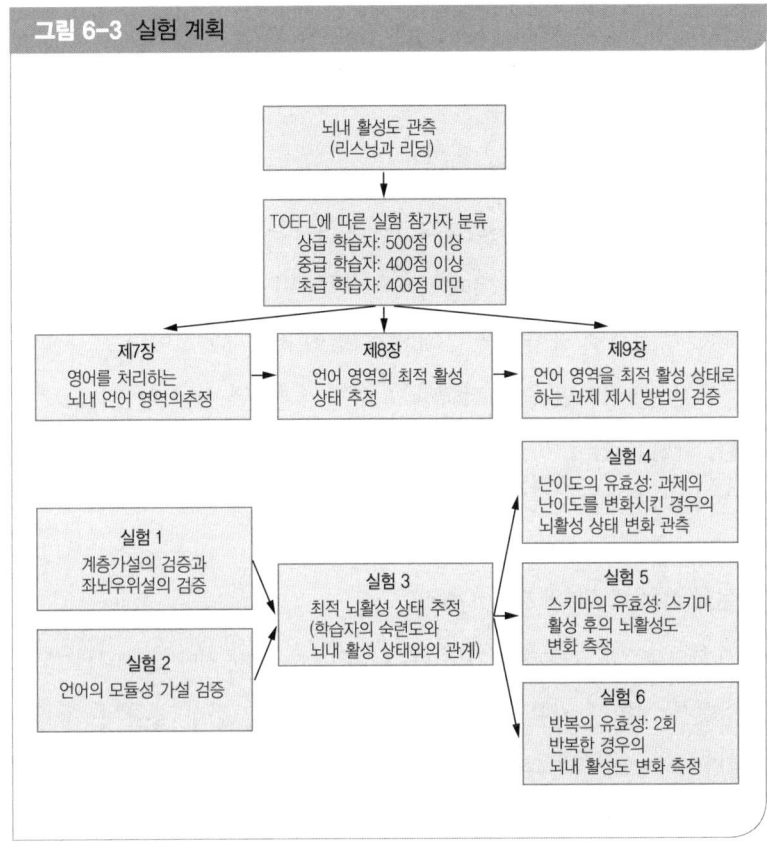

그림 6-3 실험 계획

뇌활성 상태를 측정한 뒤에는 이해도 테스트 및 설문 조사와 인터뷰를 실시한다. 그 결과로부터 실험 참가자의 언어 처리 과정을 객관적 방법과 주관적 방법의 양면으로 통합적으로 조사한다.

실험 참가자

실험에 참가한 사람은 대학생과 대학원생으로, TOEFL 및 TOEIC 득점 소지자이다. 모든 실험 참가자에게는 실험 시작 전에 실험의 목적과 방법을 설명하여 개인의 데이터를 연구 목적으로 사용하는 것에 대해 승낙을 얻었다.

실험 참가자의 영어 능력

실험 참가자의 영어 능력 분류는 TOEFL 득점을 기준으로 했다. 또한 실험 참가자 중에서 TOEIC 점수만 있는 사람은 점수 환산표에 따라 TOEFL 득점으로 환산했다. TOEFL 득점이 300~399점이면 초급 학습자, 400~499점이면 중급 학습자, 500점 이상이면 상급 학습자로 분류했다. 다만 실험 4, 5, 6에서는 인수의 조합상 초·중급 학습자와 상급 학습자의 2군으로 분류했다.

실험 장치(책 말미의 자료 II 참조)

근적외광토포그래피 뇌기능 측정 장치(ETG-100, 히타치메디코)로 뇌혈류량을 측정하여 뇌활성 상태를 판별했다. 조사, 검지 탐침[8]은 두피상 9센티미터×9센티미터의 범위를 3센티미터 간격으로 각 12채널 좌뇌와 우뇌, 혹은 좌뇌와 전두엽의 합계 24채널로 동시 측정을 실행했다. 각 탐침의 위치는 브로드만의 뇌도와 겹쳐서 함께 측정 부위를 특정했다.

실험 제시 교재(책 말미의 자료 I 과 6.1, 6.2 참조)

실험 과제는 실용영어 검정시험 문제집 준1급용과 2급용에서 발췌했다. 그 이유는 제시하는 과제의 난이도가 명확하기 때문이다. 실험 1,

---

8 조사, 검지 탐침: 빛을 쏘고, 반사 빛을 검사하는 검침.

뇌과학에서의 제2언어습득론

2, 3과 실험 5, 6은 듣기와 읽기에서 준1급 문제를 사용하고, 실험 4는 듣기와 읽기에서 준1급용과 2급용 문제를 사용했다.

이해도 테스트(책 말미의 자료 Ⅰ과 6.3 참조)

과세의 이해력 측정 방법은 다지 선택식 7문제(14점 만점을 100점 만점으로 환산 표시)와 회상 프로토콜(recall protocol) 방식으로 수행했다. 평가 방법으로는 명제수를 기본으로 14점 만점으로 채점했다.

또한 TOEFL과 이해도 테스트의 상관관계는 스피어먼(Spearman)의 순위 상관계수로서, 선택식 이해도 테스트에서는 rs=0.812(p⟨0.01), 프로토콜식 이해도 테스트에서는 rs=0.805(p⟨0.01)로, 모두 TOEFL과의 상관이 높았다. 또한 선택식 이해도 테스트와 프로토콜식 이해도 테스트의 상관계수는 rs=0.91(p⟨0.01)로 상관이 높았다. 통계 처리에서는 선택식의 득점을 사용하고, 그 득점을 비율로 환산했다. 출제 언어와 회답의 언어는 모국어인 일본어로 했다. 그 이유는 목표언어에는 언어 사용의 곤란성에 따른 간섭이 있다는 보고가 있으므로(Lee, 1986; Wolf, 1993) 이해한 내용을 정확히 보고받기 위해서이다.

데이터 처리 방법과 통계 분석법

광토포그래피에 따라 측정된 뇌혈류량은 안정 시를 제로치로 한 혈류량의 증가분(혈류 증가량의 비율)을 상대치로 통계 분석했다. 혈류량 상대치는 헤모글로빈 농도로 표시되어 그 단위는 다음의 식으로 구했다. mM · mm=Hb의 농도×10^{-3}×광로장(mm). 데이터를 해석할 때에는 과제 제시 중의 데이터를 마하라노비스 처리에 따라 해석 범위의 헤모글로빈 농도 데이터를 데이터 분산에 대한 상대치로 다루는 것에 따라 정규화되었다. 이에 따라 변화량의 범위(range)가 다른 헤모글로빈 농도 데이터 변화의 비율을 동일 척도로 비교할 수 있게 되었다(히타치메디코: 광토포그래피 장치 ETG-100 취급 설명서 참조). 또한 이동 평균 처리에 따라 전후 5초의 데이터로 평균을 구해 각 시각 데이터를 치환하여 노이즈를 평균화한 데이터를 구한 다음, 그 데이터에 기반하여 처리했다.

이 방법에는 데이터 처리상의 문제점도 남아 있다. 현시점에서는 데이터 분산과 혈류량의 증분(增分)이 반드시 비례한다고 보장되지는 않는다는 것, 또한 계측할 때에 따라 노이즈가 많은 경우도, 적은 경우도 포함하고 있다는 점을 언급하고 싶다.

통계 분석은 과제 수행 중 0.1초 단위의 평균을 구했다. 데이터 수가 적은 것과 정규 분포를 하지 않는 것으로부터 비모수통계(Non-parametric statistics)를 채용했다. 평균의 차에 대해서는 관련된 두 그룹 차의 검정으로 윌콕슨(Wilcoxon) 부호부순위화 검정(T검정), 관련 없는 두 그룹 검정으로서 만-휘트니(Mann-Whitney) 검정(U검정)을 사용했다. 3개 이상의 순위 차이에서는 크러스컬-월리스(Kruskal-Wallis) 순위 검정을 사용했다.

설문 조사

과제 수행 중 학습자의 언어 처리 과정을 알아보기 위해 메타인지 전략을 사용하는 상황에 관해 설문 조사(책 말미의 자료 I과 7.1 참조)를 실시했다. 실험의 목적은 실험 참가자의 뇌활성도를 조사하는 것이지만, 계측 데이터인 뇌혈류량에서는 혈류량만으로 뇌내 활성 패턴을 판독하는 것이 현재 어렵기 때문에 실험 참가자의 다양한 요인과 총합적으로 대조하여 뇌활성도를 판단했다. 실험 참가자 자신의 메타인지 전략도

뇌과학에서의 제2언어습득론

그 요인의 하나로, 메타인지 전략의 이용 상태와 이해 과정 중의 뇌혈류 증가 비율을 통합적으로 판단하는 것에 따라 학습자의 언어 이해 과정이 뇌과학적으로 뒷받침된다.

인터뷰

메타인지 전략의 사용 상태를 탐구하는 설문 조사를 실시했지만, 기호 선택 방식의 설문 조사에서는 실험 참가자의 내면까지 파고드는 것은 불가능하다. 이 때문에 한 사람, 한 사람이 과제에 몰두할 때 어떠한 읽기를 하고 있는지, 듣기에서 집중하여 들었던 부분, 학습자 자신이 느낀 난이도 등에 대해 2차원 영상(권두화 참조)을 참조해가면서 질문했다(부록 7.1 참조).

6.3 광토포그래피로 영어 학습 뇌를 조사하다

6.3.1 예비 실험

본 실험에 앞서 광토포그래피의 기능 및 사용 방법, 계측 데이터를 확인하기 위해 예비 실험을 수행했다. 실험의 목적은 다음과 같다.

① 본 실험의 수순에서 광토포그래피의 장치와 과제 제시 중 실험 참가자의 육체적, 정신적 부담이 있는지를 확인한다.

② 본 실험과 같은 과제를 사용하여 과제 제시 시간, 다지 선택 및 프로토콜 방식의 이해도 테스트가 제한 시간 내에 실시될 수 있는지 확인한다.

③ 광토포그래피를 사용하여 좌뇌 언어 영역 부근의 혈류량을 측정할 때, 듣기나 읽기 과제 제시에 따른 혈류의 증가량이 실험 참가자의 의식 현상과 관련성이 있는지에 대해 인터뷰를 통해서 조사한다. 즉 의식적으로 주의를 기울인 경우에는 언어 영역에 혈류의 증가가 나타나지만, 의식을 기울이지 않은 경우에는 언어 영역의 혈류가 증가하지 않는지에 대해 과제 제시 개시와 혈류량 증가의 관계를 통해서 조사한다.

④ 듣기와 읽기의 정보 처리 방법에 대해 2개의 과제에 얼마간의 관련성이 있는지 연구 가능성을 모색한다.

6.3.2 영어 학습으로 인한 뇌혈류량 증가

예비 실험의 결과, ①에 대해서는 실험 참가자의 설문 조사 회답 결과로부터 육체적, 정신적 부담은 거의 없다는 사실이 확인되었다. 다만 실험 참가자에 따라서는 광토포그래피의 탐침을 두피에 장착할 때 시간이 걸리는 경우가 있었기 때문에, 장시간을 할애하는 경우도 있었다. ②에 관해서는 장치를 장착한 후 과제 제시와 이해도 테스트가 매끄럽게 진행되는 것을 확인했다. ③에 대해서는 과제 제시와 함께 광토포그래피로 관측되는 영상의 혈류량이 증가하는 것을 확인했다. 또한 과제에 집중하지 못한 실험 참가자에게는 혈류의 증가가 보이지 않았다. 그러므로 학습자가 의식적으로 과제에 주의를 기울인 경우에 혈류가 증가하는 것이 관측되었다. ④ 듣기와 읽기의 혈류 경로나 혈류 증가 상태에서는 개별성이 나타났다.

6.3.3 영어 교육에의 응용 가능성

이 장에서는 언어 처리 방법을 뇌과학적으로 밝히기 위해서 광토포그래피 장치의 응용 가능성과 한계에 대해 초점을 맞추어왔다. fMRI 등의 뇌기능 영상 장치와 비교하면 뇌내의 활성 부위를 정확히 집어내는 것에 한계가 있지만, 본 연구 결과에서는 대부분의 언어 영역, 요컨대 청각 영역, 베르니케 영역, 연상회, 각회 근방을 추정하여 측정하는 것은 가능하다는 것이 시사되었다. 언어 활동 작업은 탁상에서의 작업이어서 앞서도 설명했지만 fMRI와 같이 신체적 구속을 요구하는 장치로는 일상적인 학습 데이터는 채택하기 어렵기 때문에, 현시점의 기술로는 광토포그래피 장치가 그 점에 있어 적절하다고 말할 수 있다. 특히 장치의 간이성이라는 점에서는 일상의 환경에서 탐침을 두피에 장착하는 것만으로 가능하기 때문에, 실험 참가자에 대한 부담도 적고 사용 중의 소음도 없어 과제에 집중하여 몰두할 수 있다. 계측 데이터가 의미하는 것에 대해 학습자의 의식 수준에서의 보고와 광토포그래피에서의 혈류량 변화가 일치하여 선택적 주의와 그 활성도가 포착된다고 해석되었다.

이에 더해 광토포그래피의 장치 위치가 두피상에서 불확정하다고 하지만, 본 연구에서 시사된 바와 같이 언어 자극에 반응하여 언어 영역 부근에 혈류가 나타난 점에서 볼 때 언어를 담당하는 대부분의 부위는 포착될 수 있다는 점이 명확해졌다.

6.4 영어 교육에의 응용
– 영어 학습자의 뇌내 메커니즘을 설명하기 위해

본 예비 연구에서는 광토포그래피 장치의 기능이 실험 참가자의 의식 현상에서 어떤 정도로 측정되는지, 즉 학습자의 인지적 측면과 어떠한 연관이 있는지 조사했다. 그리고 영어 학습자가 듣기와 읽기 과제를 수행하는 과정에서 각각의 정보 전달 경로에 차이가 있는지 조사했다. 그 수단으로 인지적 측면에서는 실험 참가자의 학습 전략과 이해 과정에서 설문 조사와 인터뷰를 실시하고, 뇌과학적 측면에서는 광토포그래피로 뇌내 활성도를 관찰했다. 그리고 양 측면에서 얻어진 데이터를 조합하여 다면적인 학습 메커니즘의 설명에 접근했다.

실험 참가자의 의식 상태, 요컨대 메타인지적 행위와 뇌혈류량의 관련성에 대해서는 의식적으로 주의를 기울였다고 의식하고 있는 실험 참가자는 혈류량이 증가했으나, 주의를 기울이지 못하고 산만한 상태가 된 실험 참가자는 혈류량이 증가하지 않았다.

또한 뇌내의 혈류 경로에 대해서는 영어 정보를 입력한 후의 정보 처리 과정에 주목하면 실험 참가자에게 매우 다양성(개별성)이 있다는 점이 명확해졌다. 종래에는 듣기와 읽기에서 언어 정보를 처리하는 과정은 언어 입력 후 동일하다는 가설과, 각각 다른 처리 과정을 따른다는 가설로 크게 나뉘어 있었다(Danks, 1980). 지금까지의 인지 처리 과정의 입장에서는 음성이나 문자를 입력한 후의 처리는 공통되어 있다는 입장이 많았다고 하지만(Gale, 1990; Levelt, 1993), 본 연구에서는 실험 참가자의 뇌활성 상태를 관측한 결과, 실험 참가자에 따라 매우 개별적인 패턴이 나타난다는 점이 명확해졌다.

뇌과학에서의 제2언어습득론

개별적인 현상에서는 듣기 시에 음성을 듣고 있는데도 불구하고 혈류 증가는 청각 영역에 나타나지 않고 W영역에만 나타나거나, W영역과 청각 영역, 각회의 혈류가 동시에 증가하거나 한다. 이에 대해 혈류의 증가가 나타나지 않은 부위는 언어 기능이 자동화되어 있을 가능성도 예측된다. 또한 읽기 시에 문자의 음운부호화를 위해, 즉 뇌에 입력되기 전에 마음속에서 반추하기 위해 청각 영역이나 각회가 활동하는 것이라고 추측된다. 다만 여기서의 해석에는 한계가 있다. 그러한 것은 측정 장치의 특징상 이해도가 반드시 내 뇌의 네트워크 수준에서의 활성도와 상관관계가 있는 것만은 아니며, 실험 참가자의 '의식의 집중도'를 측정하는 데 머무르기 때문이다. 그러므로 정보 처리 경로에 대해서는 본 연구에서 다루지 않고, 언어 영역의 활성 상태와 학습자의 숙련도와의 관련성에 대해 초점을 맞춘다. 거기서 어떠한 법칙성이 발견될 것이라고 기대한다.

지금까지 기술한 바와 같이 본 연구는 몇 개의 방법론적 한계는 있지만, 하나의 중요한 시사점을 포함하고 있다고 생각한다. 즉 종래의 영어 교육 분야에서는 학습자와 교수자에 의한 인지적 경험에 기반한 교수법이 개발되어왔다는 점에 더해, 뇌과학적 측면에서 학습자의 정보 처리 과정의 개별성을 확인하는 것으로, 말하자면 의식화되지 않는 이해 과정의 개별성을 배려한 교수법 혹은 학습법을 개발할 가능성을 개척했다.

본 예비 연구에서 듣기와 읽기의 정보 처리의 개별성이 주장된 것으로, 듣기와 읽기 각각의 단독 지도가 이루어지고 있는지, 혹은 복합된 지도가 이루어지고 있는지, 또는 어떤 수준의 뇌내 정보 처리 패턴을 가진 학습자에게는 어떠한 지도법이 효과적인지를 특정하는 것이 가능해질 것이다. 더 나아가 각각의 타입의 학습자에게 적절한 학습 교재도 검토될 수 있지 않을까.

상기한 바와 같이, 광토포그래피를 이용함에 따라 종래의 주관적인 학습자의 보고법에 더해 실험 참가자를 객관적으로 관측하는 것이 가능하다고 할 수 있다. 실험 참가자의 수를 늘려서 과제를 수행할 때 얼마나 뇌혈류량이 증가하는지 그 비율을 숙련도별로 분석해보면, 영어 학습자의 뇌활성 상태를 설명할 수 있을 것이다.

제7장

영어는 뇌의 어디에서 학습되는가

우리는 제2언어를 학습할 때 어떤 메커니즘으로 언어를 처리하고 있는 것일까. 이 의문에 답하기 위해 종래에는 학습자의 메타인지 전략 등의 조사에 기초하여 인지적 경험의 측면에서 이론화되고 있다. 그러나 이 데이터는 학습자와 관측자의 주관적인 견지에 머물러 객관성이 부족하다는 지적을 받을 수 있다. 최근에는 객관적 방법의 하나로 뇌과학의 입장에서의 연구가 주목받고 있다.

　　지금까지 기술한 것을 정리해보면 뇌과학, 신경학의 분야에서는 실어증 환자를 대상으로 뇌 연구를 진행하고 있으나, 최근 비침습적 뇌기능 계측 장치로 인체를 손상시키지 않고 뇌기능을 계측하는 방법이 개발되어 정상인을 대상으로 한 실험을 조금씩 진행해오고 있다. 그 중에서도 뇌내의 어떤 부위에서 언어 처리가 되고 있는지, 예를 들면 언어 처리는 좌뇌가 맡고 있는지, 우뇌가 맡고 있는지 등에 초점을 맞춘 연구 데이터가 조금씩이지만 보고되고 있다. 이 실험에서는 좌뇌와 우뇌의 활성도에 초점을 둔다.

7.1 좌뇌 우위설을 확인한다

7.1.1 좌뇌와 우뇌를 보다(실험 1)

좌뇌와 우뇌의 활성도의 관련성에 대해서는 '뇌량'이라는 신경섬유로 이어지기 때문에 양반구 간의 정보 교환이 가능하여(石田, 1996) 양반구의 움직임이 서로(교대로) 영향을 미친다고 말할 수 있다. 그러나 제2언어 처리에서 좌뇌설, 우뇌설에 대한 논의는 이중언어 구사자의 실어증 연구에서 시작되어 장기간 이어지고 있다(Obler & Gjerlow, 1999). 특히 제1언어를 이해하는 경우 좌뇌의 언어 영역, 일반적으로 언어 산출에는 브로카 영역, 언어 이해에는 베르니케 영역, 문자 처리에는 각회, 음운 유지를 위해서는 연상회가 관여한다고 여겨진다. 하지만 최근의 연구 결과에서는 그 부위가 어떤 언어 기능을 맡고 있는지에 대한 답이 명확하지 않지만, 뇌기능 모듈 구조를 통해 서로 관련되면서 언어가 처리된다는 견해가 강화되어왔다(酒井, 2002). 그러나 제2언어 처리에서는 제1언어 처리와는 달리 숙련도, 학습 방법, 학습 개시 연령 등의 요인에 의해 우뇌에서 처리되는지, 좌뇌에서 처리되는지 의견이 나뉜다.

크라센과 갤러웨이(Krashen & Galloway, 1978) 및 오블러(Obler, 1981)는 제2언어 습득에서 단계 가설을 제창하여 "제2언어 처리에서 우뇌의 활동은 숙련도가 높은 이중언어 구사자보다 낮은 사람에게서 확실하게 드러난다"라고 주장했다. 패러디스(1994)도 제1언어 습득 속도에서 한 살이 될 즈음까지, 이른바 언어가 자동적으로 처리되는 단계에 이를 때까지는 좌뇌보다 우뇌 쪽이 활성화된다고 했다. 즉 언어의 뇌기능은 언어 발달 단계가 진행되어감에 따라 우뇌에서 좌뇌로 이행해나간다고

뇌과학에서의 제2언어습득론

하여 단계 가설을 지지하고 있다(제5장 5.4.1 참조).

한편 이 가설과는 반대로 이분청취법을 이용한 많은 연구에서는 숙달된 이중언어 구사자의 제2언어 처리에서 우뇌로부터 활성화가 된다는 보고도 이루어지고 있다(Gordon, 1980; Piazza & Zatrre, 1981). 게다가 수잔(Susanne, 2002)은 독일인 영어 학습자를 대상으로 뇌파도를 사용한 실험을 했다. 이 실험에서는 대학에서 영어 교육을 받은 실험 참가자를 상급 학습자와 중급 학습자로 그룹을 나누어 영상을 따르거나 듣기 교재를 제시하는 방법으로 실험했다. 그 결과 두 그룹 모두 좌뇌가 활성화되었다고 하여 단계 가설을 부정하고 있다.

이제까지의 결론은 여러 가지가 있지만, 일본인 영어 학습자에게는 어떤 현상이 나타나고 있을까? 일본인 영어 학습자의 언어 습득 단계에 의한 뇌활성도는 단계 가설을 지지하는 것일까? 또 수잔(2002)은 상급 학습자와 중급 학습자를 대상으로 하고 있지만, 학습자의 숙련도 차를 크게 하여 초급 학습자와 상급 학습자를 비교해보면 어떨까. 본 실험은 일본인 초급 학습자와 상급 학습자를 대상으로 과제 수행 중 좌뇌와 우뇌의 혈류 증가량 비율을 비교했다. 기본적으로는 좌측두엽의 귀 위 9센티미터×9센티미터(연상회·각회, 청각 영역, 베르니케 영역 주변), 우측두엽의 귀 위 9센티미터×9센티미터의 범위를 측정하여 단계 가설 검증을 시행하고, 그 요인에서 설문 조사 및 인터뷰로 학습자의 배경 정보를 조사하여 증명하였다.

7.1.2 좌뇌가 우위일까?

다음 세 가지 가설을 세워 일본인 영어 학습자를 대상으로 숙련도에 따라 좌뇌와 우뇌 중 어느 쪽 뇌가 활성화되는지에 초점을 맞춘 다음, 혈류 증가량 비율을 조사하여 단계 가설을 검증한다.

① 언어를 처리할 때, 상급 학습자는 우뇌보다 좌뇌의 혈류 증가량 비율이 높다.

② 언어를 처리할 때, 초급 학습자는 좌뇌보다 우뇌의 혈류 증가량 비율이 높다

③ 언어를 처리할 때, 초급 학습자는 좌뇌와 우뇌의 혈류 증가량 비율 차가 없다.

7.1.3 좌뇌와 우뇌의 조사 방법

실험 참가자

대학원생 및 대학생 22명(남성 8명, 여성 14명)으로, 실험 참가자 전원은 오른손잡이, 평균 연령은 24.3세, 그리고 실험 참가자의 TOEFL 점수는 최저 370점, 최고 625점이다. TOEFL 점수에 의해 300~399점을 초급 학습자, 500~600점을 상급 학습자로 정했다. 실험 참가자의 TOEFL 점수와 본 실험에서의 과제 테스트 결과의 차이는 〈표7-1〉과 같다.

표 7-1 실험 1. TOEFL과 이해도 테스트 결과

학습자	인원수	TOEFL M(SD)	듣기		읽기	
			선택식	프로토콜식	선택식	프로토콜식
			M^*(%)(SD)	M^*(%)(SD)	M^*(%)(SD)	M^*(%)(SD)
초급자	11	394.40(69.45)	44.50(3.56)	42.85(3.06)	40.00(3.03)	41.21(3.00)
상급자	11	585.8(29.3)	89.57(1.54)	80.35(1.52)	94.60(2.5)	88.46(0.74)

M^*(%)는 (테스트의 득점/14)×100으로 검산한 100점 만점 방식의 평균점.

뇌과학에서의 제2언어습득론

실험 지시 교재

영어 검정 준1급 문제(책 말미의 자료 I과 6.1, 6.2 참조)의 설명문 두 문제를 선택하여 한 문제는 듣기에, 한 문제는 읽기에 이용했다.

이해도 테스트

제6장 6.3 참조.

실험 수칙

실험은 개별적으로 실행한다(계측자 1명, 실험 참가자 1명). 실험 참가자를 책상 앞에 앉게 한 다음, 광토포그래피 장치의 탐침을 좌뇌와 우뇌, 기본적으로는 실험 참가자의 귀 위에 위치한 언어 영역(각회, 연상회, 청각 영역, 베르니케 영역 주변)을 포함한 좌측두엽 위의 두피 9센티미터×9센티미터 범위, 우뇌도 동일하게 귀 위의 우측두엽 위 두피에 9센티미터×9센티미터의 범위로 각 12채널 합계 24채널을 장착한다. 실험에 앞서 참가자에게 실험 수칙을 설명하고, 실험 데이터는 본 연구를 위해 사용된다는 것에 동의를 구한다. 그리고 실험 수칙에 대해 다음과 같이 설명한다.

① 40초 안정 시간을 갖는다.
② 듣기 과제는 헤드폰을 통해 나온다(40초간).
③ 과제 지시 후 40초의 안정 시간을 갖는다.
④ 이해한 내용을 1분간 보고한다. 그것을 녹음한다.
⑤ 내용과 관계된 이해도 테스트를 실시한다.
⑥ 안정 시와 과제 수행 시의 혈류량을 비교하기 위해 안정 시에는 아무것도 생각하지 않고, 과제 지시 중에는 내용 이해에 집중하는

것을 교시한다.

⑦ 과제 종료 후 전략, 이해 방법, 정보 처리 과정에 있어 뇌활성 상태의 영상과 조합하면서 인터뷰를 실행한다.

⑧ 동일 수칙으로 읽기 과제도 실시한다. 과제 지시는 인쇄지를 사용한다(40초간).

통계 분석법

단계 가설의 검증 방법에서는 실험 참가자를 TOEFL 득점에 의해 숙련도별로 초급 학습자와 상급 학습자의 두 그룹으로 나눈 다음, 과제 수행 중 좌뇌와 우뇌의 혈류 증가량 비율을 비교했다. 통계 분석은 데이터 수가 적고 정규 분포를 하지 않아 비모수(非母數) 통계(nonparametric test)를 이용했다. 우뇌와 좌뇌 혈류 증가량의 비율 차이는 관련이 있는 두 그룹의 차이를 검정하여 윌콕슨 부호부순위화 검정(T검정)을 이용했다.

7.1.4 좌뇌가 우위 – 영어 능력은 분석 능력

듣기 실험 결과

듣기에서 초급 학습자와 상급 학습자의 좌뇌와 우뇌 혈류 증가량의 비율 차이에 의한 실험 결과와 통계 분석 결과를 〈그림 7-1〉과 〈표 7-2〉에 나타냈다.

듣기 가설 검증

〈그림 7-1〉과 〈표 7-2〉에 기초해 가설을 검증했다.

뇌과학에서의 제2언어습득론

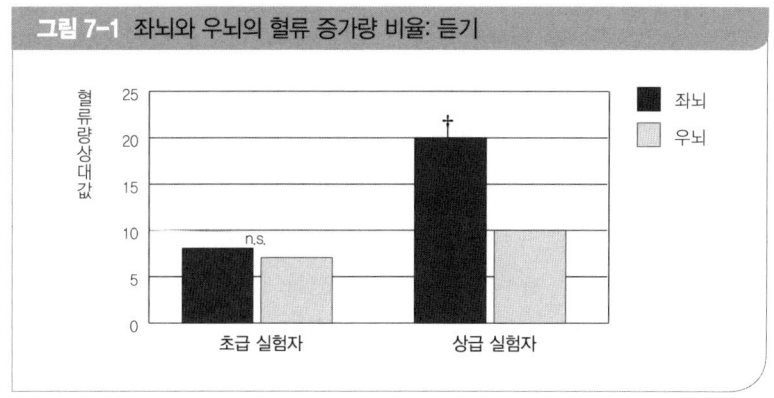

그림 7-1 좌뇌와 우뇌의 혈류 증가량 비율: 듣기

월콕슨 부호부순위화 검정 † p〈0.1

표 7-2 실험 1. 듣기 시 좌뇌와 우뇌의 혈류 증가량 비율

| 학습자 | 뇌혈류량(과제 수행 시 40초간 평균) | | | 유의점 | |
| | 좌뇌 | 우뇌 | T값 | | |
	M(SD)	M(SD)		상측	하측
초급 학습자	7.86(8.57)	7.98 (8.21)	31	21	65
상급 학습자	19.69†(18.00)	10.01 (8.00)	18	21	65

월콕슨 부호부순위화 검정 † p〈0.1

가설 1 검증: 단계 가설 검증

〈그림 7-1〉과 〈표 7-2〉에서 상급 학습자의 좌뇌와 우뇌 혈류 증가량의 비율 차이에 주목해본다. 상급 학습자는 우뇌보다 좌뇌의 혈류 증가량 비율이 높고, 월콕슨 부호부순위화 검정에 의한 통계 결과에서는 유의미한 경향이 인정되었다(n=11, T측=18, 유의점 하측: 21, 상측 65, p〈0.1). 따라서 "상급 학습자는 우측보다 좌측의 혈류 증가량 비율이 높다"는 가설이 실증되었다.

가설 2 검증

〈그림 7-1〉과 〈표 7-2〉에서 초급 학습자의 좌뇌와 우뇌 혈류 증가량의 비율 차이에 주목해본다. 초급 학습자는 좌뇌와 우뇌의 혈류 증가량 비율에 유의미한 차이가 인지되지 않았다(n=11, T측=31, 유의점 하측 21, 상측 65, n.s). 따라서 "초급 학습자는 좌뇌보다 우뇌의 혈류량 증가량 비율이 높다"는 우뇌 우위설을 검증할 수 없었다.

가설 3 검증

가설 2가 부정되어 "초급 학습자는 좌뇌와 우뇌의 혈류 증가량 비율에 유의미한 차이가 없다"라고 말할 수 있다. 따라서 "초급 학습자는 좌뇌와 우뇌의 혈류 증가량 비율에 차이가 없다"라고 가설을 검증했다.

읽기 실험 결과

읽기 시에 초급 학습자와 상급 학습자의 좌뇌와 우뇌의 혈류 증가량 비율 차이에 의한 실험 결과와 통계 분석 결과를 〈그림 7-2〉와 〈표 7-3〉에 나타냈다.

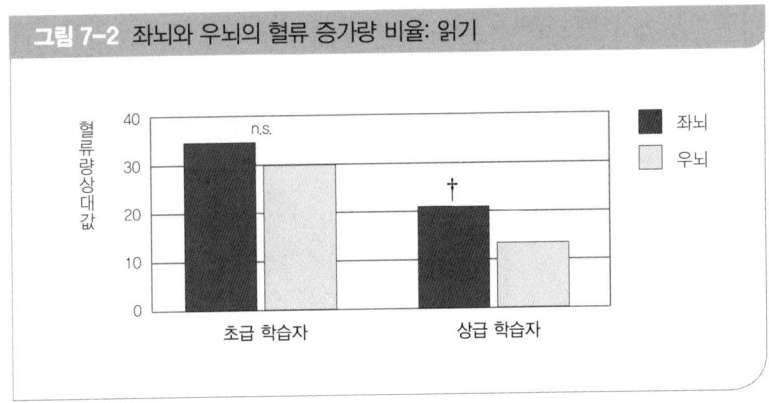

그림 7-2 좌뇌와 우뇌의 혈류 증가량 비율: 읽기

윌콕슨 부호부순위화 검정 † p〈0.01

표 7-3 실험 1. 읽기 시 좌뇌와 우뇌의 혈류 증가량 비율

학습자	뇌혈류량 (과제 수행 시 40초간 평균)			유의점	
	좌뇌	우뇌	T값	상측	하측
	M (SD)	M (SD)			
초급 학습자	33.57 (37.61)	30.17 (32.43)	29	21	65
상급 학습자	20.52† (18.15)	14.47 (9.70)	19	21	65

윌콕슨 부호부순위화 검정 † p〈0.01

읽기 가설 검증

〈그림 7-2〉와 〈표 7-3〉에 기초해 가설을 검증했다.

가설 1 검증: 단계 가설 검증

〈그림 7-2〉와 〈표 7-3〉에서 상급 학습자의 좌뇌와 우뇌 혈류 증가량의 비율 차이에 주목해본다. 상급 학습자는 우뇌보다 좌뇌의 혈류 증

가량 비율이 높다. 윌콕슨 부호부순위화 검정에 의한 통계 결과에서 유의미한 차이가 인지되었다(n=11, T값=19, 유의점 하측 21, 상측 65, p〈0.01). 따라서 "상급 학습자는 우뇌보다 좌뇌의 혈류 증가량 비율이 높다"라고 가설을 검증했다.

가설 2 검증

〈그림 7-2〉와 〈표 7-3〉에서 초급 학습자의 혈류 증가량 비율 차이를 주목해보자. 초급 학습자는 좌뇌와 우뇌의 혈류 증가 비율량에 유의미한 차이가 인지되지 않았다(n=11, T값=29, 유의점 하측 29, 상측 65, n.s). 따라서 "초급 학습자는 좌뇌보다 우뇌의 혈류 증가량 비율이 높다"라는 초급 학습자의 우뇌 우위설은 검증되지 않았다.

가설 3 검증

가설 2의 결과에서 초급 학습자는 좌뇌와 우뇌의 혈류 증가 비율량에 유의미한 차이가 인지되지 않고, 따라서 좌뇌와 우뇌의 혈류 증가량 비율에 차이가 없다는 결론이 나왔다. 따라서 "초급 학습자는 좌뇌와 우뇌의 혈류 증가량 비율에 차이가 없다"는 가설이 검증되었다.

7.1.5 왜 좌뇌가 우위인가

실험 1에서 얻어진 결과에서 단계 가설, 좌뇌 우위성의 요인, 뇌내 활성도와 메타인지 전략의 세 가지에 따라 고찰해보자.

단계 가설 검증

본 실험에서는 듣기나 읽기에서 모두 "제2언어 처리에서 우뇌의 활동은 숙련도가 높은 이중언어 구사자보다 낮은 사람에게 확연히 나타난다"는 크라센과 갤러웨이(1978)의 제2언어 습득의 단계 가설을 간접적으로 지지하는 결과가 나타났다.

본 실험 결과에서 "상급 학습자는 우뇌보다 좌뇌의 혈류 증가량 비율이 높다"는 가설 1과 "초급 학습자는 좌뇌와 우뇌의 혈류 증가량 비율에서 차이가 없다"는 가설 3이 실증되었다. 따라서 실험 참가자의 좌뇌와 우뇌 활성도에 관해서는 상급 학습자만이 좌뇌 우위로 여겨져 숙련도가 향상되는 만큼 좌뇌에 의존하는 비율이 커져간다고 추론했다. 또 우뇌만의 활성도에 주목해보자면, 숙련도가 높으면 좌뇌 쪽에 의존도가 높지만, 숙련도가 낮으면 좌뇌와 우뇌의 활성도에 유의미한 차이가 발견되지 않으며 좌뇌뿐만 아니라 우뇌의 활동에도 의존한다고 생각할 수 있다.

좌뇌 우위 요인

제네시(Genesee, 1998)는 좌뇌 우위성에서 학습자의 숙련도, 학습 환경, 학습 개시 연령의 세 가지 요인이 고려될 수 있다고 한다. 제네시(1998)와 본 실험 참가자의 학습 경험을 대조해보면, 학습 환경 요인에 의해 단계 가설이 검증된다고 해석할 수 있다.

학습 환경 및 언어의 뇌반구 분화에 대해서는 적지 않은 연구 사례가 있는데, 제2언어를 모국어처럼 자연스럽게 습득한 경우에는 우뇌의 사용이 많아지는 한편, 교실 내에서 형식적 교수법으로 학습한 제2언어 처리에는 좌뇌가 더 많이 사용될 가능성을 보고하고 있다(Zangwill,

1967). 즉 제2언어 습득에서 제2언어를 접한 환경이 자연스러울 경우에는 우뇌의 활동이 우위가 되지만, 교육기관 등에서 수업으로 학습한 경우에는 좌뇌의 활동 쪽이 우위가 된다(Genesee, 1998).

본 실험에서 상급 학습자는 우뇌보다 좌뇌의 활성도가 높고, 초급 학습자는 우뇌와 좌뇌의 활성도에 차이가 없다는 결과를 얻었다. 본 실험 참가자는 모두 학교 교육에 의해 영어를 학습한 사람이다. 상급 학습자 중 3명이 1~2년간 유학 경험이 있지만, 그러한 참가자도 생활하면서 영어를 자연스럽게 습득했다기보다 실상은 어학 연수기관에서 학습했다. 게다가 실험 참가자 모두 영어 학습을 시작한 것은 중학교 1학년 때이다. 또 18세 이후에야 유학 경험을 가졌기 때문에 학습 개시 연령이나 유학 때의 연령 모두 언어 습득의 결정적 시기를 지났다고 말할 수 있다. 레너버그(Lennerberg, 1967)는 사춘기가 지나면 "생물학적으로 언어 습득이 대단히 곤란하게 된다"고 주장하며, 언어 습득이 용이한 시기를 '결정적 시기(critical period)'라고 불렀다.

영어 학습 개시 연령에서는 조기 이중언어 구사자와 후기 이중언어 구사자를 비교한 연구를 보고하고 있다. 이 연구에 의하면 신경학적, 인지학적 요인에 의해 "제1언어와 비교하여 제2언어 습득이 느려지면 느려질수록 우뇌 활동이 커지고, 또 반대로 빠르면 빠를수록 좌뇌 활동이 커진다"라고 한다.

본 실험 참가자는 조기 이중언어 구사자도, 후기 이중언어 구사자도 아니다. 전원이 임계기를 지나서부터 일본의 학교 교육으로 영어 학습을 시작한 이른바 '외국어로서의 영어 학습자'이다. 그 결과, 숙련도가 높은 학습자 쪽이 좌뇌 우위가 된다는 단계 가설을 지지하는 결과가 된다는 해석이 가능하다. 다만 본 실험에서는 실험 지시 교재로 듣기와 읽기, 즉 언어 인풋에 관한 것만을 다루고 있다는 점을 언급해두고 싶다. 말하기와 쓰기는 추후의 연구 과제로 남겨둔다.

메타인지 전략이 뇌를 활성화시킨다

본 실험에서는 과제를 제시할 때 뇌내 활성 패턴에서 상급 학습자는 좌뇌 우위, 초급 학습자는 좌뇌와 우뇌의 활성도에 유의미한 차이가 없다는 결과를 얻었다. 설문 조사 결과(책 말미의 자료 Ⅰ과 7.1 참조)에서 상급 학습자와 초급 학습자의 메타인지 전략 사용에 있어 차이점에 주목해보자. 인자 분석 결과(부록 7.2)에 의하면, 듣기에서 상급 학습자는 인자 1로서 문제의식 인자, 인자 2로서 추측 인자가 추출된다. 즉 상급 학습자는 과제로 문제의식을 가지고 적극적으로 대처하여 이해할 수 없는 점은 추측을 통해 이해하려고 애쓴다. 또 뇌내 활성도와 관련지어 생각해보면, 문제의식이나 추측은 분석적 전략이기 때문에 좌뇌의 활성도가 높아진다고 생각할 수 있다. 한편 초급 학습자는 인자 1로서 상향식 처리 인자, 인자 2로서 하향식 처리 인자가 추출된다. 지시된 단어나 내용이 이해되지 않을 경우, 단어를 하나하나 일본어로 번역하거나 들은 음성을 문자화한다. 그래도 이해되지 않을 경우에는 '어쩐지, 왠지, 대강'이라며 감각으로 이해하려고 애쓰는 것이 보고되었다. 여기서부터 본 실험에서 초급 학습자는 상향식 처리가 잘되지 않으면 하향식 처리에 의지하는 것이 관찰된다. '어쩐지, 왠지, 대강' 이해가 가능할 때에는 영어를 일본어로 번역하거나 음독한다. 또 이미지화를 하여 해석이 가능하기 때문에 좌뇌, 우뇌로도 가능한 기능을 통째로 활동시켜 과제의 내용을 이해하려고 애쓴다는 것을 추측할 수 있다.

읽기에서 상급 학습자는 인자 1로서 문제의식과 과제 집중 인자, 인자 2로서 추측 인자가 추출된다. 즉 상급 학습자는 문제의식을 가지고 집중하여 과제에 대처하고, 단어의 의미나 문장의 내용이 이해가 되지 않을 때에는 추측을 통해 이해하려고 애쓰는 자세를 취함을 알 수 있다. 따라서 뇌내도 선택적으로 활성화된다고 추측할 수 있다. 그러나 초급 학습자는 인자 1로서 선택적 주의 결여 인자, 인자 2로서 상호작용 인자가 추출된다. 이 결과로부터 초급 학습자는 읽기에서 문장 중의 중요한 포인트에 집중하고 있지 않으나 문자는 눈으로 쫓는다는 것을 알 수 있다. 그래서 이해하려고 애쓴 경우에는 상향식 처리도, 하향식 처리도 통째로 활용하려고 애쓰는 상태가 되어 있다고 추측할 수 있다. 즉 뇌내에서도 선택적으로 중요한 포인트에 초점을 맞추는 일이 가능하지 못하면 사소한 사항에 주의를 향하기 때문에 선택적으로 뇌내를 활성화시키지 않고 모든 부위에 혈류를 집중하는 상태가 추정된다.

7.1.6 학습 환경이 뇌활성 상태에 미치는 영향

실험 1에서 본 실험 참가자에게 좌뇌 우위설이 검증되었는데, 이 결과는 실험 참가자의 학습 환경 요인으로부터 근거를 찾을 수 있다.

실험 참가자의 학습 배경을 조사해보면 상급 학습자 중에는 20세 전후로 영어권에서 생활한 사람도 있으나, 영어 학습 개시 연령은 실험 참가자 모두 10세를 지났을 무렵으로, 학습 환경은 주로 교실 안에서 형식적 수업을 받았다는 사실이 본 실험의 결과를 뒷받침해주는 것으로 생각할 수 있다.

본 실험 결과에서 상급 실험자는 좌뇌가 우뇌보다 활성화 정도가 큰 반면, 초급 학습자는 좌우 양반구를 동일하게 활성화하고 있다. 즉 상급 학습자는 영어를 좌뇌에서 분석적으로 처리하고 있으나, 초급 학습자는 좌뇌에서 영어로써 언어 정보를 분석적으로 충분히 처리하는 것이 불가능하기 때문에 우뇌를 활용하여 비언어 정보나 이미지를 처리함으로써 많은 실마리를 힌트로 하여 이해하려고 노력하고 있음을 추측할 수 있다.

이런 이유로 언어 활동은 인지 활동이기 때문에, 연령과 함께 발달한 인지 활동으로 인해 언어 기능이 발달할 수 있다. 상급 학습자가 좌뇌에서 언어를 처리하는 것으로 판단하는 것은, 형식적인 한편 분석적인 처리를 요구하는 인지 기능이 언어 발달과 함께 활성화되어 언어를 처리할 때 좌뇌가 우위에서 활동하는 것이 되어가는 것을 말할 수 있다(Witelson, 1977)는 것도 본 실험 결과를 지지한다. 게다가 쟁월(1967)의 연구에서 여섯 살이 지났기 때문에 형식 교수로 언어를 학습한 경우의 언어 처리는 좌뇌가 우위라고 보고된 결과와도 일치한다. 크라센(1974)도 다섯 살 이후로 언어 처리 시 좌뇌 우위성이 안정되어 언어 및 인지적 처리가 차례로 틀이 잡히게 된다고 한다.

또한 크라센(1977)은 언어의 '학습'과 '습득'을 확실하게 구별해야 한다고 주장하는데, 좌뇌 우위설은 이들의 구별과 관련성이 있다고 생각해볼 수 있다. 크라센에 의하면 문법 번역식(Grammar-Translation)의 전통적 번역 방식이나 청화식(Audiaingual drill) 방식에서의 교수법은 언어의 구조로 의식이 향할 수 있어, 언어는 어떤 규칙에 따르는 기호라는 사고방식을 기초로 한 방법이다. 본 실험 참가자의 언어 능력처럼 형식적 언어 학습으로 배양된 능력은 분석적 처리를 취급하는 좌뇌에서 처리되는 것이 납득할 수 있는 설명이다. 즉 자연적인 환경에서 언어를 '습득'한 경우는 우뇌의 기능에 의존하며, 형식적 교수를 통해 '학습'한 경우에는 좌뇌의 기능에 의존하게 된다. 이 점에서 볼 때, 뇌내 메커니즘에서 크라센이 주장한 것처럼 '학습'과 '습득'은 호환되지 않는 것이라고 말할 수 있을지도 모른다(제5장 5.4.2 참조).

그러나 의문으로 남는 것은 좌뇌 활성 상태에 주목할 경우, 숙련도가 높아짐에 따라 의식적 처리 상태에서 무의식적 처리 상태로 이행해가는 것은 아닐까 하는 점이다. 혹시 의식적 해석 상태에서 무의식적 처리 상태로 이행해가는 것이라면 '습득'에서 얻은 암묵적 지식과 '학습'에서 얻은 명시적 지식은 별개의 지식이라고 주장하는 습득–학습 가설은 부정되며, '습득'과 '학습' 간에 어떤 연관성이 있다는 맥러플린이나 비알리스토크의 입장, 또는 '습득'과 '학습'은 양극을 왔다 갔다 한다고 생각할 수 있는 중간언어의 가능성을 긍정하는 것이 된다. 학습의 숙련도와 과제 수행 시의 뇌혈류 상태를 관측해보면 뇌내 메커니즘이 명확해지는 게 아닐까. 이것에 대해서는 실험 3으로 기록한다.

7.2 뇌내는 협조할까

7.2.1 좌뇌와 전두엽을 보자(실험 2)

실험 2에서는 뇌기능의 분산협조설의 실증 연구를 한다. 실험 1에서는 실험 참가자가 영어를 듣거나 읽을 때, 특히 상급 학습자는 좌뇌의 언어 영역(각회, 연상회, 청각 영역, 베르니케 영역 주변)을 포함한 측두엽이 우뇌의 측두엽보다 활성화된다는 해석이 가능했다. 한편 초급 학습자는 좌뇌와 우뇌의 활성도에 차이가 인지되지 않았다. 즉 이 결과로 '학

뇌과학에서의 제2언어습득론

습자의 숙련도가 높아질수록 좌뇌의 활성도가 높아진다'는 해석이 가능해 간접적이지만 단계 가설을 지지한다고 해석했다.

그러나 전두엽과 좌뇌를 비교해보면 어떨까? 최근, 전두엽 분야의 활동은 학습 시에 중요한 효과를 끼치는 것이 주목받았는데, 동물과 인간이 다른 것은 선두엽 분야를 가지고 있기 때문이라고 한다(川島, 2003). 또 워킹메모리와의 관계에서도 연구가 진행되고 있다. 배들리(1986)는 뇌내의 영역국재설로 워킹메모리 모델을 제창해, 워킹메모리는 음운 루프와 시공간 스케치패드와 중앙실행계로 구성되어 그 중에서도 중앙실행계가 전두엽에 국재하는 것을 시사한다. 특히 브로드만의 뇌지도에서 46영역이 중앙실행계의 기능을 하는데 바로 워킹메모리 센터이다. 이 모델에서는 뇌과학적으로 언어 이해를 워킹메모리의 기능만으로 설명할 수 있기 때문에 언어 모듈성 가설을 고려에 넣을 필요는 없다.

한편 효과에 따라 다른 기능이 있다는 입장에서는 시각 워킹메모리는 시각 관련 뇌 영역, 청각 워킹메모리는 청각 관련 뇌 영역, 언어 워킹메모리는 언어 관련 뇌 영역이 각각 작동하게 된다. 그리하여 최근의 논의에서는 워킹메모리의 분산협조설이 강하게 되어, 페트라이즈(Petrides, 1995)는 뇌내의 특정 영역에 워킹메모리 기능이 국재하는 것이 아니라 얼마간의 부위가 상호적으로 관련되면서 기능한다고 주장한다. 사와구치(澤口, 2000)도 언어 처리 시에는 종래에 회자된 베르니케 영역과 브로카 영역만이 작동하는 게 아니라, 워킹메모리 센터인 전두엽의 46번 영역도 인지 활동을 따르는 언어 이해에 깊이 관계되어 있다고 하여 분산협조설을 지지하고 있다.

일본인 영어 학습자의 언어 처리 시 전두엽 영역을 포함한 전두엽과 언어 영역을 포함한 좌뇌를 비교한 경우, 어느 쪽이 더 활성화되는 것일까. 숙련도가 높을수록 전두엽의 작동이 자동화되어 과제 수행 시 뇌혈류 증가량의 비율은 낮아지는 것일까. 본 실험에서는 중급 학습자와 상급 학습자의 실험 참가자를 대상으로, 영어의 듣기와 읽기 과제 제시 중 좌뇌와 전두엽의 혈류 증가량 비율을 측정하여 언어 이해의 1영역국재설을 검증한다.

또한 다양한 학습자 그룹에서 과제 제시 중의 좌뇌와 전두엽의 혈류 증가량 비율을 비교했다. 과제 수행에 따른 전두엽의 혈류 증가량 비율이 좌뇌와 동일하거나, 전두엽 쪽이 더 많은 경우에는 1영역국재설이 실증된다. 한편 좌뇌의 혈류 증가량 비율이 높은 경우에는 이 가설은 실증되지 않고, 실험 1과 동일하게 좌뇌에 있어 언어 모듈성 가설이 간접적으로 실증된다고 해석한다.

7.2.2 전두엽이 우위일까?

언어 처리를 주관하는 뇌활성 부위에서의 1영역국재설을 검증하기 위해 다음 네 가지 가설을 세웠다.

① 중급 학습자와 상급 학습자 모두 과제 수행 시의 혈류 증가량 비율은 좌뇌보다 전두엽 쪽이 더 높다.

② 중급 학습자와 상급 학습자 모두 과제 수행 시의 혈류 증가량 비율은 전두엽보다 좌뇌 쪽이 높다.

③ 중급 학습자와 상급 학습자 모두 과제 수행 시의 혈류 증가량 비율은 전두엽과 좌뇌에서 차이가 없다.

④ 중급 학습자와 상급 학습자 간을 비교하면 전두엽의 혈류 증가량

비율에서는 차이가 없다.

7.2.3 좌뇌와 전두엽을 조사한다

실험 참가자

실험 참가자는 대학원생 및 대학생 15명(남성 8명, 여성 7명)으로, 참가자 전원은 오른손잡이, 평균 연령은 23.5세, 그리고 실험 참가자의 TOEFL 점수는 최저 400점, 최고 625점이었다. TOEFL 점수에 따라서 400~499점을 중급 학습자, 500~625점을 상급 학습자로 구분했다. 실험 참가자의 TOEFL과 본 실험에서의 과제 테스트 결과는 〈표7-4〉와 같다.

표 7-4 실험 2. TOEFL과 이해도 테스트 결과

학습자	인원수	TOEFL M (SD)	듣기		읽기	
			선택식	프로토콜식	선택식	프로토콜식
			M^*(%) (SD)	M^*(%) (SD)	M^*(%) (SD)	M^*(%) (SD)
중급 학습자	7	468.5 (35.7)	56.00 (5.00)	53.57 (3.20)	50.01 (3.03)	41.21 (3.00)
상급 학습자	8	558.1 (32.0)	84.26 (3.54)	80.35 (1.52)	94.60 (2.25)	88.46 (0.74)

교재

실험 1과 동일

이해도 테스트

실험 1과 동일

실험 수칙

광토포그래피 장치의 탐침을 좌뇌와 전두엽의 두피에 장착한다. 실험 수칙은 실험 1과 동일하다.

통계 분석 방법

통계 분석은 데이터 수가 적고 정규 분포를 하지 않아 비모수 통계를 이용했다. 좌뇌와 전두엽의 혈류 증가량 비율 차이는 관련 있는 두 그룹의 차이를 검정하여 윌콕슨 부호부순위화 검정(T검정)을 이용했다. 중급 학습자와 상급 학습자의 전두엽 혈류 증가량 비율 차이는 관련 없는 두 그룹의 차이를 검정하여 만-휘트니 검정(U검정)을 이용했다.

7.2.4 전두엽의 활성이 약하다

듣기 실험 결과

듣기 시에 상급 학습자와 중급 학습자의 좌뇌와 전두엽의 혈류 증가량 차이에서 실험 결과와 통계 분석 결과를 〈표 7-5〉 및 〈그림 7-3〉에 표시했다.

표 7-5 실험 2. 듣기 시 좌뇌와 전두엽의 혈류 증가량 비율(과제 수행 시 40초간 평균)

학습자	뇌혈류량 (과제 수행 시 40초간 평균)			유의점	
	좌뇌 M(SD)	전두엽 M(SD)	T값	상측	하측
중급 학습자	36.0**(5.30)	5.30(5.03)	2	3	47
상급 학습자	22.9**(15.29)	3.90(4.78)	1	3	47

윌콕슨 부호부순위화 검정 **p⟨0.01

그림 7-3 좌뇌와 전두업의 혈류 증가량 비율: 듣기

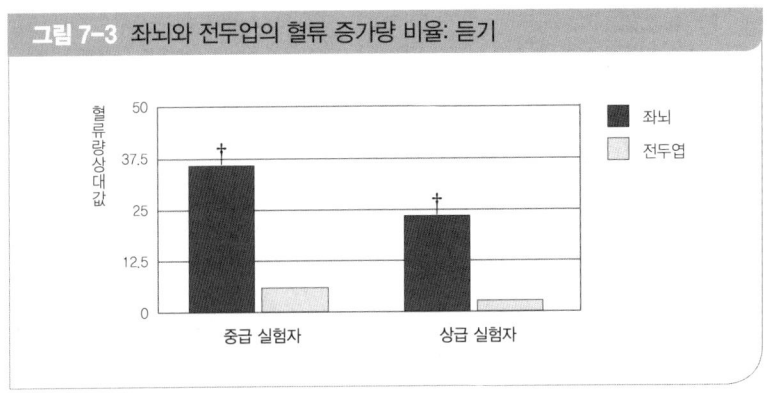

윌콕슨 부호부순위화 검정 † p⟨0.01

듣기 가설 검증

〈표 7-5〉 및 〈그림 7-3〉에 기초해 가설을 검증했다.

가설 1, 2, 3 검증

중급 학습자 및 상급 학습자는 전두엽보다도 좌뇌의 혈류 증가량 비율이 높았다. 유의미한 차이가 인지되었다(상급 학습자: n=8, T값=1, 유의점 하측 3, 상측 30, p⟨0.01; 중급 학습자: n=7, T값=2, 유의점 하측 3, 상측 25,

p⟨0.01⟩. 따라서 가설 2 '중급 학습자와 상급 학습자 모두 과제 수행 시의 혈류 증가량 비율은 전두엽보다 좌뇌 쪽이 높다'가 실증되어, 가설 1 '중급 학습자와 상급 학습자 모두 과제 수행 시의 혈류 증가량 비율은 좌뇌보다 전두엽 쪽이 더 높다' 및 가설 3 '중급 학습자와 상급 학습자 모두 과제 수행 시의 혈류 증가량 비율은 전두엽과 좌뇌에서 차이가 없다'는 검증되지 않았다.

가설 4 검증

상급 학습자와 중급 학습자의 전두엽 혈류 증가량 비율을 비교해보면, 과제 제시 중 전두엽의 혈류 증가량 비율에는 유의미한 차이가 인지되지 않았다(만-휘트니 검정: U값=85.3, 유의점 하측 52, 상측 95, n.s). 따라서 가설 4 '중급 학습자와 상급 학습자 간을 비교하면 전두엽의 혈류 증가량 비율에서는 차이가 없다'가 실증되었다.

읽기 실험 결과

읽기 시에 상급 학습자와 초급 학습자의 좌뇌와 전두엽의 혈류 증가량 비율 차이는 실험 결과와 통계 분석 결과를 〈표 7-6〉 및 〈그림 7-4〉에 표시했다.

표 7-6 실험 2. 읽기 시 좌뇌와 전두엽의 혈류 증가량 비율(과제 수행 시 40초간 평균)

학습자	뇌혈류량 (과제 수행 시 40초간 평균)			유의점	
	좌뇌	전두엽	T값	하측	상측
	M (SD)	M (SD)			
중급 학습자	38.6** (47.46)	11.53 (0.13)	2	3	47
상급 학습자	32.6** (25.95)	11.30 (0.11)	5	7	55

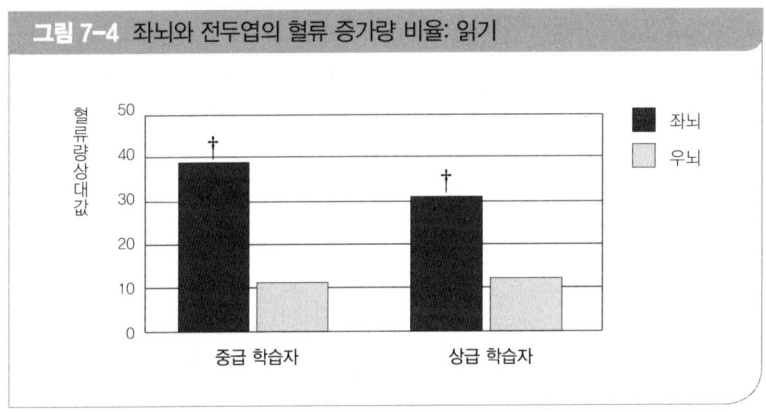

그림 7-4 좌뇌와 전두엽의 혈류 증가량 비율: 읽기

윌콕슨 부호부순위화 검정†p〈0.01

읽기 가설 검증

〈표 7-6〉 및 〈그림 7-4〉에 기초해 가설을 검증했다.

가설 1, 2, 3의 검증

중급 학습자도, 상급 학습자도 모두 전두엽보다 좌뇌의 혈류 증가량 비율이 높고 유의미한 차이가 인지되었다(상급 학습자: n=8, T값=5, 유의점 하측 7, 상측 55, p<0.01). 따라서 가설 2 '중급 학습자와 상급 학습자 모두 과제 수행 시의 혈류 증가량 비율은 전두엽보다 좌뇌 쪽이 높다'가 검증되어, 가설 1 '중급 학습자와 상급 학습자 모두 과제 수행 시의 혈류 증가량 비율은 좌뇌보다 전두엽 쪽이 더 높다' 및 가설 3 '중급 학습자와 상급 학습자 모두 과제 수행 시의 혈류 증가량 비율은 전두엽과 좌뇌에서 차이가 없다'는 부정되었다.

가설 4의 검증

상급 학습자와 중급 학습자의 전두엽 혈류 증가량 비율을 비교해보면, 과제 수행 중 전두엽의 혈류 증가량 비율에는 유의미한 차이가 인지되지 않았다(만-휘트니 검정: U값=90.2, 유의점 하측 52, 상측 97, n.s). 따라서 가설 3 '중급 학습자와 상급 학습자 간을 비교하면 전두엽의 혈류 증가량 비율에서는 차이가 없다'는 가설이 실증되었다.

7.2.5 왜 전두엽의 활성이 약해지는 것일까

실험 2의 결과에서 언어 모듈성 가설 및 1영역국재설, 학습자의 숙련도와 전두엽 활성 상태의 관계, 워킹메모리의 활성 요인 등 세 가지를 고찰하여 계측상의 한계점을 조사해본다.

언어 모듈성 가설의 검증

본 실험 결과에서 실험 1과 동일하게 언어의 뇌내 모듈성 가설(酒井, 2002)이 지지된다. 즉 일본인 학습자는 영어의 처리를 좌뇌의 언어 영역(각회, 연상회, 청각 영역, 베르니케 영역 주변)에서 하는 것이 명확해졌다.

전두엽의 기능에서는 워킹메모리의 운용 능력과 제2언어 숙련도의 관련에 있어 지금까지도 활발히 논의되어왔다. 워킹메모리와 제2언어 학습 성과와의 관련성에 관한 실증 연구는 그 수가 적지 않으나, 스케헌(Skehan, 1989)이나 해링턴 등(Harrington et al., 1992)은 워킹메모리의 운용 능력은 제2언어 습득이나 학습 성과를 예측하는 지표가 될 수 있다고 한다. 또 읽기 폭 검사 결과는 제1언어와 제2언어에서 높은 상관관계가 인지된다고 보고된 것에서, 워킹메모리는 동일 개인 내에서 사용 언어가 달라도 전이하는 능력이라고 추측할 수 있다.

그렇지만 본 실험에서는 학습자의 숙련도와 전두엽 혈류 증가량 비율과의 상관관계는 인지되지 않았기 때문에, 숙련도와 워킹메모리의 관련성도 발견할 수 없었다.

본 실험 결과에서 중급 학습자와 상급 학습자 모두 전두엽의 활성도가 낮은 원인은 무엇인가. 워킹메모리의 작동이 정보 처리와 일시적 보유를 담당한다면, 언어 학습의 숙련자는 정보 처리와 보유가 뇌내에서 원활하게 가능하지 않을까? 특히 이번에 상급 학습자로 분류된 실험 참가자는 TOEFL 평균점이 558점으로, 그 중에는 600점 이상 받은 사람도 2명 포함되어 있었다. 그 2명의 전두엽과 좌뇌의 혈류량 증가를 비교해 보아도 좌뇌 쪽이 높은 결과를 보여준다(양자 모두 T값=1, 유의점 하측 3, 상측 29, p〈0.01). 본 실험 참가자의 영어 숙련도가 상급 학습자로 분류되었음에도 불구하고, 왜 모국어 사용 시 워킹메모리의 용량과 비교하면 월등히 적어지고 마는 것일까 하는 의문이 남는다. 이 의문에서는 모국어와 비교하여 제2언어 처리를 하는 때에는 저위 수준의 처리에 쓰기 위하여 많은 인지 자원이 필요하게 되어 고위 수준에서의 정보 처리와 보유를 위한 인지 자료가 적어지는 것이 원인이라고 생각할 수 있다.

이상의 결과에서 본 실험에 참가한 영어 학습자에 있어 워킹메모리 1 영역국재설은 부정되며 분산협조설이 간접적으로 실증된다고 해석한다. 즉 시각 워킹메모리는 시각 관련 뇌 영역, 청각 워킹메모리는 청각 관련 뇌 영역, 언어 워킹메모리는 언어 관련 뇌 영역이 작동하는 부위를 지지한다는 것으로 해석할 수 있다.

다만 전두엽의 활성도가 낮아져도 정말 활성화되지 않는 것은 아니다. 전두엽만의 혈류 증가량 비율에 집중해보면, 과제 제시 중 40초간의 평균과 과제 제시 전 10초간의 평균을 비교할 때 상급 학습자와 중급 학습자의 듣기 시, 읽기 시 각각의 경우에서 혈류는 명확히 과제 제시 중 40초간의 평균 쪽이 높다는 통계적으로도 유의미한 차이가 인지되었다(T값=1, 유의점 하측 3, 상측 30, $p < 0.01$). 이 결과를 통해 과제 제시 중에 전두엽은 좌뇌보다 활성도가 낮지만, 정보 처리 기능으로 인해 내용 처리에 도움이 되도록 기능한다고 해석할 수 있다.

숙련도와 전두엽 활성도 간에는 관련성을 볼 수 없다

학습자의 숙련도와 전두엽의 활성도를 조사해보기 위해 본 실험에서 분류한 상급 학습자와 중급 학습자의 전두엽 혈류 증가량 비율을 비교해보면, 과제 제시 중 전두엽에 집중한 혈류량은 듣기에도(만-휘트니 검정: U값=85.3, 유의점 하측 52, 상측 95, n.s), 읽기에서도(U값=90.2, 유의점 하측 52, 상측 97, n.s) 유의미한 차이가 인지되지 않았다. 즉 본 실험 참가자의 경우 전두엽, 이른바 워킹메모리가 국재하는 부위의 활성도와 학습자의 숙련도와는 관련이 없다고 시사된다. 워킹메모리가 어떠한 시기에 유효하게 작동하는가에 관해서는 카펜터와 저스트(Carpenter & Just, 1992)도 기록하고 있으나, 학습자의 숙련도보다는 오히려 과제 수행 시

뇌과학에서의 제2언어습득론

학습자가 사용하는 전략에 원인이 있는 것이 아닌가 추측된다.

워킹메모리의 활성도는 형형색색

최근의 연구에서 워킹메모리의 개인차를 측정한 테스트로는 읽기 폭 검사(RST)나 듣기 폭 검사(LST, Listening Span Test)를 사용하는데, 읽기 폭 검사의 성적이 읽기의 내용 이해와 강하게 관련되어 있다고 보고되었다. 한편 읽기 폭 검사 결과와 독해력 사이에는 상관관계가 인지되지 않는다는 오사카(苧阪, 1994) 등의 결과나, 종래에 행해진 기억 범위와 이해와의 상관관계가 인지되지 않는다고 하는 결과(Perfetti & Goldman, 1976)는 본 실험의 결과와 일치한다.

또 카펜터와 저스트(1992)는 언어 능력의 개인 차이는 언어 처리 과정에서 워킹메모리가 효율적으로 작동하는지, 아닌지에 따라 결정된다고 한다. 상급 학습자와 중급 학습자를 비교한 실험 결과도 양자 간에는 다양한 언어 처리 방법의 차이가 있음을 지적한다. 오사카(苧阪, 1992)도 읽기 폭 검사에서 효과적으로 작동하는 것은 보유한 단어의 의미를 이미지로 옮겨놓거나, 단어 간의 의미적 관련성을 유보하는 등의 전략을 사용하는 것이라고 한다. 전략 사용과 전두엽 기능과의 관련성 유무에서는 이후 추가로 연구될 가능성을 남기는 과제이다.

계측상의 한계점

본 실험 결과에서 실험 참가자의 과제 수행 시 혈류 증가량 비율은 전두엽보다도 좌뇌 쪽이 높다는 사실이 증명되었다. 그 이유에 대해 실험 참가자의 학습 배경과 워킹메모리 활성도와의 관련성에 따라 고찰을 시도했으나, 그 점에서는 불명확하다.

전두엽의 혈류 증가량 비율이 좌뇌보다도 낮았던 이유는 혈류량을 계측하는 면에서의 한계점으로 생각해볼 수 있다. 두개골의 두께가 전두엽 쪽이 좌뇌보다도 두껍기 때문에 전두엽의 혈류량이 적게 계측되는 것은 아닐까 하는 의문이 남는다. 이 점은 실험 방법론 면에서도, 계측 장치의 가능성에서도 추후 검토되어야 할 과제이다.

7.2.6 워킹메모리의 계측저감과 계측의 한계

본 실험에서는 먼저 좌뇌와 전두엽의 어느 쪽이 언어 과제 수행 시에 활성화되는지, 그리하여 활성이 우위가 아닌 쪽도 과제 제시 전의 혈류량과 비교해보면 증가한 것이 아닐지, 그것이 숙련도와 관련성이 있을지에 대해 조사했다. 그에 따라 전두엽보다 좌뇌 쪽이 활성도가 높다는 결과를 얻었다. 그러나 전두엽도 과제 수행 전보다 과제를 수행할 때 혈류량이 증가하고 있어 통계적으로도 유의미한 결과가 되었다. 따라서 좌뇌에서의 언어 처리 기능이 크지만, 전두엽도 언어 이해에 공헌한다는 해석이 가능하다.

지금까지 워킹메모리의 운용 능력과 제2언어 숙련도와의 관계는 논의되어왔으나, 제2언어 습득이나 학습 성과와의 관계에서 명쾌하게 해석이 되는 데이터는 아직 거의 없다. 다만 워킹메모리는 제2언어 습득의 성과를 예측하는 지표가 될 수 있다고 하여 그 관련이 크다고 주장하는 연구자들도 있다.

뇌과학에서의 제2언어습득론

제8장

영어 학습자의 최적 뇌활성 상태

크라센(1977)은 모국어처럼 자연스러운 환경에서 습득하는 방법으로는 언어가 무의식적으로 처리되지만, 교실 내에서 학습된 언어는 의식적으로 처리된다고 하여 양자는 호환되지 않는 것이라고 한다. 한편 맥러플린 등(1983)의 '주의-처리 모델'에서는 주의의 자동화라고 하는 점에서 언어가 습득됨에 따라 과제로 향하는 주의의 움직임은 컨트롤 처리(의식적 처리)에서 오토매틱 처리(자동적 처리)로 이행한다고 한다. 게다가 비알리스토크(1992)는 처리의 조작성(control)에 대하여 학습자가 스스로의 언어 지식에 관한 액세스가 용이한 정도에 따라 자동적으로 액세스할 수 있는 상태를 '+자동성', 자동적으로 액세스할 수 없는 상태를 '−자동성'이라 하여 학습의 발달 단계는 낮은 자동성에서 높은 자동성으로 이행해간다고 한다(제1장 참조).

게다가 주의의 용량 배분에서 슈미트(2001)나 시마르와 웡(Simard & Wong, 2001)은 언어 학습에서 주의는 불가결한 것이지만 그 용량에는 한계가 있기 때문에 과제에 선택적으로 주의를 기울일 수밖에 없다고 한다(제2장 2.1.1 참조). 오이시 등(2002)은 일본인을 대상으로 광토포그래피를 사용한 실험에서 언어 능력과 뇌혈류 증가량 비율의 관계에 대해 일본어 과제 수행 때와 영어 과제 수행 때를 비교한 결과, 영어 과제보다 일본어 과제를 수행할 때 학습자의 뇌혈류 증가량 비율이 낮다는 결과를 얻었다. 또한 학습자가 이해하기 쉬운 과제일수록 학습자의 혈류 증가량 비율이 낮은 것으로 나타났다.

8.1 영어 처리 뇌는 모국어 처리 뇌에 가까워지는 것일까?

8.1.1 최적 뇌활성 상태란?(실험 3)

실험 1과 2에서 학습자가 영어를 듣거나 읽는 동안에 특히 영어 학습 숙련자는 좌뇌 기능에 의존하는 것이 확인되었다. 사카이(2002)도 언어 모듈성을 제시하여 언어 시스템을 구성하고 있는 통사론, 의미론, 음운론이 서로 보충하여 언어를 처리한다고 한다. 동일하게 뇌내 구조에서도 이들의 어떤 움직임이 어떤 부위에 대응하는지는 확실하지 않지만 브로카 영역, 베르니케 영역, 각회, 연상회의 기능이 서로를 보완하며 뇌내에서 언어 모듈 구조를 이루고 있다고 한다.

숙련도와 언어 처리 연구에서는 지금까지 인지심리학적 입장에서 '언어 처리의 자동화'라는 관점에서 연구가 진행되어왔다. 여기에서 학습자의 언어 처리 방법은 학습을 거듭함에 따라 의식적 처리에서 자동적 처리로 이행해가는 것인지 등이 논의의 대상이 되어왔으나, 현재까지 명확한 견해는 얻을 수 없었다.

이 장에서는 실험 참가자의 숙련도와 언어 영역(청각 영역, 베르니케 영역, 각회, 연상회 주변) 활성도와의 관련성에 대해 다음 두 가지 점을 설명한다. 하나는 숙련도가 높은 학습자는 숙련도가 낮은 학습자보다 언어 영역의 뇌혈류 증가량 비율이 낮지 않을까 하는 것이고, 다른 하나는 숙련도가 높은 학습자일수록 언어 처리 이외의 부위보다 언어 영역 쪽의 뇌혈류 증가량 비율이 높지 않을까 하는 점이다. 실험 참가자를 TOEFL 득점에 따라 초급 학습자, 중급 학습자, 상급 학습자로 분류하고, 듣기 시와 읽기 시 여러 가지 경우에 대해 조사하여 영어의 숙련도별 뇌내 상태를 설명한다.

8.1.2 숙련도에 따라 뇌활성 상태가 다를까?

학습자의 숙련도와 뇌활성 상태의 메커니즘을 설명하기 위해 다음 가설을 세웠다.

① 초급 학습자는 언어 영역과 언어 영역 이외의 혈류 증가량 비율에 차이가 없다.

② 중급 학습자와 상급 학습자 모두 혈류 증가량 비율은 언어 영역 쪽이 언어 영역 이외보다 높다.

③ 언어 처리 시의 혈류 증가량 비율은 중급 학습자, 상급 학습자, 초급 학습자 순으로 높다.

8.1.3 숙련도별로 뇌활성 상태를 조사한다

실험 참가자

대학원생 및 대학생 38명(남성 20명, 여성 18명)으로, 실험 참가자 전원은 오른손잡이, 평균 연령은 24.3세, 그리고 전원 TOEFL 혹은 TOEIC 점수를 가지고 있었다. 결과 분석에는 TOEFL 득점을 데이터 처리에 사용했다. TOEIC 점수만 가지고 있는 사람은 환산표에 따라 TOEFL 득점으로 환산했다. 참가자의 TOEFL 득점은 최저 301점, 최고 625점이었다. TOEFL 득점이 300~399점은 초급 학습자, 400~499점은 중급 학습자, 500~625점은 상급 학습자로 분류했다.

숙련도별 이해도 테스트 결과는 〈표 8-1〉과 같다.

실험 지시 교재

실험 1과 동일

표 8-1 실험 3. TOEFL과 이해도 테스트 결과

학습자	인원수	TOEFL M(SD)	듣기		읽기	
			선택식	프로토콜식	선택식	프로토콜식
			M^*(%) (SD)	M^*(%) (SD)	M^*(%) (SD)	M^*(%) (SD)
초급 학습자	10	387.30 (44.80)	40.25 (3.20)	35.68 (3.68)	43.05 (4.25)	40.55 (4.78)
중급 학습자	9	477.70 (18.54)	54.58 (4.85)	50.25 (4.22)	58.66 (5.36)	55.98 (3.06)
상급 학습자	19	572.60 (34.00)	91.55 (3.66)	86.98 (2.58)	92.58 (1.54)	86.26 (1.52)

M^*(%)는 (테스트의 득점/14)×100으로 검산한 100점 만점 방식의 평균점.

실험 수칙

실험 1과 동일. 다만, 좌뇌 데이터만을 통계 분석했다.

통계 분석법

통계 분석법은 정규 분포를 하지 않아 비모수 통계를 이용했다. 관련된 두 그룹의 차이(언어 영역과 그 이외의 부위)를 검정하는 데에는 윌콕슨 부호부순위화 검정(T검정)을 이용하고, 관련이 없는 세 그룹(초급, 중급,

뇌과학에서의 제2언어습득론

상급 학습자)의 차이를 검정하는 데에는 크러스컬-월리스 순위 검정을 이용했다.

8.1.4 숙련도별 뇌활성화 패턴

듣기 실험 결과

듣기 시 초급 학습자, 중급 학습자, 상급 학습자의 언어 영역과 언어 영역 이외의 혈류 증가량 비율 차이에 대해 실험 결과와 통계 분석 결과를 〈표 8-2〉 및 〈그림 8-1〉에 표시했다.

표 8-2 듣기 시 언어 영역과 언어 영역 외의 혈류 증가량 비율

학습자	언어 영역 M(SD)	언어 영역 외 M(SD)
초급 학습자	14.63(16.11)	14.49(13.82)
중급 학습자	39.40(29.21)	28.32(20.16)
상급 학습자	34.82(44.34)	14.34(23.64)

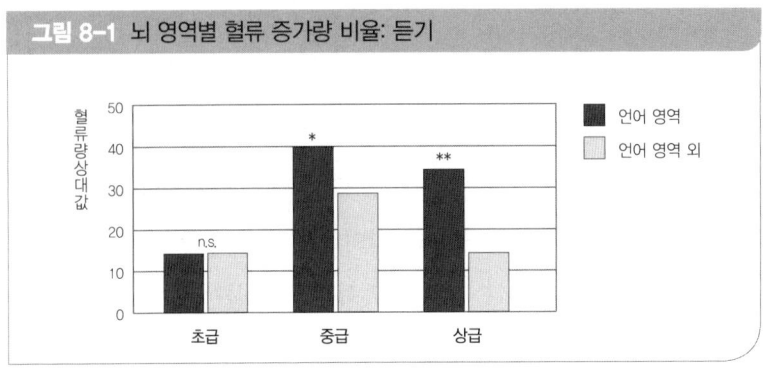

그림 8-1 뇌 영역별 혈류 증가량 비율: 듣기

윌콕슨 부호부순위화 검정 **p⟨0.01, *p⟨0.05

듣기 가설 검증

〈표 8-2〉 및 〈그림8-1〉에 기초해 가설을 검증했다.

가설 1 검증

초급 학습자의 언어 영역과 언어 영역 이외 간의 혈류 증가량 비율에 유의미한 차이는 인지되지 않았다(T값=17, 유의점 하측 10, 상측 55, n.s). 따라서 '초급 학습자는 언어 영역과 언어 영역 이외의 혈류 증가량 비율에 차이가 없다'라는 가설은 실증되었다.

가설 2 검증

중급 학습자 및 상급 학습자는 언어 영역의 혈류 증가량 비율 쪽이 언어 영역 이외의 혈류 증가량 비율보다 높았다(중급 학습자: T값=2, 유의점 하측 3, 상측 37, p<0.05; 상급 학습자: T값=6, 유의점 하측 8, 상측 22, p<0.01). 따라서 '중급 학습자와 상급 학습자 모두 혈류 증가량 비율은 언어 영역 쪽이 언어 영역 이외보다 높다'라는 가설은 실증되었다.

가설 3 검증

언어 영역의 혈류 증가량 비율은 중급 학습자, 상급 학습자, 초급 학습자 순으로 높다. 크러스컬-월리스 순위 검정에서 유의미한 결과가 나왔다(p<0.01). 따라서 '언어 처리 시의 혈류 증가량 비율은 중급 학습자, 상급 학습자, 초급 학습자 순으로 높다'는 가설은 실증되었다. 다만 상급 학습자 2명과 초급 학습자 2명을 비교한 경우, 크러스컬-월리스 순위 검정으로는 언어 영역의 혈류 증가량 비율 차이가 인지되지 않았다.

읽기 실험 결과

읽기 시 초급 학습자, 중급 학습자, 상급 학습자의 언어 영역과 언어
영역 이외의 혈류 증가량 비율 차이에 대해 실험 결과와 통계 분석 결
과를 〈표 8-3〉 및 〈그림 8-2〉에 표시했다.

표 8-3 읽기 시 언어 영역과 언어 영역 외의 혈류 증가량 비율

학습자	언어 영역 M(SD)	언어 영역 외 M(SD)
초급 학습자	28.13(32.43)	29.37(51.27)
중급 학습자	57.57(65.93)	40.32(41.59)
상급 학습자	40.48(52.64)	13.63(13.12)

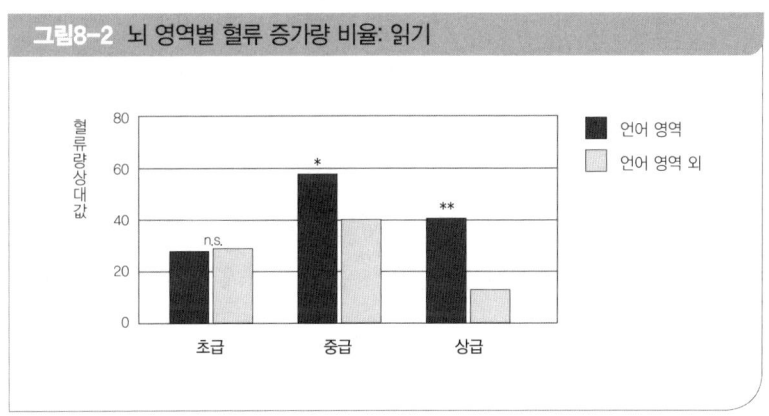

그림8-2 뇌 영역별 혈류 증가량 비율: 읽기

윌콕슨 부호부순위화 검정 **p<0.01, *p<0.05

읽기 가설 검증

〈표 8-3〉 및 〈그림 8-2〉에 기초해 가설을 검증하여 듣기와 거의 동
일한 결과를 얻었다.

가설 1 검증

초급 학습자의 언어 영역과 언어 영역 이외 간의 혈류 증가량 비율에 유의미한 차이는 인지되지 않았다(T값=17, 유의점 하측 10, 상측 55, n.s). 따라서 '초급 학습자는 언어 영역과 언어 영역 이외의 혈류 증가량 비율에 차이가 없다'라는 가설은 실증되었다.

가설 2 검증

중급 학습자 및 상급 학습자는 언어 영역의 혈류 증가량 비율 쪽이 언어 영역 이외의 혈류 증가량 비율보다 높았다(중급 학습자: T값=1, 유의점 하측 3, 상측 31, p<0.05; 상급 학습자: T값=3, 유의점 하측 5, 상측 25, p<0.01). 따라서 '중급 학습자와 상급 학습자 모두 혈류 증가량 비율은 언어 영역 쪽이 언어 영역 이외보다 높다'라는 가설은 실증되었다.

가설 3 검증

언어 영역의 혈류 증가량 비율은 중급 학습자, 상급 학습자, 초급 학습자 순으로 높다. 크러스컬-월리스 순위 검정에서 유의미한 결과가 나왔다(p<0.01). 따라서 '언어 처리 시의 혈류 증가량 비율은 중급 학습자, 상급 학습자, 초급 학습자 순으로 높다'는 가설은 실증되었다. 다만 상급 학습자 2명과 초급 학습자 2명을 비교한 경우, 크러스컬-월리스 순위 검정으로는 언어 영역의 혈류 증가량 비율 차이가 인지되지 않았다.

8.1.5 학습이 뇌를 바꾼다

숙련도와 뇌활성 상태

영어 숙련도와 뇌활성 상태에 대해 생각해보자. 상급 학습자 및 중급 학습자는 언어 영역이 선택적으로 활성화되는 것에 비해, 초급 학습자는 언어 영역이 선택적으로 활성화되지 않고 그 외의 주변 부위도 혈류량의 증가를 보인다. 따라서 초급 학습자는 과제 수행을 위해 활성을 필요로 하지 않는 뇌내 부위까지도 부하가 걸려서 불필요한 노력을 소비하기 때문에 학습자의 피로도가 커진다. 한편 상급 학습자의 혈류 증가량 비율이 초급 학습자와 중급 학습자의 중간에 위치하는 것은, 과제에 임할 때 주의량이 높고 혈류량 증가가 큰 것이 언어 처리의 원활화와 반드시 결합된다고는 할 수 없기 때문이다.

이상의 설명으로 숙련도와 혈류 상태에는 관련성이 있는 것처럼 보이지만, 한편으로 혈류량만으로는 판별이 곤란한 경우도 있다. 같은 수준의 숙련도에도 혈류 증가량 비율에 차이가 인지되는 경우나, 숙련도가 다른데도 혈류 증가량 비율에 차이가 없는 경우도 주목하지 않으면 안 된다.

상급 학습자 2명을 채택해보자. TOEFL 점수는 두 실험 참가자 모두 600점 이상이지만, 혈류 증가량 비율에서는 양자가 다른 결과를 나타낸다. 상급 학습자 2는 듣기에서는 청각 영역 및 베르니케 영역에 혈류가 집중된 반면, 읽기에서는 베르니케 영역에만 혈류가 집중되었다. 이 상태는 오이시와 기노시타(2003)의 영어 듣기 시 영어 모국어 화자의 상태와 유사하다. 한편 상급 학습자 1은 상급 학습자 2보다도 듣기나 읽기에서 모두 약간 넓은 영역의 연상회, 베르니케 영역에서 혈류량 증가가 보였다(口繪 참조).

또한 상급 학습자 2명과 초급 학습자 2명을 채택하여 크러스컬-월리스 순위 검정으로 분석해보면, 이 두 그룹에서는 혈류 증가량 비율의 차이가 인지되지 않았다. 이처럼 숙련도가 차이 나는 학습자들은 혈류 증가량 비율의 차이가 인지되지 않아도 뇌활성 상태는 동일하지 않으며 큰 차이가 있다. 상급 학습자는 뇌활성 상태가 자동 처리 상태가 되고, 과제를 이해할 때 뇌내에 부하가 걸리지 않기 때문에 혈류 증가량 비율이 낮아진다. 한편 초급 학습자의 혈류 증가량 비율이 낮은 것은 뇌내가 무활성 상태이기 때문이라고 해석할 수 있다.

따라서 숙련도와 혈류 증가량 비율의 관련은 앞에서도 기술한 대로 통계 분석에서는 가로축을 학습자의 수준, 세로축을 혈류량으로 한 경우, 〈그림 8-3〉처럼 크고 거꾸로 된 U커브를 나타낸다. 숙련도와 뇌활성 상태는 초급 학습자에서 상급 학습자로 올라감에 따라 무활성형, 과잉 활성형, 선택적 활성형, 자동 활성형으로 이행한다는 추측이 가능하다.

그림 8-3 영어 학습자의 숙련도와 뇌활성 상태

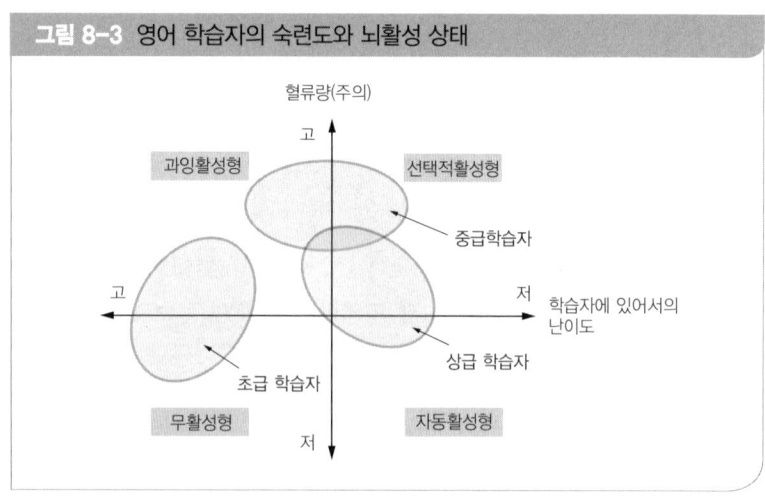

뇌과학에서의 제2언어습득론

엄밀히 조사해보면 TOEFL 등의 영어 능력 테스트와 혈류량의 관계에서는 영어 능력 테스트 득점이 낮은 쪽에서 테스트 득점이 높아짐에 따라 혈류 증가량 비율이 상승하여 어느 정도 수준에서는 영어 능력 테스트의 득점에 비례하여 증가해간다고 생각할 수 있지만, 그 일정 수준의 능력을 뛰어넘은 상급 학습자에 대해서는 모국어 화자처럼 자동적 처리 상태가 된 실험 참가자와 언어 영역에 혈류 증가가 낮은 실험 참가자의 두 종류가 관찰된다. 어쨌든 자동화 과정에서는 혈류 증가량 비율이 검증되므로 자동화가 완료되면 혈류 증가량 비율이 낮아져 모국어 화자에 가깝게 된다는 해석이 가능하다.

뇌혈류량과 학습 요인

뇌혈류량의 증가가 낮아지는 상태에서는 학습자의 내면에서 무엇이 변화한 것일까? 딜레이 등(Dulay et al., 1982)은 제2언어의 학습에는 세 가지 심리 작용이 기능한다고 했다. 그 중 두 가지는 '필터'와 'organize'라고 부를 수 있는 무의식적 작용이고, 또 하나는 '모니터'라고 부를 수 있는 의식적 작용이라고 한다. 언어 학습자에게 들은 음성이나 읽은 문자 정보가 전부 입력 가능한 것은 아니다. 학습자의 숙련도, 동기, 니즈, 태도, 감성 등에 의해 언어 정보가 필터로 걸러진다. 필터에 걸러진 결과는 언어 학습의 속도나 내용에 영향을 미치지 않는다. 즉 혈류 증가량 비율과 정보가 필터를 통과하는 상태와의 관계는, 필터를 매끄럽게 통과하는 것이 가능할 때에는 혈류 증가량 비율이 낮아지고, 잘 통과하지 못하는 경우에는 혈류 증가량 비율이 높아진다고 생각할 수 있다. 본 실험 결과에서도 학습자가 내면에서 '모니터'를 작동하여 의식적으로 문법이나 구문에 주의를 기울이는 경우 뇌혈류량이 증가한다고 생각할 수 있다.

숙련도와 선택적 주의의 활성도

영어 숙련도와 혈류 증가량 비율에 눈을 돌려보자. 혈류량이 주의의 정도를 나타낸다고 생각하면, 주의가 지나치게 과잉되거나 너무 주의를 기울이지 않아도 학습 결과에 좋은 영향을 미치지 않기 때문에 중위의 주의량, 이른바 최적 주의량이 정의된다.

본 실험 결과에서 뇌혈류 상태를 주의와 관련지어 생각하면, 주의를 '촉진성 선택적 주의(facilitative selective attention)'과 '억제성 주의(debilitative attention)'로 구별할 수 있다. 언어 처리를 하는 경우, 난이도가 높은 과제에 몰두할 때에는 과제와 '격투'하기 때문에 많은 주의를 필요로 하여 뇌내는 주의 과잉 활성 상태가 된다. 한편 과제의 난이도가 학습자에게 부담이 되는 정도라면, 학습 과제에서 '도피'할 것처럼 회피 행동을 함으로써 과제에 주의를 기울이지 않기 위해 뇌내는 무활성 상태가 된다고 해석할 수 있다.

주의의 용량에는 한계가 있어 선택적으로 기울이지 않으면 안 되기 때문에 언어 처리를 원활히 하기 위해서는 언어 영역을 선택적으로 활성화하고, 혈류도 선택적으로 언어 영역에 집중하는 상태가 되지 않으면 안 된다. 이 상태가 최적 뇌활성 상태이다. 영어 학습 상급자는 이 기능이 순환된다고 말할 수 있다.

8.1.6 최적 뇌활성 상태로 이끌 가능성

본 실험에서는 뇌혈류량, 특히 과제 수행 시의 언어 영역 뇌혈류 증

뇌과학에서의 제2언어습득론

가량과 영어 숙련도의 관련성에 대해 조사했다. 그 결과 숙련도가 낮은 학습자의 혈류량 증가 비율이 낮고, 숙련도가 높아짐에 따라 혈류의 증가 비율이 높아졌다. 그러나 상급 학습자가 됨에 따라 어느 지점을 경계로 재차 혈류 증가량 비율은 낮아지고 있다. 이 관계는 대체로 역 U 자형의 커브를 그린다. 게다가 어느 부위에 혈류가 집중되는 것일까에 대해서는 중급 학습자 일부 및 상급 학습자들이 언어 영역(베르니케 영역, 청각 영역, 각회, 연상회)에 집중하는 것으로 풀이된다. 이 상태가 최적 뇌활성 상태이다.

이 결과는 비알리스토크(1982)나 맥러플린 등(1983)의 상급 학습자가 됨에 따라 언어 처리가 자동화된다는 것, 슈미트(1999)나 시마르와 윙 (2001)의 주의는 선택적으로 향하지 않으면 안 된다는 것과도 일치한다. 따라서 뇌혈류량이 언어 처리 자동화의 하나의 지표가 된다고 생각할 수 있다. 다만 거의 동일한 숙련도의 학습자들도 뇌혈류량의 상태가 다른 경우가 있다. 이는 페이퍼 테스트에서 나타난 결과로, 반드시 뇌활성 상태를 반영한 것은 아닐 수도 있음을 시사한다.

또한 주어진 과제의 난이도에 따라서도 주의의 자동화 상태가 변화하는 것은 아닐까? 타론(Tarone, 1998) 등은 중간언어의 가변성을 주장하여 언어를 학습할 때 학습자의 지식은 암묵적 지식과 명시적 지식으로 명확하게 구분될 수 있는 것이 아니고, 주어진 과제의 난이도나 질에 의해 어느 때에는 보다 암묵적인 지식이, 또 어느 때에는 보다 명시적인 지식이 이용된다고 한다. 뇌내 메커니즘에서도 과제의 난이도가 다르면 동일 학습자라도 뇌활성도가 다른 것은 아닐까. 이 의문에 대해서는 제9장에서 다룬다.

제9장

교수법 개발과 뇌활성화

・・・

　제8장의 실험 3에서 영어 숙련도가 높은 학습자는 숙련도가 낮은 학습자에 비해 뇌활성 상태가 자동 처리 상태에 가깝다는 결과를 얻었다. 그러나 이 경우 과제의 난이도와 학습자의 능력 균형에 의해 생겨난 뇌혈류량의 변화가 있다는 생각을 할 수 있다. 동일 학습자라도 지시된 과제의 난이도나 지시 방법이 다르면 뇌내의 활성 상태도 변화하는 것은 아닐까?

9.1 과제의 난이도는 뇌를 변화시킬까?

9.1.1 과제의 어려움과 뇌의 움직임(실험 4)

　학습자 자신의 언어 지식을 생각해보면 직감적인 정보로 축적된 암묵적 지식과 학습자가 의식하여 얻은 명시적 지식이 있으나, 이들을 확실하게 구별하는 것이 아니라 양극으로 한 연속성 속에 있다고 파악하는 발상도 있다. 이것을 중간언어의 가변성(variability position)이라고 한다(제1장 참조). 이 이론에서는 학습자가 언어 과제에 주의를 기울이는 정도에 따라 사용되는 언어 지식이 결정된다고 한다. 즉 어느 때에는 보다 암묵적인 지식이 작동되고, 또 어느 때에는 보다 명시적인 지식이 사용된다(Tarone, 1985, Ellis, 1985).

예를 들어 지시된 과제의 난이도가 낮으면 암묵적 지식을 작동시키는 것이 가능하여 학습 시의 뇌활성 상태가 최적 활성 상태, 이른바 입력 가능 상태가 되는 것은 아닐까? 혹시 입력 가능 상태를 추정할 수 있다면 학습자의 숙련도에 상응하는 교재의 난이도도 동시에 설정할 수 있는 것은 아닐까?

어떤 학습자도 학습자의 숙련도에 비해 지시된 교재의 난이도가 높아지면 이해가 곤란해지는 것은 명확하다. 크라센(1985)의 입력 가설에서도 여러 가지 애매성이 있는데(McLaughlin, 1987), 현시점에서 학습자가 가진 언어 지식 수준을 'i'라고 하면 이 'i'를 한 단계 넘은 'i+1'의 수준인 글의 의미를 처리하는 것에는 이해할 수 있는 인풋을 얻을 수 있어 학습자의 언어 습득은 효율적으로 진행된다(제1장 1.2.1 참조). 따라서 학습자에게 지시된 과제의 난이도가 언어 이해 및 언어 습득에 큰 영향을 미친다고 말할 수 있다.

본 실험에서는 난이도가 다른 두 가지 과제를 지시하여 각각의 이해도 테스트 결과의 차이와 뇌혈류 증가 비율의 차이를 측정한다. 난이도가 높은 과제보다 낮은 과제를 제시한 쪽이 이해도 테스트의 득점이 높은 것일까? 그것은 반비례하여 본 실험 참가자의 뇌혈류량 증가의 비율은 낮아지는 결과가 될까? 좌뇌의 언어 영역(연상회와 각회, 청각 영역, 베르니케 영역)에서의 혈류 증가량 비율을 측정한 비교 결과를 보자.

9.1.2 과제의 난이도에 따라 뇌활성도는 변화할까?

듣기에서 과제의 난이도와 이해도 테스트 및 뇌혈류 증가량 변화의 관련성을 명확히 하기 위해 다음의 가설을 세웠다.

① 초급·중급 학습자 및 상급 학습자의 양 학습자 그룹에서 난이도가 높은 과제(어려운 과제)의 이해도 테스트보다 난이도가 낮은 과제(쉬운 과제)의 이해도 테스트 득점 쪽이 높다.

② 초급·중급 학습자 및 상급 학습자의 양 학습자 그룹에서 어려운 과제보다 쉬운 과제를 수행할 때 언어 영역의 혈류 증가량 비율이 낮다.

9.1.3 과제의 난이도를 변화시켜 조사한다

실험 참가자

대학원생 및 대학생 16명(남성 8명, 여성 8명)으로, 실험 참가자 전원은 오른손잡이, 평균 연령은 22.5세, 그리고 전원 TOEFL 혹은 TOEIC 점수를 가지고 있다. 결과 분석에는 TOEFL 득점을 데이터 처리에 사용했다. TOEIC 점수만 가지고 있는 사람은 환산표에 따라 TOEFL 득점으로 환산했다. TOEFL 취득점이 300~480점은 초·중급 학습자, 550~620점은 상급 학습자로 분류했다(표 9-1).

실험 장치

근적외광토포그래피 뇌기능 측정 장치(ETG-100, 히타치메디코)를 이용했다.

실험 지시 교재(책 말미의 자료 I과 6.1 참조)

난이도가 다른 두 가지 과제를 이용했다. 난이도가 높은 과제는 영어 검정 준1급 문제(어려운 과제), 난이도가 낮은 과제는 영어 검정 2급 문제(쉬운 과제)의 설명문을 선택했다.

실험 수칙

실험은 개별적으로 실행한다(계측자 1명, 실험 참가자 1명). 실험 참가자를 책상 앞에 앉게 한 다음, 광토포그래피 장치의 탐침을 좌뇌, 기본적으로는 실험 참가자의 귀 위에 위치한 언어 영역(각회, 연상회, 청각 영역, 베르니케 영역 주변)을 포함한 좌측두엽 위 및 우측두엽 위의 두피 9센티미터×9센티미터 범위로 각 12채널 합계 24채널을 장착한다. 실험에 앞서 참가자에게 실험 수칙을 설명하고, 실험 데이터는 본 연구를 위해 사용된다는 것에 동의를 구한다. 그리고 실험 수칙에 대해 다음과 같이 설명한다.

① 40초 안정 시간을 갖는다.

② 듣기 과제는 헤드폰을 통해 나온다(40초간).

③ 과제 지시 후 40초의 안정 시간을 갖는다.

④ 이해한 내용을 1분간 보고한다. 그것을 녹음한다.

⑤ 내용과 관계된 이해도 테스트를 실시한다.

⑥ 안정 시와 과제 수행 시의 혈류량을 비교하기 위해 안정 시에는 아무것도 생각하지 않고, 과제 지시 중에는 내용 이해에 집중하는 것을 교시한다.

⑦ 과제 종료 후 전략, 이해 방법, 정보 처리 과정에 있어 뇌활성 상태의 영상과 조합하면서 인터뷰를 실행한다.

⑧ 동일 수칙으로 읽기 과제도 실시한다. 과제 지시는 인쇄지를 사용한다(40초간).

통계 분석법

통계 분석법은 데이터 수가 적고 정규 분포를 하지 않아 비모수 통계를 이용했다. 관련된 두 그룹의 차이(쉬운 과제 수행 시 혈류 증가량 비율과 어려운 과제 수행 시 혈류 증가량 비율의 차이)를 검정하는 데에는 윌콕슨 부호부순위화 검정(T검정)을 이용했다.

9.1.4 난이도에 따른 이해도와 뇌활성도 변화

듣기 실험 결과

듣기 시에 초급 · 중급 학습자와 상급 학습자의 TOEFL과 이해도 테스트 결과는 〈표 9-1〉로, 혈류 증가량 비율은 〈그림 9-1〉로 기록했다.

듣기 가설 검증

〈표 9-1〉 및 〈그림 9-1〉에서 가설 검증을 고찰했다.

가설 1 검증

〈표 9-1〉에서 초급 · 중급 학습자는 과제의 난이도가 낮은 경우 이해도 테스트의 득점이 향상되어 유의미한 차이가 인지되었다(초급 · 중급 학습자: T값=1, 유의점 하측 2, 상측 31, p〈0.01). 그러나 상급 학습자는 어려운 과제와 쉬운 과제에서 유의미한 차이가 인지되지 않았다(상급 학습자: T값=6, 유의점 하측 3, 상측 25, n.s). 따라서 초 · 중급 학습자는 '난이도가 낮으면 이해도 테스트의 득점이 높다'는 가설이 검증되었으나, 상급 학습자는 실증되지 않았다.

| 표 9-1 | 실험 4. TOEFL과 듣기 이해도 테스트 결과 |

학습자	인원수	TOEFL M(SD)	선택식		프로토콜식	
			어려운 과제	쉬운 과제	어려운 과제	쉬운 과제
			M*(%)(SD)	M*(%)(SD)	M*(%)(SD)	M*(%)(SD)
초 · 중급 학습자	8	461.85 (41.44)	53.57 (3.56)	87.5** (2.54)	51.25 (3.06)	83.68** (3.85)
상급 학습자	8	563.5 (31.36)	95.33 (1.54)	97.33 (1.77)	86.25 (1.52)	95.58 (1.92)

M*(%)는 (테스트의 득점/14)×100으로 검산한 100점 만점 방식의 평균점.

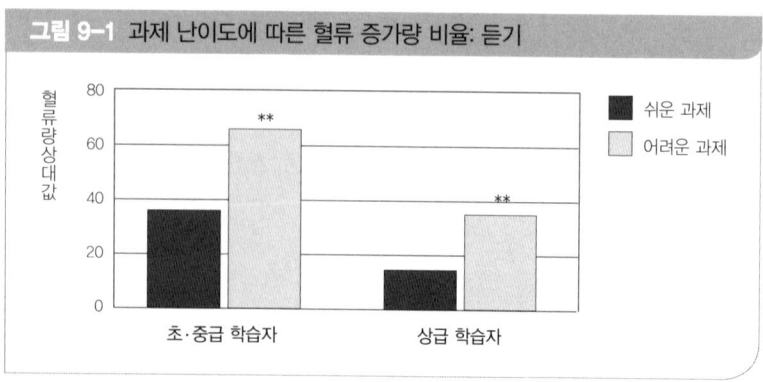

그림 9-1 과제 난이도에 따른 혈류 증가량 비율: 듣기

윌콕슨 부호부순위화 검정 **p〈0.01

가설 2 검증

〈표9-1〉에서 초급 · 중급 학습자 및 상급 학습자의 양 학습자 그룹에서 어려운 과제보다 쉬운 과제를 수행하는 쪽이 혈류 증가량 비율이 낮아지는 유의미한 차이가 인지되었다(초급 · 중급 학습자: T값=5, 유의점 하측 8, 상측 45, p〈0.01; 상급 학습자: T값=2, 유의점 하측 3, 상측 26, p〈0.01). 따라서 '초급 · 중급 학습자 및 상급 학습자의 양 학습자 그룹에서 어려운 과제보다 쉬운 과제를 수행할 때 언어 영역의 혈류 증가량 비율이

뇌과학에서의 제2언어습득론

낮다'라는 가설은 검증되었다.

읽기 실험 결과

읽기 시에 초급 · 중급 학습자와 상급 학습자의 TOEFL과 이해도 테스트 결과는 〈표9-2〉로, 혈류 증가량 비율은 〈그림 9-2〉로 기록했다.

읽기 가설 검증

〈표9-2〉 및 〈그림 9-2〉에 기초해 가설을 검증했다.

표 9-2   실험 4. TOEFL과 읽기 이해도 테스트 결과

학습자	인원수	TOEFL M(SD)	선택식		프로토콜식	
			어려운 과제	쉬운 과제	어려운 과제	쉬운 과제
			M*(%)(SD)	M*(%)(SD)	M*(%)(SD)	M*(%)(SD)
초 · 중급 학습자	8	461.85 (41.44)	53.57 (3.56)	87.5** (2.54)	51.25 (3.06)	83.68** (3.85)
상급 학습자	8	563.5 (31.36)	95.33 (1.54)	97.33 (1.77)	86.25 (1.52)	95.58 (1.92)

윌콕슨 부호부순위화 검정 **$p<0.01$

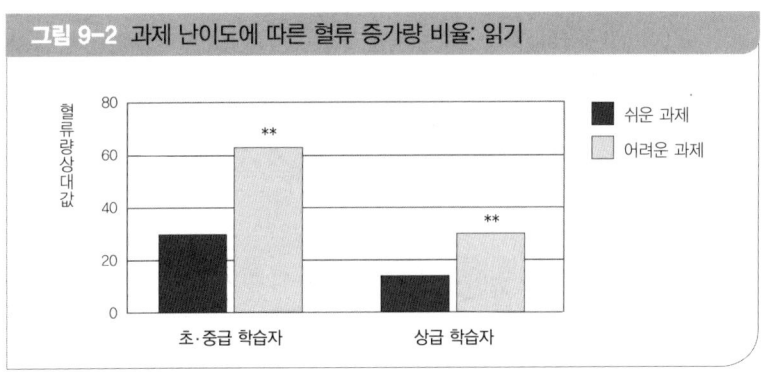

그림 9-2   과제 난이도에 따른 혈류 증가량 비율: 읽기

윌콕슨 부호부순위화 검정 **$p<0.01$

가설 1 검증

〈표 9-2〉에서 초급·중급 학습자는 과제의 난이도가 낮을 경우 이해도 테스트의 득점이 향상되어 유의미한 차이가 인지되었다(초급·중급 학습자: T값=1, 유의점 하측 2, 상측 30, p〈0.01) 그러나 상급 학습자는 어려운 과제와 쉬운 과제에서는 유의미한 차이가 인지되지 않았다(상급 학습자: T값=5, 유의점 하측 3, 상측 25, n.s). 따라서 초급·중급 학습자는 '난이도가 낮아지면 이해도 테스트의 득점이 올라간다'는 가설이 검증되었으나, 상급 학습자는 실증되지 않았다.

가설 2 검증

〈그림 9-2〉에서 초급·중급 학습자 및 상급 학습자는 어려운 과제보다 쉬운 과제를 수행할 때 혈류 증가량 비율이 낮아지는 유의미한 차이가 인지되었다(초급·중급 학습자: T값=1, 유의점 하측 2, 상측 30, p〈0.01; 상급 학습자: T값=4, 유의점 하측 5, 상측 30, p〈0.01). 따라서 '초급·중급 학습자 및 상급 학습자의 양 학습자 그룹에서 어려운 과제보다 쉬운 과제를 수행할 때 언어 영역의 혈류 증가량 비율이 낮다'라는 가설은 검증되었다.

테스트 결과와 뇌활성도

난이도 테스트의 득점과 언어 영역의 혈류 증가량 비율의 관계는, 본 실험에서는 듣기와 읽기에서 초급·중급 학습자는 난이도 테스트의 득점이 상승하면 반대로 언어 영역의 혈류 증가량 비율은 낮아진다는 결과를 얻었다.

그러나 상급 학습자는 듣기에서도, 읽기에서도 어려운 과제와 쉬운 과제에서 언어 영역의 혈류 증가량에는 유의미한 차이가 인지되었으나, 난이도별 테스트의 득점에는 유의미한 차이가 인지되지 않았다. 따라서 반드시 테스트의 득점이 뇌활성도 변화를 나타내는 것은 아니라고 말할 수 있는 결과가 되었다. 그러나 본 실험에서 사용된 교재와 문제는 어려운 과제는 영어 검정 준1급, 쉬운 과제는 영어 검정 2급 문제로 상급 학습자에게는 모두 용이해서 이해도 테스트 득점에 천장 효과(ceiling effect)가 발생했다고도 해석할 수 있다.

9.1.5 적절한 난이도가 뇌활성 촉진

본 실험 결과는 다음과 같은 해석이 가능하다. 과제의 난이도가 높아지면 그것에 따른 높은 뇌활성도가 요구된다. 한편 과제의 난이도가 낮아지면 높은 뇌활성도는 필요 없고, 뇌활성 상태는 자동적 처리 상태에 가까워진다. 즉, 학습자에게 과제의 난이도가 높으면 텍스트 구조가 복잡하여 어휘 등이 친숙하지 않기 때문에 이해도가 저하되어 이해하려는 학습자 측의 뇌활성도는 높아지고 뇌혈류량도 증가하는 메커니즘이다.

이 뇌활성 현상에서 중간언어의 가변성이 뇌과학적으로 설명 가능하게 된다. 학습자의 능력에 비해 과제의 난이도가 낮을 때에는 학습자가 암묵적 지식을 사용하여 선택적 주의가 무의식적으로 작동하고, 낮은 뇌활성도로 과제를 이해할 수 있다. 한편 과제의 난이도가 높아지면 명시적 지식을 이용하기 위해 의식적으로 선택적 주의가 작동하여 쉬운 과제를 수행할 때보다 뇌활성에 부하가 걸려서 뇌혈류량이 증가한다고 해석할 수 있다.

다만 본 실험의 상급 학습자는 어려운 과제와 쉬운 과제에서 과제 수행 시 혈류 상태에는 차이를 보였으나, 이해도 테스트의 득점에는 차이가 없었다. 이것으로 본 실험에 참가한 상급자에게는 어려운 과제도, 쉬운 과제도 모두 이해가 쉬워서 이해도 테스트에 천장 효과가 보인다고 생각된다. 한편, 어려운 과제를 수행하기 위해 뇌활성에 걸리는 부담은 쉬운 과제 쪽이 적다고 말할 수 있다.

여기에서 언어 능력과 언어 운용 능력에 대해 생각해보자. 촘스키(1965)는 언어 능력과 언어 사용 능력을 구별하고 있는데, 본 실험 결과에서도 뇌내에 축적된 언어 능력과 이해도 테스트에서 표면화된 언어 운용 능력은 반드시 일치하는 것은 아니라는 생각이 가능했다. 제3장에서도 기술했지만 인간의 언어 능력에는 인지학적으로도, 뇌과학적으로도 두 가지 정도의 능력이 있다. 하나는 인간이 내면에서 얻는 언어 지식으로 '언어 능력'이며, 또 다른 하나는 이것을 운용하는 '언어 운용 능력'이다. 언어 능력과 언어 운용 능력은 거의 일치하지 않고, 현실적으로 평가의 대상이 되는 것은 관찰 가능한 언어 운용 능력이다.

본 실험 결과의 범위 내에서는 언어 능력이라는 추상적 관념이 뇌내의 신경 조직에 개별적으로 존재하는 것인지를 명확하게 할 수는 없지만, 언어 능력과 언어 운용 능력의 호환이나 관련성을 표상하는 한 가지를 나타낼 수 있다. 사람은 어떠한 지식을 얻는가에 대해서 명확히 자기 자신의 입으로 표현할 수는 없어도 문법적 규칙이 바르고 이해 가능한지 판단할 수 있고, 듣거나 읽은 내용을 정확히 파악하면서 테스트 문제에 회답할 수 있다. 이러한 지식의 표상을 생각하면, 언어 지식으로 암묵적으로 얻어지는 능력과 언어 운용 시의 실제로 관찰 가능한 능력은 일치하지 않음을 알 수 있다. 본 실험의 뇌과학적 데이터는 사람의 언어 능력과 언어 운용 능력의 구별이나 관련성에 대해 기술하기 때문에 보충적이나마 지금까지 없었던 객관적 데이터가 얻어졌다고 해석할 수 있다.[9]

9.2 뇌과학에서의 스키마 이론

9.2.1. 스키마와 뇌의 작용(실험 5)

실험 4에서는 중간언어의 가변성 검증 중 하나로 난이도가 높은 과제와 낮은 과제를 지시한 경우에서 각각의 과제를 수행할 때 언어 영역 혈류량을 비교해보았다. 그 결과 난이도 낮은 과제를 수행할 때가 난이도 높은 과제를 수행할 때보다 언어 영역의 혈류 증가량 비율이 낮다는 결과를 얻었다.

브라운(1994)도 중간언어에서 보인 가변성을 지지하여(variability) 학습자 자신의 지식에는 무의식적으로 축적된 암묵적 지식과 의식적으로 얻은 명시적 지식이 있어 학습자가 언어 과제에 향하는 주의의 정도에 의해 사용된 언어 지식이 결정되는 것이 된다고 한다. 또 제시된 과제의 난이도에 의해서 난이도가 높은 경우 좀 더 명시적 지식이, 난이도가 낮은 경우 좀 더 암묵적 지식이 사용된다고 생각할 수 있다(Tarone, 1985; Ellis, 1985). 이것과 실험 3의 결과 및 고찰을 참조해보면 암묵적 지

---

9 여기서 저자는 본 실험에서 이해도 테스트의 점수는 언어 운용 능력에, 그리고 관찰할 수 없는 언어 능력은 혈류 증가율에 해당한다고 간주하는 것으로 보인다. (역자주)

식을 사용하는 경우에는 학습자의 뇌활성 상태가 자동 활성 상태이고, 명시적 지식을 의식적으로 사용하는 경우에는 선택적 활성 상태 또는 과잉 활성 상태가 된다고 생각할 수 있다. 그러나 과제 제시 전에 학습자의 스키마(배경지식)를 활성화하기 위해 내용과 관계된 정보를 제시하는 경우는 정보를 제시하지 않는 경우에 비해 뇌내의 활성 상태가 어느 정도 변화하는 것일까?

스키마 이론에 대해서는 1980년 이후 왕성히 연구되어왔다. 카렐과 아이스터홀드(Carrel & Eisterhold, 1983)는 독해라는 것은 독자의 스키마와 텍스트의 상호작용으로, 효과적인 독해를 하기 위해서는 텍스트의 내용을 독자가 지닌 스키마와 관련지어 독해하는 것이 필요하다고 한다. 그리하여 독해 과정에서 독자는 스키마에 기초해 읽고, 읽어가면서 내용을 예측하여 그 예측을 검증한다. 하나하나의 문자나 말의 처리는 문자나 담화의 처리에 항상 선행되는 것이 아니라 스키마에 따라 해석된다고 할 수 있다.

스키마 연구에서는 형식 스키마(formal schema)를 다룬 것, 그리고 내용 스키마(content schema)를 다룬 것이 있다. 텍스트의 형식 및 내용 스키마와 독해력의 관계를 탐구한 연구(Johnson, 1981, 1982; Carrell, 1983, 1984, 1987)에서는 주된 텍스트 구조의 이해가 영문 독해력에 도움이 된다고 여겨져왔으나, 현재에는 내용 스키마를 기억에서 인출하는 것으로 독해가 촉진되는 것이라는 입장이 강하다. 즉 상향식 처리도, 하향식 처리도 동시에 병행적으로 행해져 독해를 촉진한다고 하는 병행 처리의 입장이 강조되어왔다(Anderson et. al., 1977; Carrell et. al., 1983; Grabe, 1991). 한편 존슨(1982)의 실험에서 스키마를 주기 위한 키워드 제시는 텍스트 이해에 도움이 되긴 되지만, 무작위로 어휘를 제시해도 효과는 비슷한 정도로 높았다는 결과가 보고되었다. 타글리버, 존슨과 야브로(Taglieber, Johnson & Yarbrough, 1988)도 독해 전 삽화 제시, 어휘 학습, 질문의 세 가지 힌트가 가져오는 효과를 비교한 결과, 어휘의 학습 효과가 적었다고 보고했다. 한편 허드슨(Hudson, 1988)은 다지 선택 문제에서 어휘를 미리 공부한 것의 효과는 상급 수준의 학생 쪽이 그 외 수준인 학생보다 크다고 주장했다.

스키마 이론에 대해서는 연구가 왕성하여 지금까지 스키마는 청해에서 독자에게 도움이 된다는 성질이 있다는 시각이 강하지만 확실하지 않은 것이 많다. 하나는 가도타(門田, 2001)가 지적한 것으로, 스키마 이론은 굿맨(1996)과 스미스(1988) 등의 심리언어 모델을 기초로 구축되었으나 그 이후 진전된 것은 없다. 두 번째는 그린(Greene, 1986)도 지적한 것처럼 스키마가 장기 기억 내에 모인다는 것은 추측에 지나지 않고, 스키마가 어떻게 청해의 메커니즘과 관련되는지는 명확한 견해가 없었다.

일반적으로 생각하여 새로운 정보를 이해하는 경우와 이미 지식으로 획득한 정보를 이해하는 경우 중 어느 쪽이 더 간단하게 이해 가능한 것일까 하는 의문에서 후자 쪽이 쉽게 이해된다는 것은 명확하다. 스키마의 정의는 이 책 제3장에서 논의한 것처럼 엄밀하지 않고 좀 더 폭 넓은 유연성을 가졌다. 본 실험에서는 과제 텍스트 내용과 관계된 정보를 주는 것이 실험 참가자의 스키마를 활성화시킨다는 입장으로 논한다.

과제 지시 1회와 2회 사이에 프로토콜 방식에서의 구두 보고, 이해도 테스트, 키워드 지시를 하여 1회에 지시된 내용 및 이해가 되지 않은 곳을 확인하는 것이다. 이처럼 1회와 2회의 과제 지시 사이에 실험 참가자는 텍스트 내용과 연관된 추가 정보를 얻기 때문에 정보량은 2회 제시된 쪽이 월등히 많다. 여기에서 1회보다 2회 과제를 제시할 때 내용과 관계된 스키마가 증강된다는 해석에 기초하여 논한다. 내용과 관계된 정보를 제시하면 듣기나 읽기 시에 어떤 언어 영역의 뇌혈류량에 변화를 주는 것일까 하는 점에서 조사를 하여 스키마가 언어 처리 자동화 및 선택적 주의 활성화에 유효한 것일까에 대해 논한다.

9.2.2 스키마가 뇌를 활성화한다?

스키마가 언어 이해 및 뇌활성 상태에 주는 영향을 명확히 하기 위해 다음 네 가지 가설을 세워 검증한다.

① 초 · 중급 학습자 및 상급 학습자의 양 실험 참가자 그룹에 내용과 관계된 정보를 주는 경우가 주지 않는 경우보다 이해도 테스트의 득점이 높다.

② 실험 3에서 분석된 뇌활성 패턴의 실험 참가자 그룹 전부(무활성형, 과잉 활성형, 선택적 활성형, 자동 활성형)에 내용과 관계된 정보를 주는 경우가 주지 않는 경우보다 언어 영역의 혈류 증가량 비율이 낮다.

③ 무활성형의 초급 학습자에게 내용과 관계된 정보를 주는 경우가 주지 않는 경우보다 언어 영역의 혈류 증가량 비율이 높다.

④ 자동 활성형의 상급 학습자에게 내용과 관계된 정보를 주는 경우와 주지 않는 경우를 비교하면, 언어 영역의 혈류 증가량 비율에는 차이가 없다.

뇌과학에서의 제2언어습득론

9.2.3 스키마의 유무로 뇌활성 상태를 조사한다

실험 참가자

대학원생 및 대학생 20명(남성 10명, 여성 10명)으로, 실험 참가자 전원은 오른손잡이, 평균 연령은 23.5세, 그리고 TOEFL 점수는 최저 310점, 최고 623점이었다. TOEFL 취득점이 300~480점을 초·중급 학습자, 550~623점을 상급 학습자로 분류했다. 이것으로 분석되지 않는 학습자로서 뇌활성 패턴이 무활성형의 TOEFL 평균점은 336점(2명), 자동 활성형의 TOEFL 평균점은 610점(2명)이었다.

또 이러한 학습자의 활성형 패턴은 실험 3의 결과를 기초로 무활성형은 평균 뇌혈류 증가량의 상대값이 5.0 미만인 한편 TOEFL 득점이 400점 미만, 과잉 활성형은 평균 뇌혈류 증가량의 상대값이 5.0 이상으로 언어 영역과 언어 영역 이외의 혈류 증가량 비율에 차이가 없는 참가자, 선택적 활성형은 혈류 증가량의 상대값 및 TOEFL 득점은 특정하지 않았고 언어 영역과 언어 영역 이외의 혈류 증가량 비율에 차이가 있는 참가자, 자동 활성형은 뇌혈류 증가량 비율이 10.0 미만으로 TOEFL 득점은 600점 이상으로 분류했다.

실험 지시 교재

영어 검정 준1급 문제(책 말미의 자료 I과 6.1, 6.2 참조)의 설명문 두 문제를 선택하여 한 문제는 듣기에, 한 문제는 읽기에 이용했다.

실험 수칙

실험은 개별적으로 실행한다(계측자 1명, 실험 참가자 1명). 실험 참가자를 책상 앞에 앉게 한 다음, 광토포그래피 장치의 탐침을 좌뇌와 우뇌, 기본적으로는 실험 참가자의 귀 위에 위치한 언어 영역(각회, 연상회, 청각 영역, 베르니케 영역 주변)을 포함한 좌측두엽과 우측두엽의 두피 9센티미터×9센티미터 범위로 각 12채널 합계 24채널을 장착한다. 다만 통계 처리에는 좌뇌의 언어 영역 두피에 장착한 데이터만을 사용한다. 실험에 앞서 참가자에게 실험 수칙을 설명하고, 실험 데이터는 본 연구를 위해 사용된다는 것에 동의를 구한다. 그리고 실험 수칙에 대해 다음과 같이 설명한다.

① 40초 안정 시간을 갖는다.

② 듣기 과제는 헤드폰을 통해 나온다(40초간).

③ 과제 지시 후 40초의 안정 시간을 갖는다.

④ 이해한 내용을 1분간 보고한다. 그것을 녹음한다.

⑤ 내용과 관계된 이해도 테스트를 실시한다.

⑥ 안정 시와 과제 수행 시의 혈류량을 비교하기 위해 안정 시에는 아무것도 생각하지 않고, 과제 지시 중에는 내용 이해에 집중하는 것을 교시한다.

⑦ 과제 종료 후 전략, 이해 방법, 정보 처리 과정에 있어 뇌활성 상태의 영상과 조합하면서 인터뷰를 실행한다.

⑧ 내용과 관계된 키워드를 지시한다(책 말미의 자료 I과 7.3 참조).

⑨ 1회와 동일한 과제를 동일하게 제시한다.

⑩ 동일 수칙으로 읽기 과제도 실시한다. 과제 지시는 인쇄지를 사용한다(40초간).

뇌과학에서의 제2언어습득론

통계 분석법

통계 분석법은 데이터 수가 적고 정규 분포를 하지 않아 비모수 통계를 이용했다. 관련된 두 그룹의 차이(정보를 제시한 경우와 제시하지 않은 경우의 혈류 증가량 비율의 차이)를 검정하는 데에는 윌콕슨 부호부순위화 검정(T검정)을 이용했다.

9.2.4 스키마 활성에 의한 난이도와 뇌활성도

듣기 가설 검증

〈표 9-3〉 및 〈그림 9-3〉, 〈그림 9-4〉에 기초하여 가설을 검증했다.

표 9-3 실험 5. TOEFL과 듣기 이해도 테스트 결과

학습자	인원수	TOEFL M(SD)	선택식		프로토콜식	
			정보 제시 없음	정보 제시 있음	정보 제시 없음	정보 제시 있음
			M^*(%)(SD)	M^*(%)(SD)	M^*(%)(SD)	M^*(%)(SD)
초 · 중급 학습자	10	453.5 (43.05)	68.55 (3.95)	85.33** (2.85)	52.68 (3.82)	83.10** (2.33)
상급 학습자	10	556.3 (44.47)	84.4 (1.85)	95.5** (2.52)	83.5 (2.11)	94.8** (1.09)

윌콕슨 부호부순위화 검정 **$p < 0.01$
M^*(%)는 (테스트의 득점/14)×100으로 검산한 100점 만점 방식의 평균점.

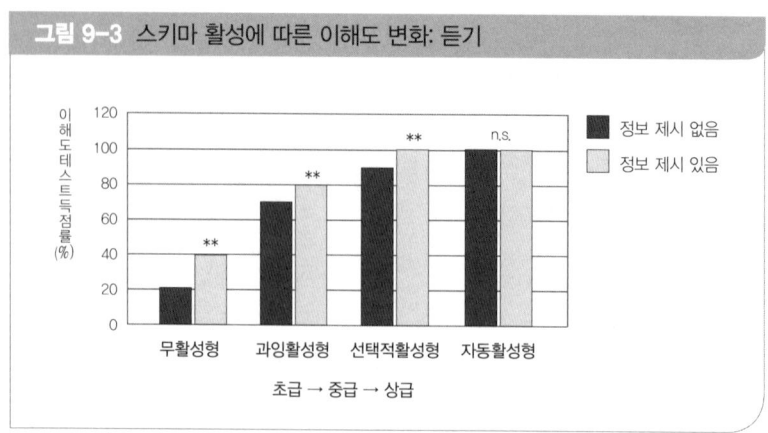

그림 9-3 스키마 활성에 따른 이해도 변화: 듣기

윌콕슨 부호부순위화 검정 **p<0.01

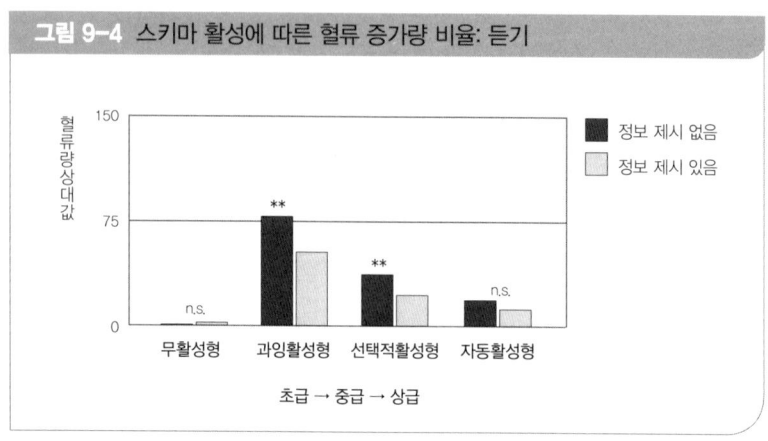

그림 9-4 스키마 활성에 따른 혈류 증가량 비율: 듣기

윌콕슨 부호부순위화 검정 **p<0.01

듣기 실험 결과

듣기 시에 초급·중급 학습자와 상급 학습자의 정보 제시 유무의 경우, TOEFL과 이해도 테스트 결과 및 뇌혈류 증가량 비율의 차이에 의

뇌과학에서의 제2언어습득론

해서 실험 결과와 통계 분석 결과를 〈표9-3〉 및 〈그림 9-3〉, 〈그림 9-4〉로 나타냈다.

가설 1 검증

초급 · 중급 학습자 및 상급 학습자는 내용과 관계된 정보를 주지 않은 경우보다 준 경우에 난이도 테스트의 득점이 높았고, 통계적으로도 유의미한 차이가 인지되었다(초급 · 중급 학습자: T값=1, 유의점 하측 3, 상측 21, p⟨0.01; 상급 학습자: T값=1, 유의점 하측 2, 상측 25, p⟨0.01; 표 9-3). 다만 상급 학습자 중 자동 활성형의 실험 참가자는 내용과 관계된 정보를 주어도 이해도 테스트의 득점에 유의미한 차이가 없었다(T값=8, 유의점 하측 3, 상측 20, n.s; 그림 9-3). 따라서 자동 활성형의 상급 학습자를 제외한 실험 참가자들은 '내용과 관계된 정보를 주는 경우가 주지 않는 경우보다 이해도 테스트 득점이 높다'는 가설이 검증되었다.

가설 2 검증

선택적 활성형 및 과잉 활성형의 실험 참가자들은 내용과 관계된 정보를 주지 않은 경우보다 준 경우에 언어 영역의 혈류 증가량 비율이 감소하여 통계적으로도 유의미한 차이가 인지되었다(선택적 활성형: T값=2, 유의점 하측 3, 상측 25, p⟨0.01; 과잉 활성형: T값=1, 유의점 하측 3, 상측 28, p⟨0.01; 그림 9-4). 따라서 '내용과 관계된 정보를 주는 경우가 주지 않는 경우보다 언어 영역의 혈류 증가량 비율이 낮다'는 가설은 선택적 활성형 및 과잉 활성형만으로 검증되었다(그림 9-4).

가설 3 검증

무활성형의 실험 참가자 2명은 내용과 관계된 정보를 주는 경우와 주지 않는 경우, 정보를 주는 쪽에서 언어 영역의 혈류 증가량 비율이 수치상으로는 많아졌으나 통계상의 유의미한 차이는 인지되지 않았다(개인 내 비교: T값=8, 유의점 하측 5, 상측 23; T값=10, 유의점 하측 3, 상측 18, n.s; 그림 9-4). 따라서 '무활성형의 초급 학습자에게 내용과 관계된 정보를 주는 경우가 주지 않는 경우보다 언어 영역의 혈류 증가량 비율이 높다'는 가설은 실증되지 않았다.

가설 4 검증

자동 활성형의 실험 참가자는 내용과 관계된 정보를 주는 경우와 주지 않는 경우, 언어 영역의 혈류 증가량 비율에서 정보를 주는 경우의 혈류량이 수치상 감소했으나 통계상으로는 유의미한 차이가 인지되지 않았다(개인 내 비교: 2명의 참가자가 공통적으로 T값=8, 유의점 하측 3, 상측 23, n.s; 그림 9-4). 따라서 '자동 활성형의 상급 학습자에게 내용과 관계된 정보를 주는 경우와 주지 않는 경우를 비교하면, 언어 영역의 혈류 증가량 비율에는 차이가 없다'는 가설이 검증되었다.

읽기 실험 결과

읽기 시에 초급·중급 학습자와 상급 학습자의 정보 제시 유무의 경우, 언어 영역의 혈류 증가량 비율 차이에 따른 실험 결과와 통계 분석 결과를 〈표 9-4〉 및 〈그림 9-5〉, 〈그림 9-6〉에 나타냈다.

읽기 가설 검증

〈표 9-4〉 및 〈그림 9-5〉, 〈그림 9-6〉에 기초하여 가설을 검증했다.

표 9-4 | 실험 5. TOEFL과 읽기 이해도 테스트 결과

학습자	인원수	TOEFL	선택식		프로토콜식	
			정보 제시 없음	정보 제시 있음	정보 제시 없음	정보 제시 있음
		M(SD)	M*(%)(SD)	M*(%)(SD)	M*(%)(SD)	M*(%)(SD)
초·중급 학습자	10	453.5 (43.05)	63.54 (5.36)	83.68** (3.58)	65.31 (6.35)	84.21** (4.59)
상급 학습자	10	556.3 (44.47)	82.66 (2.02)	96.00** (1.58)	82.3 (3.24)	92.35** (3.68)

윌콕슨 부호부순위화 검정 **p⟨0.01
M*(%)는 (테스트의 득점/14)×100으로 검산한 100점 만점 방식의 평균점.

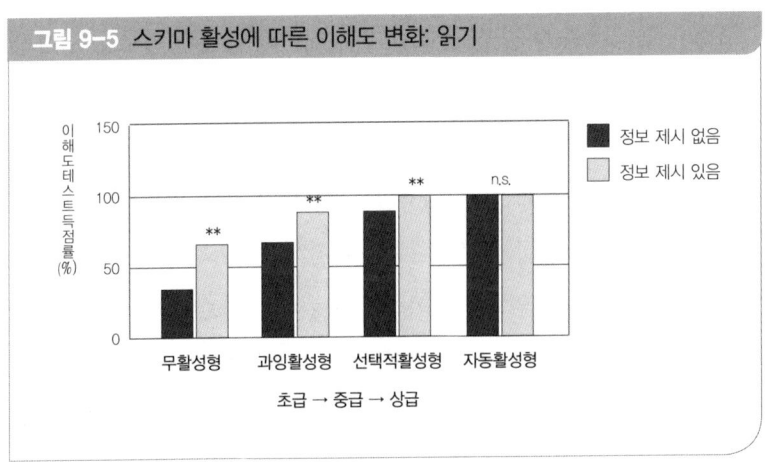

그림 9-5 스키마 활성에 따른 이해도 변화: 읽기

윌콕슨 부호부순위화 검정 **p⟨0.01

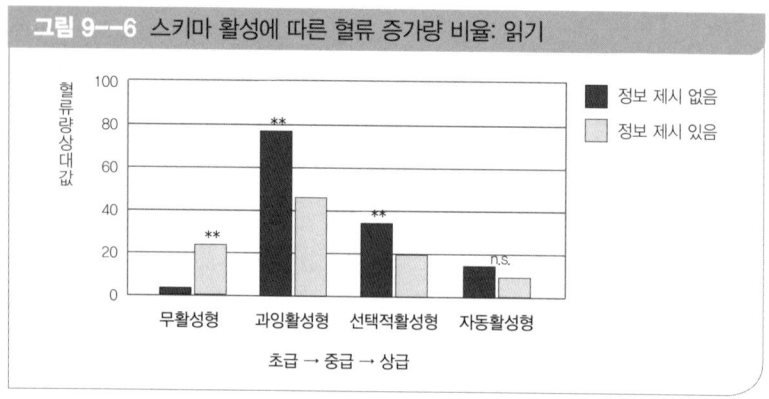

그림 9--6 스키마 활성에 따른 혈류 증가량 비율: 읽기

월콕슨 부호부순위화 검정 **p〈0.01

가설 1 검증

초급·중급 학습자 및 상급 학습자는 내용과 관계된 정보를 주지 않은 경우보다 준 경우에 이해도 테스트의 득점이 높고, 유의미한 차이가 인지되었다(초급·중급 학습자: T값=1, 유의점 하측 3, 상측 25, p〈0.01; 상급 학습자: T값=1, 유의점 하측 3, 상측 30, p〈0.05; 표 9-4). 다만 상급 학습자 중 자동 활성형의 실험 참가자 2명은 내용에 관한 정보를 주어도 이해도 테스트의 득점에 유의미한 차이가 없었다(T값=7, 유의점 하측 1, 상측 20, n.s; 그림 9-6). 따라서 자동 활성형의 상급 학습자를 제외한 실험 참가자들은 '내용과 관계된 정보를 주는 경우가 주지 않는 경우보다 이해도 테스트 득점이 높다'는 가설이 검증되었다.

가설 2 검증

선택적 활성형 및 과잉 활성형의 실험 참가자들은 내용과 관계된 정보를 주지 않은 경우보다 준 경우에 언어 영역의 혈류 증가량 비율이

뇌과학에서의 제2언어습득론

감소하여 통계적으로도 유의미한 차이가 인지되었다(선택적 활성형: T값 =2, 유의점 하측 3, 상측 21, p<0.01; 과잉 활성형: T값=1, 유의점 하측 3, 상측 31, p<0.01; 그림 9-6). 따라서 '내용과 관계된 정보를 주는 경우가 주지 않는 경우보다 언어 영역의 혈류 증가량 비율이 낮다'는 가설은 선택적 활성형 및 과잉 활성형만으로 검증되었다(그림 9-6).

가설 3 검증

무활성형의 실험 참가자 2명은 내용과 관계된 정보를 주는 경우와 주지 않는 경우, 정보를 주는 쪽에서 언어 영역의 혈류 증가량 비율이 높고 유의미한 차이가 인지되었다(개인 내 비교: T값=3, 유의점 하측 5, 상측 18, p<0.01; 그림 9-6). 따라서 '무활성형의 초급 학습자에게 내용과 관계된 정보를 주는 경우가 주지 않는 경우보다 언어 영역의 혈류 증가량 비율이 높다'는 가설은 실증되었다.

가설 4 검증

자동 활성형의 실험 참가자는 내용과 관계된 정보를 주는 경우와 주지 않는 경우, 언어 영역의 혈류 증가량 비율에서 정보를 주는 경우의 혈류량이 수치상 감소했으나 통계상으로는 유의미한 차이가 인지되지 않았다(개인 내 비교: 2명의 참가자가 공통적으로 T값=8, 유의점 하측 3, 상측 25, n.s; 그림 9-6). 따라서 '자동 활성형의 상급 학습자에게 내용과 관계된 정보를 주는 경우와 주지 않는 경우를 비교하면, 언어 영역의 혈류 증가량 비율에는 차이가 없다'는 가설이 검증되었다.

난이도 · 뇌활성도 변화는 숙련도에 의한다

실험 참가자를 TOEFL 득점에 따라 초 · 중급 학습자와 상급 학습자의 두 그룹으로 분류한 경우, 내용과 관계된 정보를 제시하는 경우와 제시하지 않는 경우를 비교한 결과 정보를 제시한 경우는 어느 쪽 학습 그룹에서든지 이해도 테스트의 득점이 유의미하게 높고, 그와 반비례하여 혈류 증가량 비율은 낮았다.

그러나 초급 학습자의 뇌활성 상태가 무활성형인 참가자 2명은 듣기에서는 이해도 테스트의 득점이 상승했으나, 언어 영역의 혈류 증가량 비율 차이는 의미가 없었다. 한편 읽기에서는 언어 영역의 혈류량이 증가하고 유의미한 차이가 인지되었다. 듣기의 경우, 이해도 테스트의 득점은 상승했으나 언어 영역의 혈류 증가량 비율에는 차이가 없었던 것은 무활성형 학습자가 제시된 정보만을 참고하여 이해도 테스트에 몰두한 결과로, 뇌내의 활성화에 따른 것은 아니라는 해석이 가능하다. 한편 읽기의 경우, 무활성형 학습자가 제시된 정보를 참고하여 이해도 테스트에 몰두했기 때문에 제시된 정보는 득점을 향상시키기 위한 효과가 있는 것에 대해 무활성 상태에서 활성 상태로 변화한다고 해석할 수 있다. 이 읽기와 듣기에서 결과의 차이 요인은 본 실험에서는 명확히 할 수 없다.

또 읽기 및 듣기에서 자동 활성형으로 분류된 상급 학습자의 경우에는 천장 효과 때문에 이해도 테스트의 득점에 유의미한 차이가 없고, 뇌활성 상태도 변화가 없다고 생각할 수 있다.

9.2.5 스키마는 뇌활성도를 촉진한다

본 실험에서는 과제의 내용과 관계된 정보가 과제 수행 시의 뇌활성도와 어떤 관련성이 있는지 조사했다. 그 결과, 대졸 실험 참가자는 과제 수행 전의 정보 제시와 뇌혈류량의 차이에서 정보를 제시한 경우가 제시하지 않은 경우보다 이해도가 상승하여 혈류 증가량의 비율이 낮아졌다.

동일한 학습자에게 동일한 과제를 주면서 과제 수행 전에 내용과 관계된 정보를 제시한 경우, 내용 이해는 용이했다. 즉 과제 제시 방법을 변화시킴으로써 이해도가 변화하여 뇌활성 상태도 변화한다고 말할 수 있다. 그러므로 본 실험에서 중간언어의 가변성은 뇌과학적으로도 실증되었다고 말할 수 있다.

그러나 정보를 제시했어도 뇌활성도에 변화가 보이지 않는 경우도 있었다. 그것은 듣기 시에 무활성형 초급 학습자의 경우였다. 다만 이 두 가지 실험 참가자는 정보 제시가 내용 이해에 효과가 없는 이유에서 차이가 있다고 생각한다. 전자는 정보를 제시해도 이해 가능하지 않은 것이 이유이고, 후자는 정보를 제시하지 않아도 정보를 제시한 경우와 동일하게 이해 가능한 것이 이유이다.

이처럼 과제 수행 전의 정보 제시 효과는 내용 이해도나 뇌활성도에서 모두 학습도별, 뇌활성형별로 엄밀히 보면 차이가 있다고 풀이할 수 있다. 같은 교실 내에서 같은 영어 능력 수준의 학습자에게 동일한 과제를 동일한 방법으로 지시해도, 이해도와 뇌활성도의 변화에는 개별성이 보인다. 따라서 학습자의 이런 개별성에 대응한 교수법 개발도 이후의 과제로 남아 있다는 것이 뇌과학의 입장에서도 밝혀졌다.

9.3 반복의 뇌

9.3.1 반복은 효과가 있을까?(실험 6)

실험 5에서는 실험 참가자의 스키마를 활성화시키기 위해서 과제 수행 전에 내용과 관계된 정보 제시를 실험했다. 그 결과 학습자의 활성 상태는 중급·상급 학습자의 과잉 활성형 및 선택적 활성형 학습자는 이해도 테스트 점수가 향상되고, 뇌활성 상태를 자동적 처리 상태에 가깝게 하는 것이 가능하다는 결과를 얻었다. 그러나 실험 5의 결과 지시 방법에는 반복 효과도 고려될 필요가 있다는 것이 의문시되었다. 왜냐 하면 1회와 2회의 과제 지시 사이에 내용과 관계된 정보를 주고, 동일한 과제를 2회 반복 지시했기 때문이다. 여기서 본 실험에서는 과제의 반복 지시 효과의 유무를 검증하기 위해 간단한 과제를 2회 반복 지시 한 경우 언어 영역의 혈류 증가량 비율을 비교했다.

단어 학습에서 '숙달'의 효과에 대한 선행 연구가 얼마간 있다. 플라우와 개스(Plough & Gass, 1993)는 사전에 과제를 수행하여 숙달된 그룹과 숙달되지 않은 그룹을 비교했는데, 두 그룹 사이에 명확한 패턴의 상이함은 보이지 않았다. 다만 과제에 숙달된 그룹은 과제 수행 중 확인 체크(confirmation check)를 하는 일이 잦고, 과제에 숙달되지 않은 그룹은 중단이나 휴지(interruption)를 하는 일이 잦다고 보고되었다. 과제에 숙달되지 않은 그룹은 새로운 정보에 접촉하는 것처럼 과제에 깊게 열중하나, 과제에 숙달된 그룹은 이 과제에 지루함을 느끼기 때문이다. 한편 바이게이트(Bygate, 1996)는 숙달에 대해 학습자는 싫증을 내기는커녕 반복 과제 수행을 쌓아감에 따라 적극적 피드백이 되었다고 보고했다. 이유는 과제를 반복하는 것에 과제가 필요로 하는 언어 형태 또는 문법에 주의를 주로 기울이기 때문이다.

뇌내 메커니즘의 측면에서 다카기(高木, 1996)는 뇌에 들어온 정보는 그 정보가 일정 시간 지속되지 않으면 기억에 남지 않고, 4회 이상 반복하여 복습하면 기억량이 급속히 증가하며, 7회 이상은 그 변화가 적어진다고 하여 반복의 효과가 인지되는 횟수에 주목했다. 게다가 모국어 습득 프로세스 연구에서 아기는 양육자의 말을 반복하여 듣는 것으로 서서히 음을 인식할 수 있게 된다고 한다. 그래서 어린이가 5세나 6세가 되면 외부에서 모국어를 듣는 것이 벌써 2만 시간 이상이기 때문에, 외국어 학습의 경우에도 학습하는 언어에서 많은 횟수를 쌓고 접촉하는 것이 언어 습득을 촉진하는 큰 역할을 한다고 한다.

본 실험의 목적은 실험 5의 보충 실험을 위해 단지 2회만 과제를 반복하여 뇌활성도 변화를 비교함으로써 반복의 횟수가 2회에서도 효과가 인지되는지를 검증하는 것이다. 혹시 이 2회의 차이가 인지되지 않으면, 실험 5에서 동일한 과제를 2회 반복한 것이 뇌혈류량 및 이해력에 영향을 미치지 않는다는 것이 명확하여 내용과 관계된 정보 제시라는 스키마 활성의 효과만이 입증된다.

9.3.2 과제 반복은 뇌를 자동화할까?

2회 반복 과제 지시가 뇌활성도에 주는 영향의 유무를 명확히 하기 위해 다음의 가설을 세워 검증한다.

① 초급·중급 학습자 및 상급 학습자의 양 그룹에서 과제 수행 시 언어 영역의 혈류 증가량 비율은 1회와 2회의 차이가 없다.

② 초급 · 중급 학습자 및 상급 학습자의 양 그룹에서 과제 수행 시 언어 영역의 혈류 증가량 비율은 1회보다 2회 쪽이 높다.

③ 초급 · 중급 학습자 및 상급 학습자의 양 그룹에서 과제 수행 시 언어 영역의 혈류 증가량 비율은 1회보다 2회 쪽이 낮다.

9.3.3 과제를 2회 반복하여 뇌활성 상태를 조사한다

실험 참가자

대학원생 및 대학생 15명(남성 7명, 여성 8명)으로, 실험 참가자 전원은 오른손잡이, 평균 연령은 24.3세, 그리고 전원 TOEFL 혹은 TOEIC 점수를 가지고 있었다. 결과 분석에는 TOEFL 득점을 데이터 처리에 사용했다. TOEIC 점수만 가지고 있는 사람은 환산표에 따라 TOEFL 득점으로 환산했다. TOEFL 득점은 최저 380점, 최고 620점이었다. TOEFL 취득점이 380~480점을 초급 · 중급 학습자, 550~620점을 상급 학습자로 분류했다(표 9-5).

표 9-5 실험 6. TOEFL과 듣기 이해도 테스트 결과

학습자	인원수	TOEFL M(SD)	듣기 이해도 테스트		읽기 이해도 테스트	
			선택식	프로토콜식	선택식	프로토콜식
			M^*(%)(SD)	M^*(%)(SD)	M^*(%)(SD)	M^*(%)(SD)
상급 학습자	8	558.10 (32.70)	84.26 (3.54)	80.35 (1.52)	94.60 (2.25)	88.46 (0.74)
초급 · 중급 학습자	7	468.50 (35.70)	56.00 (5.00)	53.57 (3.20)	50.01 (3.03)	41.21 (3.00)

윌콕슨 부호부순위화 검정 **p<0.01
M^*(%)는 (테스트의 득점/14)×100으로 검산한 100점 만점 방식의 평균점.

영어 검정 준1급 문제(책 말미의 자료 I과 6.1, 6.2 참조)의 설명문 두 문제를 선택하여 한 문제는 듣기에, 한 문제는 읽기에 이용했다.

실험 수칙

실험은 개별적으로 실행한다(계측자 1명, 실험 참가자 1명). 실험 참가자를 책상 앞에 앉게 한 다음, 광토포그래피 장치의 탐침을 좌뇌와 우뇌, 기본적으로는 실험 참가자의 귀 위에 위치한 언어 영역(각회, 연상회, 청각 영역, 베르니케 영역 주변)을 포함한 좌측두엽과 우측두엽의 두피 9센티미터×9센티미터 범위로 각 12채널 합계 24채널을 장착한다. 다만 통계 처리에는 좌뇌의 언어 영역 두피에 장착한 데이터만을 사용한다. 실험에 앞서 참가자에게 실험 수칙을 설명하고, 실험 데이터는 본 연구를 위해 사용된다는 것에 동의를 구한다. 그리고 실험 수칙에 대해 다음과 같이 설명한다.

① 40초 안정 시간을 갖는다.

② 듣기 과제는 헤드폰을 통해 나온다(40초간).

③ 과제 지시 후 40초의 안정 시간을 갖는다.

④ 동일한 과제가 다시 헤드폰을 통해 나온다(40초간).

⑤ 이해한 내용을 1분간 보고한다. 그것을 녹음한다.

⑥ 내용과 관계된 이해도 테스트를 실시한다.

⑦ 안정 시와 과제 수행 시의 혈류량을 비교하기 위해 안정 시에는 아무것도 생각하지 않고, 과제 지시 중에는 내용 이해에 집중하는 것을 교시한다.

⑧ 과제 종료 후 전략, 이해 방법, 정보 처리 과정에 있어 뇌활성 상태의 영상과 조합하면서 인터뷰를 실행한다.

⑨ 동일 수칙으로 읽기 과제도 실시한다. 과제 지시는 인쇄지를 사용한다(40초간).

통계 분석법

통계 분석법은 데이터 수가 적고 정규 분포를 하지 않아 비모수 통계를 이용했다. 평균의 차이에 관해 관련된 두 그룹의 차이(1회와 2회)를 검정하는 데에는 윌콕슨 부호부순위화 검정(T검정)을 이용했다.

9.3.4 2회 반복으로는 자동화되지 않는다

듣기 및 읽기 시에 과제 지시 1회와 2회의 혈류 증가량 비율 차이(2회-1회/2회)에서의 실험 결과와 통계 분석 결과를 〈그림 9-7〉과 〈그림 9-8〉에 나타냈다.

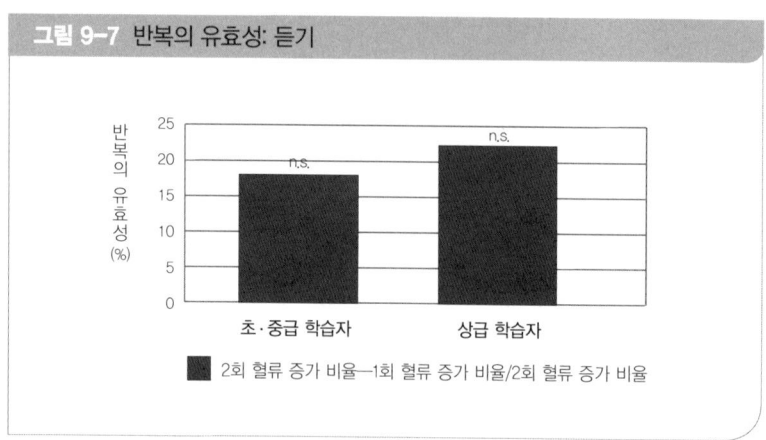

그림 9-7 반복의 유효성: 듣기

월콕슨 부호부순위화 검정에서 양 그룹 모두 n.s.

뇌과학에서의 제2언어습득론

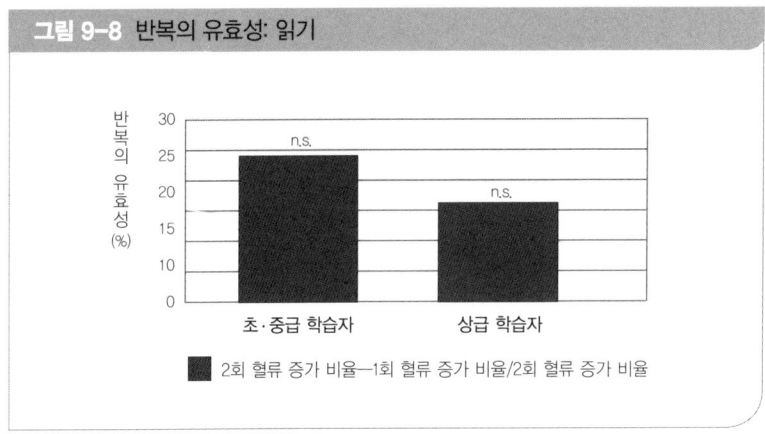

그림 9-8 반복의 유효성: 읽기

반복의 유효성 (%)

초·중급 학습자   상급 학습자

■ 2회 혈류 증가 비율—1회 혈류 증가 비율/2회 혈류 증가 비율

윌콕슨 부호부순위화 검정에서 양 그룹 모두 n.s.

가설 1, 2, 3 검증

듣기와 읽기에서 과제 수행 시의 언어 영역(각회, 연상회, 청각 영역, 베르니케 영역)에 있어 1회와 2회의 혈류 증가량 비율 차이를 비교해보면, 초급·중급 학습자 및 상급 학습자의 듣기 및 읽기 시에도 언어 영역 혈류 증가량 비율에 유의미한 차이가 보이지 않았다(듣기: T값=8, 유의점 하측 3, 상측 65, n.s; 읽기: T값=12, 유의점 하측 8, 상측 55, n.s; 그림 9-7, 그림 9-8).

따라서 이 실험 결과는 2회 과제를 반복 실험할 때, 가설 1 '초급·중급 학습자 및 상급 학습자의 양 그룹에서 과제 수행 시 언어 영역의 혈류 증가량 비율은 1회와 2회의 차이가 없다'가 실증되어, 가설 2 '초급·중급 학습자 및 상급 학습자의 양 그룹에서 과제 수행 시 언어 영역의 혈류 증가량 비율은 1회보다 2회 쪽이 높다'와 가설 3 '초급·중급 학습자 및 상급 학습자의 양 그룹에서 과제 수행 시 언어 영역의 혈류 증가량 비율은 1회보다 2회 쪽이 낮다'는 부정되었다.

보충적으로 특히 혈류량이 증가한 부위에 주목해보면, 상급 학습자의 베르니케 영역으로 추정되는 부위만 혈류량이 증가한 유의미한 차이가 인지되었다(T값=3, 유의점 하측 7, 상측 30, p<0.01). 따라서 반복 횟수 2회는 뇌혈류 증가량 비율이 감소되어 뇌활성 상태를 자동적 처리 상태로 하는 일을 돕지 않는다는 것이 실증되었다.

반복과 뇌활성도

본 실험의 결과는 반복이라고 해도 2회의 반복만이다. 본 실험의 목적은 듣기나 읽기 모두에서 2회 반복 과제 지시는 언어 영역의 혈류량 변화에 영향이 있을까, 없을까 하는 점에 대해 조사하는 것이다. 동일한 과제를 2회 반복하는 것으로 과제에 숙달되어 혈류 증가량 비율은 낮아지고 뇌활성 상태의 자동화에 연결된다고 예측했으나, 양쪽 과제에서 양 실험 참가자 그룹도 혈류 증가량 비율은 오히려 증가했다. 그러나 이 증가량에서 유의미한 차이는 인지되지 않았다. 반복 과제를 지시하는 것으로 과제에 숙달되는 일에 의한 자동화설은 본 실험에서 2회 반복으로는 맞지 않는 것이 명확해졌다. 유의미한 차이는 인지되지 않았으나, 혈류 증가량 비율이 2회에 증가한 것은 1회에 이해하지 못했던 점에 주의를 기울여 좀 더 깊이 이해하기 위해서 의식적으로 주의를 작동시켜 이해하려고 했다고 생각할 수 있다. 혹은 2회의 과제를 수행할 때에는 주의 용량에 여유가 있어 1회에서는 이해 불가능했던 언어 처리에 주의를 기울일 수 있다고 생각해볼 수도 있다.

실험 참가자의 설문 조사 결과로 기술했으나 '1회에서 이해 불가능했던 것을 2회에서 집중하여 들었다', '1회에서는 긴장하여 듣지 못했으

뇌과학에서의 제2언어습득론

나 2회에서 누락된 것을 들을 수 있었다', 혹은 '2회 반복하여 듣는 것을 미리 알고 있었으므로 1회는 긴장이 풀어져 거의 들을 수 없었다'는 등의 이유도 있기 때문에 2회에 주의를 집중한다는 것이 추측된다. 따라서 1회보다 2회의 과제를 수행할 때 과제에 대한 주의 집중도가 높다고 추측된다. 이 결과는 다카기(1996)가 언어와 기억의 관계를 조사한 실험에서 과제의 반복은 4회 이상에서 기억량이 급속히 증가하여 7회 이상에서 변화가 적어진다거나, 바이게이트(1996)의 숙달에 있어 적극적 피드백이 되는 것, 과제의 반복은 보다 통사적 방법에 관심이 모아진다는 보고와 관련성이 있다고 생각할 수 있다. 사토 등(佐藤, 1999)은 언어 이해에서 과제 지시에 대해 지시 횟수가 쌓이면 혈류량이 감소한다는 결과를 보고했다. 본 실험에서는 반복 횟수 2회의 효과에 주목했다. 그 결과, 반복 지시 횟수가 2회이면 유의미한 차이가 인지되지 않는다는 것이 명확해졌다.

본 실험의 결과에서 반론 가능한 것은 실험 5에서 혈류 증가량 비율이 감소한 것은 반복 효과에 포함되지 않고 스키마 활성화 때문에 정보 지시의 영향이 큰 것으로 해석할 수 있다.

9.3.5 2회 반복보다 스키마 활성이 효과적

본 실험은 실험 5의 보충 실험으로 행해졌으며, 2회의 과제 반복 지시 효과에 의해 실증 연구도 되었다. 실험 5에서는 혈류 증가량 비율의 감소가 스키마 활성화 효과 때문만은 아니고, 반복 과제를 지시하여 '숙달'에 의한 것도 포함될지 모른다는 의문이 들었으므로 실험 6에서는 과제를 간단히 2회 반복하여 지시한 경우의 혈류량 변화에 대해 조사해보았다.

그 결과, 듣기나 읽기 모두에서 2회 반복만으로는 유의미한 혈류량 감소가 보이지 않았다. 오히려 유의미한 차이는 인지되지 않아도 양 실험 참가자 그룹에서 듣기나 읽기 시에 모두 혈류량이 증가했다. 좀 더 자세히 관찰해보면, 상급 학습자의 베르니케 영역으로 측정된 부분에서 듣기나 읽기 시에 모두 혈류 증가량 비율이 높아져서 유의미한 차이가 인지되었다. 즉 실험 5에서 2회의 혈류 증가량 비율이 1회와 비교했을 때 감소한 원인은, 반복 과제를 지시한 영향보다도 2회의 과제 지시 전에 스키마 활성화 때문에 내용과 관계된 정보를 제시한 효과라고 생각할 수 있다.

제10장

영어 교육에서 앞으로의 과제

10.1 영어 학습 성공의 열쇠

본 연구에서는 제2언어 습득에서의 뇌과학적 접근 방법을 실험해보았다. 또 언어 습득에서 의식의 작용에 주목하여 앞선 인지적 이론을 개괄하고, 제2언어는 얼마나 습득되는지에 대한 뇌과학의 입장에서 실증 연구에 몰두했다. 영어 학습자를 대상으로 영어를 처리하는 뇌내 메커니즘을 광토포그래피를 이용하여 관측했다. 그 결과, 숙련도에 의해 뇌활성 패턴이 다른 것이 확인되었다. 그 뇌활성 패턴을 통해 외국어 학습 환경에서 영어를 학습한 일본인 학습자는 숙련도가 높아짐에 따라 언어 처리가 자동 처리 상태, 이른바 모국어로 습득한 언어를 처리하는 경우의 뇌활성 상태와 가깝다는 것이 관찰되었다. 즉 제2언어 처리는 학습을 거듭함에 따라 의식적 처리에서 무의식적 처리가 되어가는 것이 학습자의 뇌활성 상태에서 판단된다. 이것은 크라센(1977)이 제창한 '습득-학습 가설'에 반대되는 결과이다.

숙련도와 뇌활성 패턴의 관계는 초급 학습자에서 상급 학습자가 됨에 따라 무활성형, 과잉 활성형, 선택적 활성형, 자동 활성형으로 분류했다. 무활성형은 초급 학습자에게서 나타나며, 과제가 어려워서 그 무엇도 생각하는 것이 불가능하여 뇌내가 무활성 상태이다. 과잉 활성형은 초급 학습자와 중급 학습자에게서 볼 수 있으며, 주의가 과잉되어 언어 과제에 향해지면 뇌내의 혈류가 언어 영역만이 아닌 다른 부위에도 과잉되어 증가하는 상태이다. 선택적 활성형은 중급 학습자와 상급 학습자의 현상으로, 주의가 선택적으로 언어 과제에 집중되는 상태를 말한다. 자동 활성형은 상급 학습자의 현상으로, 주의가 자동적으로 언어 처리로 향하여 모국어에 가까운 상태로 영어가 처리된다. 본 연구에서는 상급 학습자의 선택적 활성형 및 자동 활성형이 최적 뇌활성 상태로, 이처럼 뇌활성 상태가 되는 것이 학습자의 달성 목적이라고 판단했다.

그러나 이러한 분석도 동일 학습자에게 변화되는 경우가 있음이 명확해졌다. 동일 학습자에게 지시한 과제의 난이도가 낮아지거나, 과제를 지시하기 전에 내용과 관계된 정보를 주어 스키마를 활성화시킨 경우, 뇌활성 상태가 다른 것이 밝혀졌다. 예를 들면 무활성형 학습자에게 난이도 낮은 과제를 지시한 경우, 난이도 높은 과제를 지시한 경우와 비교해 언어 영역의 혈류량이 증가하여 무활성에서 활성 상태로 변화했다. 또 과잉 활성형 학습자에게 과제 수행 전에 스키마를 준 경우, 뇌활성 상태는 선택적 활성형으로 변화하는 것이 관측되었다. 따라서 학습자에게 최적 난이도의 교재를 적절한 방법으로 지시하면, 이른바 크라센이 말한 이해 가능한 인풋이 얻어져 무활성형이나 과잉 활성형의 뇌활성 상태에서 최적 뇌활성 상태로 이끌어질 가능성이 보였다.

본 연구에서 실험적으로 검사한 연구 과제 전부는 크게 세 가지로 분류된다. 첫 번째 과제는 일본인이 영어를 처리할 때 최적으로 활성화된 뇌내 부위를 추정하는 것이고, 두 번째 과제는 영어 학습자의 최적 뇌활성 상태를 추정하는 것이며, 세 번째 과제는 과제의 지시 방법을 변화시킨 경우 학습자의 뇌활성 상태 변화를 관측하는 것이다.

첫 번째 과제는 실험 1과 실험 2(제7장)에서 추정했다. 실험 1의 결과에서 본 실험 참가자들은 숙련도가 높을수록 좌뇌가 활성화된다는 결론을 얻었고, 단계 가설 및 좌뇌 우위설이 지지되었다. 이 배경을 생각해보면, 선행 연구에서 언어를 교실 내에서 형식적 교수법에 의해 분석적, 이론적으로 학습한 사람들의 언어 처리는 좌뇌에서 행해진다는 학습 환경 요인이 제창되었다. 본 실험의 참가자 전원이 학교 교육으로 영어를 학습한 것에서 단계 가설과 좌뇌 우위설이 증명되었다

실험 2에서는 좌뇌와 전두엽을 비교하니 초급 학습자나 상급 학습자 모두 좌뇌 쪽이 전두엽보다 현저히 활성도가 높다는 결과를 얻어, 언어의 모듈성과 워킹메모리 분산협조설을 지지하는 결과가 되었다. 근래에 워킹메모리에 대해 연구가 진행되어, 특히 인지 활동에 관한 통합적 작용을 하는 워킹메모리는 전두엽 영역이 관계된다고 말할 수 있다. 그러나 본 실험의 결과에서 전두엽은 좌뇌와 비교하여 활성 상태가 현저히 낮았다. 그 요인은 무엇일까? 본 실험에 참가한 영어 학습자의 경우, 영어 과제를 수행할 때 워킹메모리의 활성도가 감소한 것일까 하는 의문이 제기되었다. 이 점에서는 두 가지 원인을 생각해볼 수 있다. 첫째, 워킹메모리의 작용에서 외국어를 통한 정보 처리는 모국어를 통한 처리와 비교해보면 처리 속도가 늦고 처리 용량도 적다. 이것이 전두엽의 활성도를 상대적으로 낮게 한다고 생각할 수 있다. 즉 본 실험 참가자의 경우에도 외국어에서의 처리라는 핸디캡이 있어 인지 활동이 매끄럽게 진행되지 않았다고 해석할 수 있다. 둘째, 계측상과 본 장치의 한계점을 생각해볼 수 있다. 인간의 생물학적 특징으로 전두의 두개골이 두껍기 때문에 뇌혈류 증가량 비율이 다른 부위보다도 낮게 계측되는 것일지도 모른다. 이에 관해서는 본 실험 결과만으로는 명확하지 않

기 때문에 차후의 과제로 보충 실험도 요구된다.

두 번째 과제는 실험 3(제8장)에서 실증되었다. 실험 참가자를 초급 학습자, 중급 학습자, 상급 학습자로 분류하여 언어 이해에 관해 언어 영역(베르니케 영역, 청각 영역, 각회·연상회)과 이외 부위의 혈류 증가량 비율의 차이를 조사했다. 중급 학습자 및 상급 학습자는 언어 영역과 그 이외 부위의 혈류 증가량 비율의 차이가 유의미했으나, 초급 학습자는 이들 사이에 유의미한 차이가 인지되지 않았다. 이 결과를 통해 영어에 숙련될수록 언어 영역이 선택적으로 활성화되지만, 숙련되지 않은 학습자는 언어 영역이나 그 이외의 부위 모두 구별되지 않고 활성화된다고 추측할 수 있다. 즉 초급 학습자는 선택적으로 언어 영역을 활성화시킬 수 없기 때문에 불필요한 부위까지 부하가 걸리게 된다. 종래의 학습 전략 연구에 의해서 유창하게 언어를 조작할 수 있는 학습자는 '보다 적은 노력으로 보다 나은 성과를 내는 것이 가능하다'고 보고되었으나, 본 실험 결과에서도 메타인지 전략의 유효 이용은 효율적인 언어 처리에 연결된다고 해석할 수 있다. 따라서 본 연구에서 주목하는 메타인지 전략의 하나로 선택적 주의가 효율적으로 작용하면 뇌내에서의 언어 처리도 매끄럽게 진행된다고 말할 수 있다. 또 혈류 증가량 비율은 중급 학습자, 상급 학습자, 초급 학습자 순으로 높으며, 언어 처리에서 적절한 주의량이 언어 처리를 가장 촉진한다고 말할 수 있다. 이른바 혈류 증가량 비율의 '중간' 상태가 최적 주의량이라고 하는 그 상태에서 작동하는 주의가 촉진성 선택적 주의라고 정의할 수 있다.

세 번째 문제는 실험 4, 5, 6(제9장)에서 다루어졌는데, 여기서는 중간 언어의 가변성을 검증했다. 동일 실험 참가자도 과제의 지시 방법을 변화시킨 경우, 이해도와 뇌활성도가 변화하는 것이 검증되었다. 실험 4

뇌과학에서의 제2언어습득론

에서는 과제의 난이도를 낮추면 이해도가 향상되고, 뇌혈류 증가 비율이 낮아진다는 결과를 얻었다. 즉 과제를 쉽게 이해하게 되면 요구되는 뇌활성도는 낮아지고 언어 영역의 부하도 적어져 완료되는 것이 관측되었다. 학습자에게 있어 과제 난이도의 타당성에서는 크라센(1985)의 학습자의 현실 수준보다도 조금 높은 수준의 과제가 가장 이해 가능한 인풋을 촉진시킨다. 학습자에게 지나치게 어렵거나 너무 간단한 과제는 인풋을 촉진하지 않는다. 본 실험에서 실험에 참가한 영어 학습자의 뇌활성도를 관측함으로써 지시된 과제가 학습자에게 적절한 수준인지 아닌지 뇌과학적으로 판별할 수 있는 가능성이 보였다.

실험 5에서는 학습자에게 스키마를 활성화시키기 위해 내용과 관계된 정보를 제시하는 것이 언어 영역의 혈류 증가를 최적 상태에 가깝게 할 수 있는지 어떤지에 대해 검증했다. 기본적으로는 과제를 지시하기 전에 내용과 관계된 정보를 제시한 경우와 제시하지 않은 경우의 혈류 증가량 비율의 차이를 비교했다. 그 결과, 양 학습자 그룹 모두 정보를 제시한 경우에 언어 영역에서의 혈류 증가량 비율이 낮아지고 유의미한 차이가 인지되었다. 다만, 여기서는 내용과 관계된 정보의 제시 효과뿐만 아니라 반복의 효과도 포함된 것은 아닌가 하는 의문이 생겼기 때문에, 실험 6에서 과제를 단지 2회만 반복한 경우의 혈류 증가량 비율과 비교해보았다. 그 결과, 실험 참가자 그룹 모두 언어 영역의 혈류 증가량 비율이 통계적으로 유의미하게 낮아지지 않았고, 이는 실험 5를 증명하는 결과가 되었다. 즉 실험 5에서 얻은 결론은 과제를 2회 반복 지시한 것에 의한 영향은 적다고 실증되어, 내용과 관계된 정보를 미리 제시함으로써 언어 영역의 자동 활성화가 촉진되는 것이 명확해졌다.

단순히 생각해보면 과제의 지시 조건을 변화한 경우의 이해도에서는 난이도를 낮게 하거나, 사전에 스키마를 활성화시키거나, 과제를 반복 지시하는 것으로 실험 참가자들이 과제의 이해가 쉽다고 생각하게 하여 언어 영역의 부하가 적어진다고 예측할 수 있다.

실험 참가자의 이해도와 대조해 고찰해보면, 듣기와 읽기 양 과제에 있어 선택식의 이해도 테스트에서 상급 학습자는 난이도가 높은 과제와 낮은 과제에서 득점에 유의미한 차이가 없었다. 이것은 양 이해도 테스트가 상급 학습자에게 용이하여 천장 효과가 생겼다고 생각할 수 있다. 한편 뇌혈류량 증가 비율은 난이도가 낮은 과제를 수행하는 쪽이 유의미하게 낮아졌다. 따라서 이해도 테스트 결과와 뇌활성도가 반드시 일치하는 것은 아니라고 생각할 수 있다. 뇌활성 상태를 보는 혈류 증가량 비율의 의미에서 본인의 언어 능력에 대해 얼마나 부하가 걸릴까 하는 지표가 된다는 것을 생각할 수 있다. 즉 테스트에서 고득점을 얻은 과제를 지시할 때 뇌혈류 증가량 비율이 낮아지는 경우에는 뇌활성 상태의 부하가 적고 언어 처리가 자동적 처리에 가까운 상태로 행해진다는 해석이 가능하나, 동일한 뇌혈류 증가량 비율이 낮아지는 경우에도 테스트 득점이 떨어지면 과제에 대한 주의를 기울이지 않는다고 판단할 수 있다.

실험 6에서는 간단히 과제를 반복한 경우의 혈류 증가량 비율을 비교해보았다. 그 결과, 반복 2회에서는 뇌혈류가 감소하지 않고 언어 처리의 자동화에 따라 통계적으로 유의미한 데이터를 얻을 수 있었다. 오히려 자잘한 부위를 보면, 베르니케 영역에서는 수치상에서 모든 실험 참가자의 혈류가 증가하여 통계적으로도 유의미했다. 이 결과는 실험 5에서의 반복 효과에 대한 의문을 해소하는 것이다. 즉 과제를 2회만 반복해도 혈류 증가량 비율은 낮아지지 않고 오히려 높아진다는 결과를 얻었다. 실험 참가자의 설문 조사 결과에서 이 원인을 생각해보면, 과제를 2회 반복한 경우 1회에 입수된 정보 피드백을 행하기 위해서 2회는 이해한 정보를 음미하고 학습자가 내용 이해를 위해 세운 가설을 검증하여 쌓은 인지 활동이 활발하게 된다고 관측했다.

본서에서는 앞서 기술한 대로 광토포그래피를 이용하여 학습자가 영어를 이해하는 프로세스에서의 뇌활성 상태에 대해 탐구했다. 그 결과, 제2언어가 이처럼 습득되는지가 뇌과학적으로 밝혀졌다. 많은 일본인처럼 영어를 의식적으로 학습하면서 시작한 경우에도 한 걸음씩 착실히 단계를 오르며 노력하여 실력을 쌓으면 무의식적으로 조종하는 것이 가능한 것처럼 된다고 실증되었다. 뇌내를 최적 활성 상태로 이끄는 영어 학습의 성공 열쇠는 확실히 메달 획득을 목표로 하는 올림픽 선수처럼 매일매일 연습을 쌓는 것이다.

또, 교수법을 공부하는 것에 의해 학습자의 뇌활성 상태를 최적의 상태로 이끌 가능성이 시사된, 이러한 뇌과학 데이터를 영어 교육에 응용하여 새로운 교수법의 패러다임 운전을 지시할 가능성을 넓힘으로써 본서의 의의를 주장할 수 있다.

10.2 교수법 개발의 전망

본 연구에서는 언어 처리 과정에 있어 뇌활성 상태에 의한 집점을 만들어왔다. 이 방법으로 광토포그래피를 이용하여 학습자의 대뇌피질의 활성 상황을 뇌혈류량에 의해 더 깊이, 언어 처리 시에는 어떠한 뇌내가 활성화되는지 관측하여 영어의 숙련도와의 관련성에 대해 의논했다. 그 결과, 영어 학습의 성공자는 지시된 언어에 자동적으로 주의를 기울이는 것이 가능하여 언어 영역이 선택적으로 활성화된다는 것이 실증 데이터로 얻어졌다. 그러나 워킹메모리의 작동에 대해서는 본 실험 데이터에서는 전두엽의 활성도가 좌뇌에 비해 낮아져 영어 능력과 전두엽의 혈류 증가량 비율과의 상관관계는 낮았다. 이것에 관해 측정된 언어가 외국어이기 때문에 제1언어와 비교하여 기억 용량이나 주의량에 제한이 있어 그 기능이 충분히 발휘되지 않았을 수도 있으며, 계측상의 문제로 좌뇌 측두엽과 비교하여 전두엽의 두개골이 두꺼워서 동일한 조사로는 계측할 수 없을지도 모른다는 의문점이 남는다. 외국어를 처리하는 동안 워킹메모리의 작동을 좀 더 명확하게 조사하기 위해서는 혈류량만으로는 안 되고, 뇌파나 아이카메라(eye-camera) 등 다른 장치를 사용하여 객관성을 보증한 데이터를 얻는 것이 필요하다고 생각된다. 또 읽기 폭 검사나 듣기 폭 검사 등과 혼용하여 좀 더 기본적인 실증 데이터를 얻을 것이다.

또 차후의 과제로써 인지 활동을 측정하는 것도 남아 있다. 사상 관련 뇌파계와 광토포그래피의 동시 계측에서, 예를 들면 뇌파계의 데이터에서 N400이 검출되어 인지 활동에 반응하는 것이 검증되고 동시에 광토포그래피에 의한 혈류 증감이 보인다면 데이터의 신뢰성을 더욱 기대할 수 있다.

영어 교수법 개발에의 응용에서 영어 초급 학습자는 어느 정도 기간에 어느 정도의 교수법으로 트레이닝을 받았는지, 또 어느 정도의 전략을 사용했는지, 뇌활성 상태가 자동적, 선택적 활성 상태에 가까워질 수 있는지 아닌지 하는 점에 대해서는 차후의 연구 과제로 남겨둔다. 게다가 기본적으로 언어 학습에서 뇌내 활성 상태를 설명하고, 동일 실

뇌과학에서의 제2언어습득론

험 참가자에게 일정 기간 학습을 진행한 결과 뇌활성 상태가 어떻게 변화하는지 조사하는 것도 앞으로의 과제이다.

뇌기능 계측 방법론에서는 일상의 학습 행동을 측정하는 장치로 본 연구에서 이용한 광토포그래피가 현재에는 적합한 장치였으나, 이 장치에도 얼마간 측정상의 한계가 있다. 시간 해상도는 우수하지만 공간 해상도는 한계가 있기 때문에 뇌내 부위를 특정하는 것에 애매성이 남는다는 점이다. 연구 데이터의 축적과 동시에 장치 개발의 필요성도 요구된다.

또 측정된 데이터는 대뇌피질에 근적외광을 조사하여 반사된 빛의 양에 의한 헤모글로빈 양을 측정한 상대 뇌혈류량이나 대뇌피질의 혈류량과는 무엇을 지시하는 것인지 하는 점에서 애매성이 남는다. 현재의 시점에서 뇌혈류량 변화는 신경 활동일까, 주의량일까. 이처럼 단지 근육의 움직임에 의한 것일까는 단독으로 특정할 수 없고 이들 전부를 포함한다. 누군가 어느 자극에 대해 뇌혈류량의 증가가 있던 것은 하등의 뇌내 활동이 국소 부위에서 행해지는 것을 나타내지만, 이것이 본 연구의 경우 영어로 듣기나 읽기가 자극에서 내용을 이해하기 위한 부하량과 실험 참가자의 메타인지 전략이 부르는 영향이 혈류 상대값으로 나타난 것이라는 해석에 머문다.

그러나 실제로는 살아 있는 인간을 대상으로 하기 때문에 측정 데이터에 여러 가지 요인이 포함되는 것을 피할 수 없다. 인간 내면의 작용에는 개인차가 있어 본 실험처럼 평균 연령 20세 전반의 실험 참가자를 대상으로 한 경우, 유아기 뇌의 백지(tabula rasa) 상태와는 달리 벌써 갖추어진 기억으로 무수한 개념이나 상식 등이 뇌내에 보존되어 있고, 게다가 개념 동사는 상호 관련되어 이어져 있어 전체는 복잡한 네트워크를 형성한다고 생각할 수 있다. 따라서 개인적 요인, 예를 들면 심리적 요인, 인지적 요인, 사회적 요인 등이 뇌활성에 영향을 준다고 생각되어 뇌기능 측정 결과를 판단할 때 학습자의 배경 및 개인의 학습 스타일이나 전략 등과 통합적으로 해석할 필요가 있다. 이후에도 학습자의 데이터를 좀 더 많은 측면에서 취급하는 것이 불가결하다.

21세기는 '뇌의 세기'라고 말한다. 언어와 뇌의 연구가 빠른 속도로 진행되고 있다. 여기 수년의 뇌과학 연구에서 '뇌를 안다, 뇌를 기른다, 뇌를 만든다'라는 세 가지를 토대로 진행하는 계획이 추진되어 왔다. 현 시점에서는 또 신경학과 심리학, 언어학이 통합적으로 판단되어야 하지만, 머지않아 가까운 미래에는 뇌가 모듈화되는 것은 아닐까. 지금까지는 경험관에 기초한 평가밖에 되지 않았던 학생들의 능력도 뇌과학적 근거에 기초해 평가할 수 있을지도 모른다. 이 책은 영어 교육의 새로운 분야에서 이제 한 걸음을 내딛은 연구서이다. 이후 더욱 발전하여 계승할 학습자의 뇌활성도 변화와 그 인과관계의 조사, 그리하여 그 뇌 내 메커니즘을 설명하기 위한 역할을 기대한다.

2003년 3월 이라크 전쟁 발발 다음 날, 펜타곤 근처에서 개최된 미국 응용언어학회에 갔다. 그리고 광토포그래피를 이용한 '제1언어과 제2언어의 뇌활성화 패턴'에 대해 국제무대에서 처음으로 발표했다.

뇌와 언어학을 묶는 실은 필자가 미국 유학 당시 샌프란시스코 주립대학 대학원에서 스코블 교수가 인간 '뇌'의 실물을 다루면서 언어 습득의 화제를 비춘 충격적인 수업으로 거슬러 올라간다. 귀국 후 인지심리학 방면에서 언어 연구에 몰두했다. 그러나 객관적 증명을 하고 싶다는 생각으로 뜻을 정하여 나고야 대학 대학원 키노시타 토오루(木下徹) 교수의 연구실을 방문하여 "언어와 뇌의 연구를 하고 싶다"라고 말했다. 의외로 "이거 재밌겠네"라는 반응이 돌아왔다. 그러나 문과 분야에서 이러한 뇌의 연구를 진행하는 데에는 커다란 벽이 있었다. 해외에서는 벌써 fMRI를 사용해 언어 연구를 진행했는데, 본문에도 기술했지만 꽤 대규모 몰입이 된다. 이때 우연히 병원에 근무하는 친구에게서 '광토포그래피'라는, 뇌를 측정하는 장치에 대한 정보를 얻었다. '이것이면 된다!' 이런 직감이 들어 동료에게 달려갔다. 이것이 필자와 광토포그래피의 만남이었다.

광토포그래피 실험은 재미있었다. 실험에 참가해준 사람에게 영어를 물어보거나 들려주면서 뇌의 혈류량을 측정했다. 영어 음성이 흘러오면서 새파란 광토포그래피 영상이 빨갛게 출력되기 시작해 점점 적색이 강해져가는 상태는 벌써 뇌내를 보여주고 있었다. 그러나 음성을 흘려주거나 영문을 보여주어도 안정 상태의 파란 영상에서 변하지 않고, 과제가 끝나도 뭔가 뇌가 변화하지 않는 사람이 있다. 개인차가 큰 것일까, 실험 방식이 틀린 것일까 불안해졌다. 종료 후 "정말 모르겠습니다, 포기했습니다"라는 이 사람의 말에 서로 폭소했다. '너무 어려운 과제에는 뇌가 반응하지 않는다'라는 시각이 얻어졌다. 게다가 인지심리 면에서 언어 습득 이론과 뇌과학에서 얻어진 결과가 일치한 순간이었다.

한편 영어를 듣거나 읽는 동안, 화상의 전면이 새빨갛게 되는 사람도 있었다. 뇌에 부하가 걸려 꽤 고역을 겪는 것이 표현된다. 또 영어의 중심 파트에서는 뇌내의 언어를 사용하는 부분만 혈류가 집중되어 모국어 화자의 상태에 가까운 화상이 얻어지는 사람도 있었다. '언어 학습을 쌓으면 자동적 처리 상태가 되어간다.' 이른바 우리와 같은 일본의 학교 교육에서 영어 학습을 시작해도 '노력한 대로 네이티브 스피커처럼 된다'는 것이 증명되었다. 필자도 영어 학습자의 한 사람으로 용기를 얻었다.

광토포그래피가 간단하게 뇌를 측정하는 장치라고는 해도 의료 목적으로 개발된 것이다. 의료 기기를 한 번도 조작한 적이 없는 필자에게 조작 방법 및 얻어진 데이터 해석은 더듬거림의 연속이었다. 광토포그래피의 탐침은 인간의 머리카락 유형에 따라 장착의 난이도가 다르다. 머리카락이 늘어진 사람은 장착하는 데 시간이 걸린다. 한정된 시간에 계측 사례를 늘리고 싶다는 초조함과 긴장감을 껴안으면서 실험을 했다. 거리를 걸으면서도 무의식적으로 머리카락을 늘어뜨린 사람에게 주의를 기울이는 자신을 발견하고 쓴웃음을 짓기도 했다.

이 책에서는 이러한 실험으로 얻어진 뇌영상 데이터에 기초하여 제2

언어 습득론을 뇌학적 견해에서 논했다. 이 책이 언어학을 전공한 학생이나 대학원생에게 조금이라도 도움이 되기를 바란다. 제2언어 습득, 언어 교육의 연구자에게는 새로운 시점에서 연구 개발, 교재 개발에 그 역할을 할 수 있다면 행복하겠다. 또 영어 학습에 도전하고 싶은 사람이나, 이미 영어가 능숙한 사람도 이 책을 읽으며 언어 습득 이론과 자신의 경험을 비추어보면 어떨까? 필자의 오해나 명료하지 않은 기술이 있으면 부디 너그러이 용서해주시고 지적해주시라.

이 책은 나고야 대학 대학원 국제개발연구과 국제 커뮤니케이션 전공에 제출된 학위 논문 「영어 학습자의 언어 정보 처리 과정에서의 뇌 내 메커니즘 설명 – 광토포그래피에 의한 뇌기능 관측에서」에 기초하고 있다. 연구를 진행하는 데 있어 지도교수님은 언제나 필자를 지지해주셨다. 주 지도교수인 키노시타 토오루(木下徹) 선생님께서는 연구의 전 과정에서 지극히 시사하는 바가 많은 지도를 주셨다. 사이토 요노리(齋藤洋典) 선생님과는 오랜 시간 논의하며 교류했는데, 연구자로서의 엄격한 조언은 쓰지만 달기도 했다. 야마시타 준코(山下淳子) 선생님께서는 언어 습득, 영어 교육의 시점에서 세심한 지도를 해주시고 언제나 따뜻하게 지켜봐주셨다. 나리타 가츠흐미(成田克史) 선생님께서는 본문 전체를 살펴봐주시고 세심한 조언을 주셨다.

또 사카이 쿠니히오(酒井邦嘉) 선생님(도쿄 대학)과 사다토 노리히로(定藤規弘) 선생님(자연과학연구기구)께서는 실험 데이터에 대해서 의견을 주셨다. 많은 연구 동료들도 항상 의견이나 격려를 주었다. 지도와 조언을 주신 많은 선생님들께 마음으로부터 감사를 전한다.

(주)히타치메디코는 필자의 무리한 말에도 광토포그래피를 오랫동안

대여해주었다. 타가쿠사 야쓰오(高草保夫) 씨(현 (주)히타치제작소)는 몇 번이고 지바에서 나고야까지 달려와 기술 면에서 많은 것을 알려주셨다. 긴조(金城)학원대학 나고야 여자대학의 제 학생들과 나고야 대학의 학생들은 뇌혈류량 측정에 기꺼이 참여해주었다. 실험에 협조해주신 분들께 마음으로부터 감사를 전한다.

이 책의 일부를 이루는 연구로 2005년에 대학영어교육학회상(신인상)을 수상했다. 또 2005년 12월 25일자 아사히신문 사회면에 '뇌의 혈류량 조사, 어학에 활용 모색'이라고 본 연구의 성과가 소개되었다. 이 책의 출판에는 2005년도 쇼토쿠 가쿠엔(岐阜聖德)대학교 학술도서출판조성을 받았다. 힘을 다해주신 여러분께 감사를 전한다.

쇼와당 편집자 무라이 미에코(村井美惠) 씨와는 1992년 시로우마(白馬)의 언어학회에서 알게 되어 이후로 필자의 연구에 대해 이야기를 해주고 계신다. 이 책의 초고도 살펴봐주시고, 간행에 이르기까지 시종일관 중요한 조언을 해주셨다. 출판 기회를 주신 데에 깊은 고마움을 전할 차례이다.

마지막으로, 옆에서 필자를 격려해준 가족들에게 마음으로부터 감사하고 싶다.

2006년 2월 1일
오이시 하루미(大石晴美)

'일본어를 전혀 모르는 역자'라는 역설을 입증한 본서는 역자를 항상 후원해주는, 그리고 일어를 역자보다 잘 아는 역자의 남편을 통해서 접하게 되었다. 이 책을 접한 후, 역자는 이제부터 일어를 습득하여 이 책을 공부하기에는 너무나 마음이 조급하였다. 궁여지책으로 일어를 잘하는 주변의 동료 교수이신 국문과 황호덕 교수님과 몇몇 학생들의 힘으로 초벌 번역을 하게 되었고, 덕분에 역자는 읽으면서 내용을 의심하고 확인하는 즐거운 경험에 바로 돌입할 수 있었다. 이러한 과정을 통하여 2회에 걸친 대학원수업을 하게 되었고, 이제는 여러 번의 수정과 탈고를 거친 비교적 부드럽게 읽히는 역서가 되었기를 바란다.

'뇌'는 언어학과 언어습득의 입문서에서 빠지지 않고 등장하는 주제이지만, 지난 수십년동안 입문서의 한 chapter에 화려하게 소개될 뿐 보다 구체적인 실험연구가 활발히 수행된 것은 아니었다. 근래에 와서 fMRI와 EEG 등 여러 가지 뇌 imaging 기술이 접근가능하게 되면서 모국어와 제2언어습득의 본질적인 차이, 생물학적인 한계에 관한 논쟁에 보다 직접적으로 접근하게 되었다. '뇌'라는 hardware에, '언어'라는 software가 어떻게 자리잡게 되는지 밝히는 것이 실로 흥분스러운 이유는, 인간의 무궁한 '인지'능력의 양대 도구를 결합하는 연구이기 때문이다.

본서는 오이시하루미박사가 2003년에 국제학회에서 처음 발표한

그의 나고야대학 박사학위논문을 위한 연구내용을 정리한 책이다. 2006년 소화당에서 출간되기까지 2005년도 대학영어교육학회상(신인상)을 수상했고 또 2005년 12월 25일 자 아사히 신문 사회면에 「뇌의 혈류량조사 어학에 활용 모색」이라고 본 연구의 성과가 소개되어 일본에서 일약 화제를 집중시켰던 연구였다.

핵심적인 연구 질문은 제2언어로서의 영어 지문의 읽기와 듣기 과제를 통하여 제2언어도 모국어처럼 좌뇌 언어영역에서 처리되는지 보고자 하였다. 이 같은 기본 질문에서 출발하여 영어 읽기/듣기 시에 활성화시키는 뇌영역과 그 활성화 정도가 일본인 성인 학습자의 영어숙련도와 스키마 유무에 따라 달라지는지 연구했다. 이러한 연구를 위해서 1장에서 4장까지는 제2언어습득이론을 광범위하게 소개하되 자동적인 언어처리를 언어습득의 정의로 삼고 의식적 언어처리에서 자동적 언어처리로 옮아가는 과정이 언어습득과정이라는 관점에서 기존의 주요 언어습득이론을 재해석하여 소개하고 있다. 역자로서는 이러한 심리학적 언어습득이론에 익숙치 않으나 이 책을 통하여 내가 알고 있는 여러 이론들이(Krashen의 모니터 가설, Schmidt의 인지가설, Tomlin & Villa의 연결주의적 이론, Bialystok의 multiple competence 이론 등) 이러한 관점에서 새롭게 비교 분석될수 있음을 알게 되었다. 특히 4장에서는 주의, 의식, 작업 기억이 언어정보처리와 습득에 관여하는 모양새를 자세히 다루고 있고, 이러한 기제들이 뇌과학에서 어떻게 밝혀지고 있는지 바로바로 연결해서 알려주고 있다. 3장에서는 읽기와 듣기에 집중하여 이러한 일반적인 심리학적 기제들을 읽기와 듣기모델에 응용하였다. 5장은 뇌과학을 개관하였고 뇌과학의 발전에 큰 기여를 한 언어 관련하여 발견된 주요 사실들을 소개하고 있

뇌과학에서의 제2언어습득론

다. 이 장에서는 그간 결정적시기 가설로 불려왔던 주장, 언어영역의 뇌내 국재설 등이 현실적으로 어떠한 뇌기능연구에 기초하고 있으면 실질적으로 무슨 뜻인지 설명하고 있어서 다른 문헌에서는 쉽게 볼 수 없는 이 책의 백미라고 생각된다. 6장은 뇌에 관한 과학적 연구결과들과 연구방법, 계측에 대한 소개를 하고 있고 7장에서 10장까지는 저자가 직접 수행한 일본인들의 영어 듣기와 읽기실험을 소개하고 있다. 저자의 실험에서 독립변수는 영어의 숙련도, 과제의 난이도, 읽기/듣기, 스키마/반복 유무 였고, 종속변수는 활성화되는 뇌 영역(전두엽/좌뇌언어영역/그 밖의 영역), 활성화되는 강도 (활성화되는 영역에서 측정되는 뇌혈류량증가분으로 측정)와 과제수행수준이었다.

본서의 장점은 오이시하루미박사의 연구과정 전체를 상세히 소개하고 있어서 연구의 이론적 동기가 알기 쉽게 잘 풀어서 설명되어 있다는 점이 그 하나다. 또한 실제 연구에 있어서는 제2언어를 위해서 활성화되는 뇌영역을 조사했고 다음으로 학습자의 숙련도에 따라 활성화에 사용되는 혈류량을 측정하여 이 혈류량을 의식적 주의량 또는 자동화의 지표로 삼아서 앞서 소개한 자동화이론을 정면으로 검증했다. 또한 읽기와 듣기에서 상호작용의 한 축을 이루는 학습자의 스키마가 자동화에 어떠한 역할을 하는지 혈류량의 변화로 조사함으로써, 그의 연구는 제2언어 처리/습득 연구에 있어서 가장 핵심적인 연구 질문들을 가장 직설적인 방법으로 조사했다는 점이 또한 본서의 커다란 장점이다.

따라서 본서는 언어습득과 뇌를 접목하는 연구의 입문단계에서 주저하거나 두려워하는 사람들에게 최적의 입문서라고 할 수 있다. 오이시박사가 사용한 광 topography는 우리나라에서는 보편화되어 있지 않고, 더 성능이 좋은 기구가 보급되어 있기도 하지만, 이론적 바탕에 탄탄하게 설계된 오이시 박사의 연구 질문과 결과분석은 앞으로 독자가 어떠한 기자재 또는 어떠한 이론과 연구 질문을 선택하더라도 기준으로 삼을 그 모범이 되는 사례를 제공할 것이다.

마지막으로 초벌번역에 힘써준 김원녕, 한지윤 두 학생에게 감사하고, 이후에도 계속 본인에게 시달림을 받은 것에 대해서 미안하고 감사한다. 두 번에 걸친 학석사 연계수업에 임했던 성균관대 영문과 학생들에게도 칭찬과 감사를 함께 전달하고 싶다. 이 책과 함께 생명과학 원서를 함께 공부한 우리 학생들과 이 수업을 팀티칭해주신 성대 생명과학부의 서민아 교수님 모두 새로운 학문에 도전하는 흥분되고 귀한 경험을 함께 했다.

I 실험용 자료

제6장

6.1 실험 제시 교재: 과제

어려운 과제 듣기용: Conference

I have been studying at the Harvard Graduate School of Business for a couple of months. A strange thing happened recently when I went to a conference on the outlook for the economy. The keynote speaker was a top Japanese government official. He made his speech in very fluent English, and I was very impressed. But the true extent of his ability was revealed after he had finished and was fielding questions from some of the native speakers in the audience. He had to ask for help in understanding the questions, and when he replied, his English was totally different from what he had used in his speech. It seems that memorizing something will only take you so far.

어려운 과제 읽기용: Concert

I went to a concert recently something peculiar happened. I was so impressed by the performance of one of the pianist. When she finished. I shouted out "Encore!" Much to my surprise, she seemed to get angry and yelled back "Get out of here." A couple of week later, I was at the same concert hall for another performance. When I ran across this same performer in the lobby, I tried to avoid meeting her eyes, but she instantly rushed over to me and gave me a hug! She apologized for her mystifying behavior, and explained that she had a bad case of fright because it was her professional debut at that stage. She told me that she had in fact really appreciated that I was speaking out.

쉬운 과제 듣기용: Computer

Mike was having a lot of trouble buying a computer. He was spending a lot of time talking to people in computer stores and would buy two or three computer magazines each month. Whenever he was close to buying a computer, though, a new one would catch his eye, and he'd start looking again. He thought that buying a computer was really difficult.

뇌과학에서의 제2언어습득론

쉬운 과제 읽기용: American College

When Hiroshi began studying at an American College, he was surprised at the amount of homework he had to do every night. The reading assignments in English were the most difficult. They took him a long time to read because he had to look up so many words in his dictionary. He did not usually go to bed until past midnight.

과제	듣기용 어려운 과제 영어 검정 준1급부터 Conference	읽기용 어려운 과제 영어 검정 준1급부터 Concert	듣기용 쉬운 과제 영어 검정 2급부터 Computer	읽기용 쉬운 과제 영어 검정 2급부터 American College
Counts				
Words	119	140	60	63
Characters	548	646	260	282
Paragraphs	1	1	1	1
Sentences	6	8	4	4
Averages				
Sentence per paragraph	6.0	8.0	40	40
Words per sentence	19.8	17.5	15.0	15.7
Characters per words	45	42	4.3	4.3
Readability				
Passive sentence	16%	12%	0	0
Flesh reading ease	63	65.2	68.9	69.9
Flesh-Kicaid grade level	9.3	8.0	7.3	7.4
타 집단에서의 평균 (TOEFL 430(M))				
듣기 시(%)	62%	62%	83%	84%
읽기 시(%)	62.6%	64.2%	83.3%	84%

6.3 이해도 테스트

어려운 과제 듣기용: Confernce

● 적절한 답을 골라주세요

1) 강연회에서는 무슨 일이 있었습니까?
    ① 즐거운 일   ② 난처한 일
    ③ 불가사의한 일   ④ 모르는 일

2) 강연회에서는 누가 말을 했습니까?
    ① 대학교수   ② 미국 정부 고관
    ③ 일본 정부 고관   ④ 하버드 대학 학장

3) 강의가 끝나고 청중은 무엇을 했습니까?
    ① 질문   ② 코멘트
    ③ 박수   ④ 강사

4) 강연 후 화자의 무엇이 폭로되었습니까?
    ① 통찰력   ② 인식력
    ③ 어학력   ④ 설득력

5) 화자는 청중의 발언을 이해하는 데 무엇이 필요했습니까?

① 사전   ② 도움

③ 마이크   ④ 용지

6) 강연 후 화자의 영어는 스피치 시의 영어과 비교하여

① 정말 똑같았다   ② 정중했다

③ 틀렸다   ④ 소리가 작았다

7) (   )과 커뮤니케이션을 하는 것과의 차이

① 이해하는 것   ② 행동하는 것

③ 설득하는 것   ④ 암기하는 것

전공   년   번호   이름

어려운 과제 읽기용: Concert

● 적절한 답을 골라주세요

1) 콘서트장에서 무슨 일이 있었습니까?

① 즐거운 일   ② 난처한 일

③ 기묘한 일   ④ 재밌는 일

2) 어떤 콘서트였습니까?

    ① 노래   ② 바이올린

    ③ 피아노   ④ 첼로

3) 필자가 "앙코르"라고 했을 때

    ① 회장을 나가도록 명령받았다   ② 감사를 받았다

    ③ 박수가 나왔다   ④ 아무것도 말해지지 않았다

4) 수주가 지난 후, 필자가 연주자를 만났을 때

    ① 뛰어 나와 인사를 했다   ② 멀리서부터 불렀다

    ③ 눈을 돌렸다   ④ 손을 흔들었다

5) 연주자는 필자를 발견하고

    ① 뛰어나와 인사를 했다   ② 무시하고 지나갔다

    ③ 멀리서부터 불렀다   ④ 웃었다

6) 연주자는 이전의 연주자 자신의 태도에 대해서

    ① 슬퍼했다   ② 화냈다

    ③ 실망하고 있다   ④ 감사했다

7) 필자에 대한 연주자의 본심은 다음 중 어느 것입니까?

    ① 의심한다   ② 곤란해한다

    ③ 실망하고 있다   ④ 감사하고 있다

전공   년   번호   이름

1) 마이크는 어떤 일로 곤란했습니까?

   ① 컴퓨터 프로그램을 만드는 일   ② 컴퓨터를 파는 일

   ③ 컴퓨터를 사는 일   ④ 컴퓨터 사용법을 배우는 일

2) 마이크는 고민을 해결하기 위해 어떻게 했습니까?

   ① 컴퓨터 가게 사람에게 상담을 했다

   ② 컴퓨터 회사 사람에게 상담을 했다

   ③ 컴퓨터 교실을 방문했다

   ④ 컴퓨터를 잘하는 친구에게 전화를 했다

3) 마이크는 매달 무엇을 샀습니까?

   ① 컴퓨터 소프트웨어   ② 컴퓨터 부속기기

   ③ 컴퓨터   ④ 컴퓨터 잡지

4) 마이크는 컴퓨터를 사기 직전이 되면 어떻게 됩니까?

   ① 아까워진다

   ② 새로운 유형의 컴퓨터에 눈이 간다

   ③ 현재 소유하고 있는 컴퓨터에 만족한다

   ④ 새로운 유형의 컴퓨터를 연구하기 시작한다

5) 컴퓨터를 사는 것은?

    ① 즐겁다   ② 비용이 든다

    ③ 어렵다   ④ 새롭다

전공   년   번호   이름

쉬운 문제 읽기용: American College

---

1) 히로시는 어디에서 공부를 시작했습니까?

    ① 영국 대학   ② 호주 대학

    ③ 미국 대학   ④ 아프리카 대학

2) 히로시는 무엇에 놀랐습니까?

    ① 숙제의 양   ② 숙제가 나오지 않는 것

    ③ 사전으로 단어를 조사하는 것   ④ 사전의 무거움

3) 히로시에게 제일 곤란한 일은 무엇입니까?

    ① 영어로 작문하는 일   ② 영어로 책 읽는 일

    ③ 영어로 말하는 일   ④ 영어로 듣는 일

4) 히로시가 책을 읽는 데 걸리는 시간은?

    ① 길었다   ② 짧았다

    ③ 딱 좋다   ④ 신경 쓰이지 않았다

뇌과학에서의 제2언어습득론

5) 히로시가 자는 시간은?

　　① 오전 10시　　　　　　② 한밤중 지나서

　　③ 오후 9시　　　　　　　④ 오후 8시

전공　　　년　　번호　　이름
_____

제7장

7.1 설문 조사 용지

실험 설문 조사　　　년　　　월　　　일
_____
이름　　　　　　　남 · 녀　　오른손잡이 · 왼손잡이　　연령
_____

① 영어 학습 경험 _____ 년

② 해외 체재 경험 _____ 장소 _____ 년

③ 전문 분야 _____

④ 영어 능력 _____

TOEFL　Section I _____ Section II _____ Section III _____ 합계 _____

TOEIC　듣기 _____ 읽기 _____ 합계 _____

영어 검정 _____ 급

⑤ 5단계로 답해주세요

   1. 아니오

   2. (굳이) 어느 쪽이냐 하면, 아니오

   3. 예

   4. (굳이) 어느 쪽이냐 하면, 예

   5. 예

듣기의 경우

----

1) 과제 수행 중 중요한 포인트에 집중하여 몰두할 수 있었다

   1   2   3   4   5

2) 내용을 이미지화했다

   1   2   3   4   5

3) 문제의식을 갖고 몰두했다

   1   2   3   4   5

4) 무엇을 이해할 수 있고, 무엇을 이해할 수 없는지 확인하면서 읽었다

   1   2   3   4   5

5) 풀 수 없어도 계속 읽었다(들었다)

   1   2   3   4   5

6) 내용을 이해하기 위해서 배경지식이나 경험을 활용했다

   1   2   3   4   5

7) 머릿속에서 음성을 문자화하거나(듣기), 문자를 음성화했다(읽기)

   1   2   3   4   5

8) 문법 구조를 생각하면서 읽었다

뇌과학에서의 제2언어습득론

1 2 3 4 5

9) 일본어로 번역했다

1 2 3 4 5

10) 이해할 수 없는 것은 문맥에서 추측했다

1 2 3 4 5

읽기의 경우
----

1) 과제 수행 중 중요한 포인트에 집중하여 몰두할 수 있었다

1 2 3 4 5

2) 내용을 이미지화했다

1 2 3 4 5

3) 문제의식을 갖고 몰두했다

1 2 3 4 5

4) 무엇을 이해할 수 있고, 무엇을 이해할 수 없는지 확인하면서 읽었다

1 2 3 4 5

5) 풀 수 없어도 계속 읽었다(들었다)

1 2 3 4 5

6) 내용을 이해하기 위해서 배경지식이나 경험을 활용했다

1 2 3 4 5

7) 머릿속에서 음성을 문자화하거나(듣기), 문자를 음성화했다(읽기)

1 2 3 4 5

8) 문법 구조를 생각하면서 읽었다

1 2 3 4 5

9) 일본어로 번역했다

　1　2　3　4　5

10) 이해할 수 없는 것은 문맥에서 추측했다

　1　2　3　4　5

실험에 관해 생각한 것이나 느낀 것을 자유롭게 써주세요

인터뷰 기록

* 영어 학습 경험에 대하여

　어디에서, 어떠한 교육을 받았습니까?

* 과제에 대하여

　듣기 중(읽기 중) 내용을 이해하는 일에 집중할 수 있었습니까?

　읽기 과제는 끝까지 다 읽을 수 있었습니까?

　도중에 이해가 되지 않는 경우에는 어떻게 했습니까?

* 그 외에 듣기나 읽기 중 생각했던 것이나 느꼈던 것 등.

본 실험 결과는 본인의 박사논문을 위한 연구, 발표에 사용하고 싶습니다. 동의 부탁드립니다. (서명) _____

나고야 대학대학원, 국제개발연구과, 국제커뮤니케이션 전공, 박사 후기 과정 1년 오이시 하루미

7.2 설문 조사 인자 분석 결과

실험 1. 설문 조사 인자 분석 결과: 듣기

■ 상급 학습자

설문 조사 항목	인자 부하도		공통성
	인자 1: 문제 해결	인자 2: 추측	
1) 과제 수행 중 중요한 포인트에 집중하여 몰두할 수 있었다	0.80	−0.41	0.83
2) 내용을 이미지화했다	0.79	−0.16	0.76
3) 문제의식을 갖고 몰두했다	0.70	−0.50	0.91
4) 무엇을 이해할 수 있고, 무엇을 이해할 수 없는지 확인하면서 읽었다	0.67	−0.32	0.56
10) 이해할 수 없는 것은 문맥에서 추측했다	0.66	0.70	0.94
6) 내용을 이해하기 위해서 배경지식이나 경험을 활용했다	0.52	0.55	0.59
7) 머릿속에서 음성을 문자화하거나(듣기), 문자를 음성화했다 (읽기)	0.26	0.04	0.60
5) 풀 수 없어도 계속 읽었다(들었다)	−0.46	−0.08	0.52
8) 문법 구조를 생각하면서 읽었다	−0.56	−0.16	0.37
9) 일본어로 번역했다	−0.66	−0.32	0.70
고유값 기여도 누적 기여도	40 40.0 40.0	1.75 17.53 57.55	

설문 조사 항목	인자 부하도		공통성
	인자 1	인자 2	
9) 일본어로 번역했다	0.91	0.43	0.83
5) 풀 수 없어도 계속 읽었다(들었다)	0.74	0.005	0.55
7) 머릿속에서 음성을 문자화하거나(듣기), 문자를 음성화했다(읽기)	0.68	0.41	0.64
8) 문법 구조를 생각하면서 읽었다	0.57	0.80	0.66
6) 내용을 이해하기 위해서 배경지식이나 경험을 활용했다	0.21	0.61	0.42
2) 내용을 이미지화했다	-0.18	0.57	0.67
3) 문제의식을 갖고 몰두했다	-0.11	-0.44	0.21
4) 무엇을 이해할 수 있고, 무엇을 이해할 수 없는지 확인하면서 읽었다	-0.34	-0.61	0.50
10) 이해할 수 없는 것은 문맥에서 추측했다	-0.42	-0.07	0.18
1) 과제 수행 중 중요한 포인트에 집중하여 몰두할 수 있었다	-0.67	0.4	0.64
고유값 기여도 누적 기여도	3.0 30.31 30.31	2.3 23.11 53.42	

7.3 실험 5 키워드

듣기용

Harvard Graduate School of Business

Conference Japanese government official

fluent English questions

뇌과학에서의 제2언어습득론

different　memorizing

concert　pianist　Encore　surprise angry

a couple of week later　same performance　lobby

apologize　mystifying behavior

appreciate

Ⅱ 광토포그래피에 대하여

광(光)계측의 역사

빛[光]을 사용하여 생체를 계측한 역사는 길다. 1925년 켈리븐(Kellibn D.)은 벌의 흉근에 빛을 통화시킨 실험을 행하여 가벼운 상승 시 흉근의 스펙트럼을 얻어 시토크롬(cytochrome)을 발견했다. 시토(cyto)는 세포, 크롬(chrome)은 색을 의미한다. 즉 벌에서 유래한 이름이다. 근적외분선(NIRS) 분야에서는 많은 선구자들이 오랫동안 끈질기게 노력한 끝에 현재에 이르렀다. 60여 년 전에는 체내 혈액의 산화 상태를 빛으로 재는 일에 성공했다. 귓불에 빛을 통과시켜 혈중의 산화·환원헤모글로빈을 분광 분석했다. 생물이나 화학 분야에서 활약하고 있는 2파장분광법을 창시하여 적용했다(뇌도감 21 참조).

광토포그래피는 무엇인가?

광토포그래피 장치는 간편하게 뇌의 움직임을 관찰하는 것이다. 1980년대 후반부터 히타치중앙연구소에서 개발한 광CT가 기초가 되었으며, NIRS(Near Infrared Spectroscopic Imaging: 근적외분광 이미징)의 하나였다. 70pico초의 초단광 펄스를 사용하여 뇌의 단층상을 빛으로 촬영해 보는 식이었다. 반도체 레이저에서 근적외광은 광섬유로 이끌어져 프리즘을 통해 직각으로 구부러진 후 두피의 표면에서 뇌내에 조사된다.

다른 복수의 광섬유를 사용하여 뇌를 통과한 빛을 검출한 화상을 재구
성하는 시스템이다.

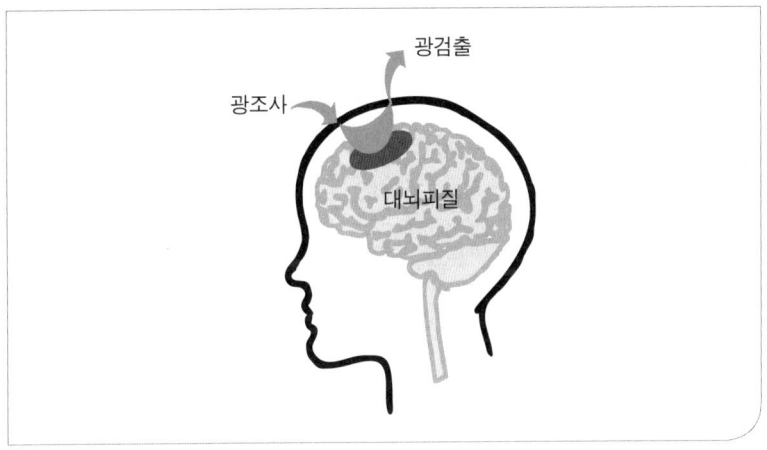

이 방법은 쥐나 고양이 그리고 새끼 돼지까지는 사용할 수 있으나,
대상이 인간이 되면 뇌를 통과한 빛이 지극히 적어져 실용적으로는 사
용할 수 없었다. 그러나 동물 실험을 통해 다수의 귀중한 데이터를 얻
을 수 있었다.

한편 fMRI의 응용을 여러 가지로 전개하고 있었으나, 먼저 뇌기능에
서 흥미로운 것은 대뇌피질의 기능이 실험을 통해서 나날이 뚜렷해졌
다는 점이다. 척추동물의 뇌는 파충류부터 포유류, 그 중에서도 영장
류, 거기서 인간의 뇌로 진화해왔으며, 뇌는 중핵이 되는 뇌관 주변에
차례로 층상 구조를 만드는 형태로 진화되었다. 인간의 뇌에서도 가장
인간답게 작동하는 것은 제일 바깥쪽의 대뇌피질이다. 즉 뇌의 가장 표
층인 대뇌피질을 측정하면 흥미로운 성과를 얻을 수 있을 것이다.

여기에서 '광토포그래피(optical topography)'라는 새로운 방법이 개발

되었다. 토모그래피(tomography)와 토포그래피(topography)는 비슷하게 보이지만 의미가 전혀 다르다. 토모(tomo)는 그리스어에서 나온 말로 '자르다'라는 뜻이며, 따라서 토모그래피는 '단층촬영'이라는 의미이다. 한편 토포(topo)는 그리스어의 토포스(topos: 토지)에서 나온 말로, 토포그래피는 원래 지도상에서 등고선으로 표고(標高)를 기입한 '지형도'를 가리키는 용어였다. 그러나 MEG 등에서도 사용할 수 있는 것처럼 '2차원의 지도에 더욱 1차원의 정보를 더한 지도'의 의미로 넓게 쓰이게 되었다. 그리고 빛을 사용한 토포그래피라는 의미로 '광토포그래피'라는 명칭이 붙여졌다(뇌도감 21 참조).

광토포그래피의 원리

광토포그래피는 두피 위에서 광섬유를 지나도록 조사된 근적외광을 사용해 대뇌 표면 부근의 혈류량 변화를 계측하여 그것을 2차원적인 지도(map)로 나타냈다. 계측과 연산 처리에 걸리는 시간은 0.1초 정도에 불과하기 때문에 실시간 연속 측정이 가능하다. 뇌에 있는 부위가 활동을 하면 그것에 반하여 그 부위에 산소를 보내기 위해 혈류량이 늘어난다. 그 혈액 중 헤모글로빈에 의한 근적외광의 산란을 이용하여 산화 및 환원헤모글로빈, 그리고 이들의 합계로 총 헤모글로빈 양의 변화를 구하는 것이다. 이들은 혈류량과 대응하는 것으로, 이들의 계측 데이터에 의한 대뇌피질의 혈액량 변화를 관찰할 수 있다.

실험 참가자는 간단하게 쓸 수 있는 것을 착용하는 것만으로 뇌기능 이미징이 가능하다. 두개골이나 뇌내 조직으로 빛이 산란되기 때문에 자잘한 부분은 보이지 않지만, 그것을 보충하고도 남을 만한 여러 가지 특징이 있다는 것이 알려졌다. 첫 번째는 실험 참가자가 자연스러운 환

뇌과학에서의 제2언어습득론

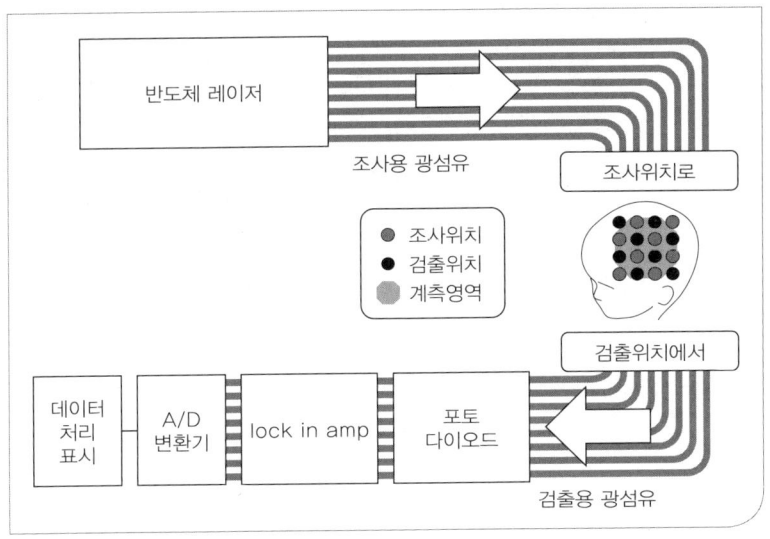

반도체 레이저

조사용 광섬유

조사위치로

● 조사위치
● 검출위치
● 계측영역

검출위치에서

데이터
처리
표시

A/D
변환기

lock in amp

포토
다이오드

검출용 광섬유

경에서 실험이 가능하다는 것이다. 왜냐하면 광토포그래피는 계측 좌
표가 실험 참가자의 뇌에 고정되었기 때문이다. 반도체 레이저에서 빛
은 광섬유를 통해 두피의 모근 사이에서 뇌내로 조사된다. 그래서 대뇌
피질에서 산란·반사되어 다시 두피 위로 돌아온 빛은 검출용 광섬유
로 반도체 검사기에 닿는다. 손으로 태양을 가리면 손가락 사이의 살
이 얇아지는 곳이 붉게 보이는데, 그것은 태양광선에 합쳐진 가시광 중
에서 인체에 대하여 투과성이 높은 적색광이 투과되었기 때문이다. 광
토포그래피의 원리도 이와 유사하다. 이 장치는 투과성 높은 근적외광
을 사용한다. 근적외광은 가시광보다 파장이 긴 영역의 전자파로, 최근
난방 기구 등에 자주 이용되는 원적외선보다는 파장이 짧은 광선이다.
fMRI 등의 뇌기능 이미징법에서 실험 참가자는 장시간 활동할 수 없다.
게다가 장치가 매우 크기 때문에 실험 참가자가 장치에 달라붙어 가만
히 있지 않으면 화상이 흔들리고 만다. 대형 장치는 계측 좌표가 장치

에 고정되기 때문에 실험 참가자는 몸을 움직일 수 없다. 유아를 측정할 경우, 아기에게 "착한 아이라면 가만히 있어야 돼!"라고 말해도 까불고 떠든다. 정상인에게는 마취를 할 수 없다. 예를 들어 마취를 하게 되면 고차 기능이 정상적으로 기능하지 않는다. 뇌기능은 자연스러운 환경으로 측정하지 않으면 안 된다. 그런 의미에서 광토포그래피는 큰 공헌을 하고 있다(히타치메디코 광토포그래피 팸플릿 참조).

광토포그래피와 기존 기술의 비교

	PET	fMRI	뇌자기도	광토포그래피
저구 속 계측 · 임의 환경 · 장시간 측정	×	×	×	×
공간 분해능	□(~15mm)	□(~2mm)	□(5~15mm)	□(~25mm)
뇌 심부 계측	○	○	□	□
계측 대상	혈액 대사 물질	환원헤모글로빈	신경 전류	산화 · 환원헤모글로빈

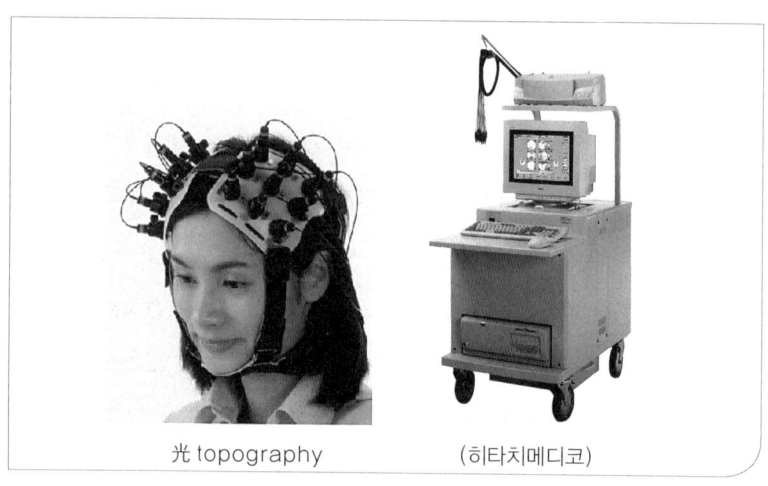

光 topography   (히타치메디코)

뇌과학에서의 제2언어습득론

영어 참고문헌

Aitchinson, J. (1987). *Words in the Mind: An Introduction to the Mental Lexicon*. London: Blackwell.

Albert, M., & Obler, L. (1978). The Bilingual Brain. New York: Academic Press.

Alpert, R. & Haber, R. N. (1960). Anxiety in academic achievement situations. *Journal of Abnormal and Social Psychology*, 61: 207-215

Allport, A. (1989). Visual attention. In M.I. Posner (ed.), Foundations of Cognitive Science, 631-682. Cambridge, MA: MIT Press.

Anderson, R, c., Spiro, R. J., & Monatague, W. E. (1977). *Schooling and the Acquisition of Knowledge*. Hillsdale, N.J.: Lawrence Erlbaum.

Atkinson, R. C., & Shiffrin, R. M. (1968). Human memory: A proposed system and its control process. In K. W. Spence & J. T. Spence (eds.), *The Psychology of Learning and Motivation: Advances in Research and Theory*, 2: 89-195. New York: Academic Press.

_____ (1971). The control of short-term memory. Scientific American, 225, 82-91.

Ausbel, D. P. (1968). *Educational Psychology: A Cognitive View*. New York: Hold Rinehrt & Winston.

Awh, E, Smith, E. E., & Jonides, J. (1995). Human rehearsal lprocess and the frontal lobes: PET evidence. In J. Grafman, K, J. Holyoak, & F. Boller (eds.), *Annuals of the New York Academy of Science*, 769: 97-117

Baars, B. J. (1988). *A Cognitive Theory of Consciousness*. Cambridge: University Press.

Bachman L F. (1990). *Fundamental Considerations in Language Testing*. Oxford: Oxford University Press.

_____ & Cohen, A. D. (eds.). (1998). *Interfaces between Second Language Acquisition and Language Testing Research*. Cambridge: Cambridge University Press.

_____ & Palmer A. S. (1996). *Language Testing in Practice*. Oxford: Oxford University Press.

Baddeley, A, D., & Hitch. G. J. (1974). Working memory. In G. H. Bower (ed.), *The Psychology of Learning and Motivation: Advances in Research and Theory*, 8:47-89. New York: Academic Press.

_____ (1986). *Working Memory*. Oxford: Oxford University Press.

_____ (1999). *Essentials of Human Memory*. Hove: Psychology Press.

_____ (2000). Short-term and working memory. In E, Tulving, & F,I.M., Craik, (eds.) *The Oxford Handbook of Memory*, 77-92. New York: Oxford University Press.

_____ & Logie.R.H. (1999). Working memory: The multiple component model. In A. Miyake & P. Shah (eds), *Models of Working Memory: Mechanisms of Active Maintenance and Executive Control*, 28-61. cambridge: Cambridge University Press.

Baker, S. C., Frith, C., D., Frackowiak, R. S. & Dolan. R. J. (1996). Active representation of shape and spatial location on man, *Cerebral Cortex*, 6, 612-619.

Ballisle, F. (1975). Early bilingualism and cerebral dominance. Unpublished manuscript, Psychology Department, Montreal, Qbec: Mcgill University.

Barlett, F. C. (1932). *Remembering: A Study in Experimental and Social Psychology*. London: Cambridge University Press.

Barnett, M.A. (1988). Reading through context: how real and perceived strategy use affects L2 comprehension. *Modern Language Journal*, 72: 150-160.

Berquist, B. (1997). Individual differences in working momory span and L2 proficiency: Capacity or processing efficiency? In A. Sorace et al. (eds), *Proceedings of the GALA '97 Conference on Language Acquisition*, 468-473. Edingurg: Human Communication Research Center. University of Edinburgh.

Beebe, L. M. (Ed.). (1988)Issues in second language acquisition. Newbery

House.(日本語訳 卯城祐司/佐久間康之/島岡丘訳（1998）『第二言語習得の研究—5 つの視点から』大修館書店.

Bialystok, E. (1978). A theoretical model of second language learning. *Language Learning*, 28: 69-84

_____ (1979). The role of conscious strategies on second language proficiency. *Canadian Modern Language Review*, 35: 372-394.

_____ (1981). Some evidence for the integrity and interaction of two knowledge sources. In R.W. Anderson (1981). *New Dimensions in Second Language Acquisition Research*, 62-74. Rowley. MA: Newbury House Publishers.

_____ (1982). On the relationship between knowing and using linguistic forms. *Applied Linguistics*, 3: 181-206.

_____ (1990). *Communicative Strategies*. Oxford: Basil Blackwell. & Sharwood Smith. (1985). Interlanguage is not a state of mind: an evaluation of the construct for second language acquisition. Applied Linguistics. 6: 101-117.

Bickerton, d. (1981). *Roots of Language*. Ann Arbor, MI: Karoma Publishers.

Bley-Vroman, R. (1988). The fundamental character of foreign language learning. In W. Rutherford & M. Sharwood Smith (eds.), (1988). *Grammar and Second Language Teaching: A book of Reading*, 19-30. Rowley, MA: Newbury House.

Block, E. L (1986). The comprehension strategies of second language readers. *TESOL Quarterly*, 20, 463-494.

Bogen, J. E. (1995). On the neurophysiology of consciousness: systems I. An overview. *Consciousness and Cognition*, 4: 52-62.

Bormuth, J.R.(1972).Review of "Durrell Listening-Reading Series". In O. K. Buros (ed.,) *The Seventh Mental Measurement Yearbook*. Highland Park, N.J.: Gryphon Press.

Broadbent, D. (1958). *Perception and Communication*. London: Pergamon.

Brodmann, K. (1909). *Vergleichende Lokalisationslehre der Grosshirnrinde*, Barth, Lepzig.

Brown, G., & Yule, G. (1983). Discourse Analysis. Cambridge: Cambridge

University Press.

Brown, H. D. (1991). *Breaking the Language Barrier*. Yarmough, MD: Intercultural Press.

_____ (1994). *Principles of Language Learning and Teaching*. Prentice Hall Regents. NJ: Englewood cliffs.

Bruner J. S. (1975). From communication to language-A psychological perspective. *Cognition*, 3: 255-287.

Bygate, M. (1996). Effects of task repetition : Appraising the developing language of kearners. In J. Willis & M. Willis (eds.), *Challenge and Change in Language Teaching*, 136-146. Oxford: Heinemann. California.

Canale M. (1983). From communicative competence to communicative language pedagogy In J. C. Richards & R. W. Schmidt (des.), *Language and Communication*, 2-27. London & New York: Longman.

_____ (1986) . On some dimensions of language proficiency. In J. W. Oller (ed.): *Issues in Language Testing Research*, 333-342. Rowley, MA: Newbury House.

_____ & Swain, M. (1980).Theoretical bases of communicative approaches to second language teaching and testing, *Applied Linguistics*, 1:1-47.

Caplan, & Waters, G. (1999). Verbal working memory and sentence comprehension. *Behav. Brain* Science, 22: 77-126.

_____ Alpert N, & Water, G. (1999). PET studies of syntactic processing with auditory sentence presentation. *Neuroimage*, 9: 343-351.

Carpenter, P.A., Just, M.A., Keller, T.A., Eddy, W.F. & Thulborn, K.R. (1999) . Time course of fMRI-activation in language and spatial network during sentence comprehension. *Neuroimage*, 10: 216-224.

_____ & Just, M. A. (1989). The role of working memory in language comprehension. In D. Klahr & K. Ktovsky (eds.), *Complex Information Processing*. Hillsdale, NJ: Lawrence Erlbaum Associates.

Carr, T. H. & Curran, T. (1994). Cognitive factors in learning about structured sequences. *Studies in Second Language Acquisition*, 16:3,205-230.

_____ (1984). Schema theory and ESL reading: Classroom implications and applications. *Modern Language Journal*, 68: 332-343.

_____ (1987). Content and formal schema theory and ESL reading. *TESOL Quarterly*, 21: 552-574.

_____ (1988). Interactive text processing: Implications for ESL reading classrooms. In P. Carrel et al. (eds.), *Interactive Approaches to Second Lnaguage Reading*, 125-220. New York: Cambridge University Press.

_____ (1989). Metacognitive awareness and second language reading. *Modern Language Journal*, 73: 121-134. & Eisterhold, J. C. (1983). Schema theory and ESL reading pedagogy. *TESOL Quarterly*, 17: 4, 553-573.

_____ Joanne Devine, & David E. Eskey, (1988). *Interactive Approaches to Second Language Reading*. Cambridge: Cambridge University Press.

Cherry, E. C. (1953). Some experiments on the recognition of speech, with one and with two ears. *Journal of the Acoustical Society of America*, 25: 975-979.

Chomsky, N. (1957). *Syntactic Structures*. The Hauge: Mouton Publishers.

_____ (1965). *Aspects of the Theory of Syntax*. Cambridge: MIT press.

_____ (1984). *Modular Approaches to the study of Mind*. San Diego: San Diego State University Press.

_____ (1986). *Knowledge of Language: Its Nature, Origin and Use*. New York: Praeger

_____ (2000). *New Horizons in the Study of Language and Mind*. Cambridge: Cambridge University Press.

Clark, H. H. & Clark, E. V. (1977). *Psychology and Language*. New York: Harcour Brace Jovanovich.

Coltheart, M. (1994). Reading, Phonological recoding and *deep dyslexia*. In M. Coltheart K. Patterso, & J. C. Marshall. (eds.), Deep Dyslexia, 197-226. London: Routledge & Kegan Paul.

Corder, S. P. (1967). The significance of learners' errors. *International Review of Applied Linguistics*, 5:161-170.

Cowan, N. (1995). Attention and Memory: *An Integrated Framework*. Oxford: Oxford University press.

Craik, F. I. M. & Lockhart. R. S (1972). Levels of processing : A frame work for memory research. *Journal of Verbal Learning and Verbal Behavior*, 11:

671-684.

Cummins, J. (1984). Bilingualism and Special Education: Issues in Assessment and Pedagogy. Clevedon, England: Multilingual Matters.

Daneman, M. & Carpenter, P. (1980). Individual differences in working memory and reading, *Journal of Verbal Learning and Memory*, 19: 450-466.

Danks, J. H.(1980). Comprehension in listening and reading : Same or different? In J. Danks et al. (eds.), *Reading and Understanding*, 1-39. International Reading Association.

Dax, M (1936). Lesions de la mitie gaueh de l'encephale coincident avec l'oubli des singnes de la pensee. *Gazette Hebdomadaire de Medicine et de Chirurgie*, Paris, 259-260.

de Bot, Paribakht, T.S., & Wesche, M.B. (1997). Toward a lexical processing model for the study of second language vocabulary acquisitio: Evidence from ELS reading. *Studies in Second Language Acquisition*, 19: 309-329.

Dennett, D. (1978). *Brainstorms: Philosophical Essays on Mind and Psychology*. Cambridge, MA: The MIT Press.

_____ (1991). *Consciousness Explained*. Boston, MA: Little, Brown & Co. (山口 泰司訳, 1998, 解明される意識, 青土杜)

Dole, J.A., Duffy G.G., Rochler, L.R., & Pearson, P.D. (1991). Moving from the old to the new: Research on reading comprehension instruction. *Review of Educational Research,* 61: 239-264.

Doughty, c. (1991). Second language instruction does make a difference: Evidence from an empirical study on SL relativization. *Studies in Second Language Acquisition*, 13: 431-469.

_____ & Williams, J. (eds.), (1998). *Focus on Form in Classroom Second Language Acquisition*. Cambridge: Cambridge University Press.

Dulay, H., Burt, M. & Krashen. S. D. (1982). *Language Two*. Oxford: Oxford University Press.

Ellis, N. (1999). Cognitive approaches to SLA. *Annual Review of Applied Linguistics*, 19: 22-42.

Ellis, R. (1985). A variable competence model of second language acquisition. *International Review of Applied Linguistics in Language Teaching*, 23:

47-59.

_____ (1990). *Instructed Second Language Acquisition: Learning in the Classroom*. Oxford: Basil Blackwell.

_____ (1994). *The Study of Second Language Acquisition*. Oxford: Oxford University Press.

_____ (1995). In terpretation tasks for grammar teaching. *TESOL Quarterly*, 29: 1, 87-105.

Eskey, D. E. (1986). Theoretical fundations. In F. Dubin, D. E. Eskey & W. Grabe (eds.), *Teaching Second Language Reading for Academic Purpose*, 3-24. New York: Addison-Wesley

Fillmore, C.J.(1979). On fluency. In C. J. Fillmore, D. Kempler, & W. S.Y Wang,(eds.), *Individual Differences in Language Ability and Language Behavior*, 85-101. New York: Academic Press.

Fischler, I. (1998). Attention and Language. In R. Parasuraman (eds.), *The Attentive Brain*, 381-399. Cambridge. MA: MIT. Press.

Foder, J. A. (1983). *The Modularity of Mind: An Essay on Faculty Psychology*. Cambridge, MA: MIT Press.

Fox. P. T. & Raichle, M. E. (1986). *Poc. Nat. Acad. Sci.* USA, 83, 1140.

Gale, M., S. (1990). Convergence of listening and reading processing. *Reading Research Quarterly*, Spring, 115-130.

Galloway, L. & Krashen, S. (1980). Cerebral organization in bilingualism and second language. In R, Scarcell, & S, Krashen (eds.), *Research in Second Language Acquisition*, 74-80. Rowley, MA: Newbury House.

Genesee, F. (1978). Is there an optimal age for starting second language instruction ? *McGill Journal of Education*, 13: 145-154.

_____ (1987). Neuropsychology and Second Language Acquisition. In L. M, Beebe (ed.) (1987). *Issues in Second Language Acquisition*, 81-112. Boston, MA: Heinle & Heinle.

_____ (1998). A case study of multilingual education in Canada. In J. Cenoz & F. Genesee (eds.), *Beyond Bilingualism: Multilingualism and multilingual education*, 243-258. Clevedon, Eng.: Multilingual Matters.

_____ (ed.). (1999). *Program Alternatives for Linguistically Diverse Students*.

Santa Cruz, CA: Center for Research On Education, Diversity, and Excellence.

_____ (2000). Brain research: Implications for second language Learning. ERIC.

Geschwind, N. (1965). Disconnection syndromes in animals and man. *Brain*, 88: 585-644.

Gimson, A. C. (1989). *An Introduction to the Pronunciation of English.* London: Edward Arnold.

Goldman-Rakic, P. S. (1987). Circuitry of primate prefrontal cortex and regulation of behavior by representational memory. In V.B. Mountcasle, & F. Plum(ed.), *Handbook of Physiology: Nervous System, V: Higher Functions of the Brain.* Bethesda, MD: American Psychological Society.

Goodman, K. S. (1966). A psycholinguistic view of reading comprehension. In G. B. Schick & M, May (eds.), *The Fifteenth Yearbook of the National Reading Conference.* Milwaukee: National Reading Conference.

_____ (1967). Reading: A psycholinguistic guessing game. *Journal of the Reading Specialist*, 6: 1, 126-135.

_____ (1970). Psycholinguistic universals in the reading process. *Journal of Typographic Research*, 4: 103-110.

Gordon, H. W. (1980). Cerebral organization in bilinguals: I. Lateralization. *Brain and Language,* 255-268.

Gough, P. B.(1972). One second of reading. In J. F. Kavanagh & I.G. Mattingly (eds.), *Language by Ear and By eye*, 331-358. Cambridge: MIT Press.

Grabe. W. (1991)current developments in second language reading research. *TESOL Quarterly*, 25: 375-406.

Grass, S. & Selinker, L. (1994). *Second Language Acquisition.* Lawrence Erlbaum Associates.

Greene, J. (1986). *Language Understanding: A Cognitive Approach.* Milton Keynes: Open University Press.

Greenfield, P. M. (1991). Language, tools and brain: The ontogeny and Phylogeny of hierarchically organized sequential behavior. *Behavioral and Brain Sciences,* 14: 531-595.

Greenfield, S. (ed.). (1998). *The Human Mind Explained: The Control Center of the Living Machine*. NY: Marshall Editions.

Gregg, K. (1984). Krashen's monitor and occam's razor. *Applied Linguistics*, 5: 79-100.

Groenewegen H. J, & Berendse H. W, (1994). The specificity of the non-specific midline and intralaminar thalamic nuclei, *Trends Neurosci*, 17: 52-57.

Hagiwara, H, Sugioka, Y., Ito, T., Kawamura, M., & Shiota, J. (1999). Neurolinguistic evidence for rule-based nominal suffixation. *Language*, 75:739-763.

Harrington, M. & Sawyer, (1992). L2 working memory capacity and L2 reading skill. Studies in Second Language Acquisition, 14: 25-38.

Hashimoto, R., Homae, F., Nakajima, K., Miyashita, Y. & Sakai, K. L. (2000). Functional differentiation in the human auditory and language areas revealed bu a dichotic listening task. *NeuroImage*, 12: 147-158.

Hatch, E. & Hawkins, B. (1987). Second-language acquisition: An experiential approach, In Rosenbert, S. (ed.), *Advances in Applied Psycholinguistics*, 2: 241-283.

Hausfeld, S. (1981). Speeded reading and listening comprehension for easy and difficult materials. *Journal of Educational Psychology*, 73: 312-319.

Herkenhan, M. (1986). New perspectives on the organization and evolution of the nonspecific thalamocortical projections. In E. G. Jone & A. Peters. (eds.), *Cerebral Cortex*, 5: 403-445. New York: Plenum Press.

Hernandez. A. E., Martinex, A., & Kohnert, K. (2000). In search of the language Switch: An fMRI study of picture naming in Spanish-English bilinguals. *Brain and Language*, 73: 421-431.

_____ Dapretto M, & Mazziotta J. (2001). Language switching and language representation in Spanish- English Bilinguals: An fMRI study *Neuroimage*, 14 (2): 510-520.

_____ (2001). In search of the language switch: An fMRI study of single and dual language picture naming in Spanish-English bilinguals. *NeuroImage*, 7: 190.

Homae, F., Hashimoto, R., Nakajima, K., Miyashita, Y. & Sakai, K. L. (2002). From perception to sentence comprehension: the convergence of auditory and visual information of language in the left inferior frontal cortex. *NeuroImage*, 16: 883-900

Hopfiend, J. J. (1982). Neural networks and physical systems with emergen collective computational abilities. In *Proceedings of the National Academy of Sciences*, 2254-2258. National Academy of Sciences.

Howard, D., Patterson, K., Wise, R., Brown, W. D., Friston, K., Weiller, C., & Frackowiak, R. (1992). The cortical localization of the lexicons: positron emission tomography evidence, *Brain*, 115: 1769-1782.

Hudson, T. (1988). The effects of induced schemata on the "short circuit" in L2 reading: non-decoding factors in L2 reading performance. In Carrell, P e al. (eds.), (1982). *Interactive Approaches to Second Language Reading*, 183-205. Cambridge: Cambridge University press.

Hulstijin, J. H. (1990). A comparison between the information-processing and the analysis : control approaches to language learning. *Applied Linguistics*, 11: 30-45.

Hummel. K. M. (1998). Working memory capacity and L2 proficiency. A Paper Presented at Second Language Research Forum. Hawaii, U.S.A.

Inui, T., Otsu, Y., Tanaka, S., Okada, T., Nishizawa, T., and Konishi, J. (1998). A functional MRI analysis of comprehension processes of Japanese sentences. *Neuroreport*, 9:3325-3328.

_____ Tanaka, S., Okada, T., Nishizawa, S., Katayama, M., & Konishi, J. (2000). Neural substrates for depth perception of the Necker cube : A functional magnetic resonance imaging study in human subjects., *Neuroscience Letters*, 282: 145-148.

Jacobs, B. & Shumann, J. (1992). Language acquisition and the neurosciences: Towards a more integrative perspective. *Applied Linguistics*, 13: 292-301.

_____ Schall, M., & Sheibel, A. B. (1993). A quantitative dendritic analysis of Wernickes area in human. II. Gender, Hemispheric, and Environmental Factors. *The Journal of Comparative Neurology*, 327: 97-111.

뇌과학에서의 제2언어습득론

James, W. (1890). *The principles of Psychology*. New York: Holt.

Johnson, P. (1981). Effects on reading comprehension of language complexity and cultural background of a text. *TESOL Quarterly*, 15:169-182.

_____ (1982). Effects on reading comprehension of building background knowledge. *TESOL Quarterly*, 16: 503-516.

Jone, E. G. (1985). *The Thalamus*. NY: Plenum Press.

Juffs, A. (2000). Working memory and L2 influence in ambiguity resolution in L2 English sentence processing. A paper Presented at American Association of Applied Linguistics,

_____ (2003). Working memory as a variable in SLA. A Paper Presented a American Association of Applied Linguistics, Arlington, Virginia, USA.

Just, M. A. & Carpenter, P. A. (1980). A theory of reading: From eye fixation to comprehension. *Psychological Review*, 87: 329-354.

_____ & Carpenter, P. A. (1992). A capacity theory of comprehension: Individual differences in working memory. *Psychological Review*, 99: 122-149.

Kaan, E., Harris, A., Gibson, E., & Holocomb, O. (2000). The P600 as an index of syntactic integration difficulty. *Language and Cognitive Processes*, 15: 2, 159-201.

Kahneman, D. (1973). *Attention and Effort*. Englewood Cliffs, N J.: Prentice-Hall.

Kirby. J. R. (1988). Style, Strategy, and skill in reading. In R. Schmeck (eds.), *Learning Strategies and Learning Styles*, 229-274. New York: Plenum Press.

Kolers, P.A. & Katzman. (1966). Naming sequentially presented letters and words. *Language and Speech*, 9: 84-95.

Kotik, G. (1975). Investigation of speech lateralization in multilinguals. Unpublished doctoral dissertation. Moscow State University.

Koyama M, Kawashima R, Ito H, Ono S, Sato K, Goto R, Kinomura S, Yoshioka S, Sato T, & Fukuda H. (1997). SPECT imaging of normal subjects with technetium-99m-HMPAO and technetium-99m-ECD. *Journal of Nuclear Medicine*, 38, Issue 4: 587-592.

Krashen, S. (1974). The critical period for language acquisition and its possible bases. *Annals of the New York Academy of Sciences*, 263: 211-224

_____ (1977). The monitor model for adult second language performance. In M. Burt, H. Dulay & M. Finocchiaro (eds.). (1977). *Viewpoints on English as a Second Language*. New York: Regents Publishing Company.

_____ (1978). Individual variation in the use of the Monitor. In W. C. Ritchie(ed.), *Second Language Acquisition Research: Issue and Implications*, 175-183.

_____ (1981). *Second Language Acquisition and Second Language Learning*. Oxford: Pergarnon Press.

_____ (1982). *Principles and Practice in Second Language Acquisition*. Oxford: Pergarnon Press.

_____ (1985). *The input Hypothesis: Issues and Implications*. London: Longman.

_____ & Galloway, L. (1978). The neurological correlates of language acquisition: Current research. *SPEAQ Journal*, 2: 21-35.

_____ & Terrell, T. (1983). *The Natural Approach: Language Acquisition in the classroom*. London: Prentice Hall Europe.

Kutas, M. & Hillyard, S. A. (1980). Reading senseless sentences: Brain potentials reflect semantic incongruity. *Science*, 207:203-205.

_____ (1983). Event-related brain potentials to grammatical errors and semantic anomalies. *Memory & Cognition*, 11: 539-550.

_____ (1984). Brain potentials during reading reflect word expectancy and semantic association. *Nature*, 307:161-163.

LaBerge, D. (1990). Thalamic and cortical mechanisms of attention suggested by recent positron emission tomographic experiments. *Journal of Cognitive Neuroscience*, 2: 169-199.

_____ (1995). *Attentional Processing: The Brain's Art of Mindfulness*. Cambridge, MA: Harvard University Press.

Lee, J. F. (1986). Background knowledge and L2 reading. *The Modern Language Journal*, 70: 4, 350-354.

Lennon, P. (1990). Investigating fluency in EFL: A quantitative approach.

Language Learning, 40: 387-417.

Leow, R. P. (2003). Awareness, different learning conditions, and L2 development. A Paper Presented at American Association if Applied Linguistics, Virginia,: Arlington.

Levelt, W. J, M. (1977). Skill Theory and Language teaching. Studies in Second Language Acquisition, 1: 53-70.

_____ (1989). Speaking From Intention to Articulation. Cambridge, MA: MI Press.

_____ (1993). The architecture of normal spoken language use. In G. Blanken e al. (eds.), Linguistic Disorders and Pathologies: An International Handbook, 1-15, Berlin: de Gruyter.

Levin, H. & Kaplan, E.L. (1968). Eye-voice span (EVS) within active and passive sentences. Language and Speech, 11: 251-258.

Logan. G. D., Taylor, S. E., & Etherton, J. L. (1999). Attention and automaticity: Toward a theoretical integration. Psychological Research, 62:165-181.

Long, M. (1991). Focus on Form: A design feature in language teaching methodology. In K. de Boot, R. B. Ginsberg, & C. Kramsch (eds.), Foreign Language Research in Cross-cultural Perspective, 39-52. Amsterdam: John Benjamins.

_____ (1996). The role of the linguistic environment in second language acquisition. In W. C. Richie & T. K. Bhatia (eds.), Handbook of Second Language Acquisition, 413-468. New York: Academic Press.

_____ & Richards, J. C. (eds.) (1987). Methodology in TESOL: A book of Readings, Rowley, Mass: Newbury House.

_____ & Robinson, P. (1998). Focus on from: Theory, research, and practice. In C. Doughty & J. Williams (eds.), Focus on Form in Classroom Second Language Acquisition, 15-41. Cambridge: Cambridge University Press.

Macnamara, J. (1973). The cognitive strategies of language learning. In Oller & Richards. Focus on the Learner: Pragmatic Perspectives for the Language Teacher. Rowley, 57-65. MA: Newbury House. Publishers.

Mazoyer, B. M., et al. (1993). The cortical representation of speech. J. Cognitive Neuroscience, 5: 467-479.

McGuigan, F. J. (1970). Covert oral behavior during the silent performance of language tasks. *Psychological Bulletin*, 74: 309-326.

McLaughlin, B. (1978). *Second language acquisition in childhood*. Hillsdale. NJ: Lawrence Erlbaum Associates.

_____ (1987). *Theories of Second-language Learning*. London: Edward Arnold.

_____ (1990). Restructuring. *Applied Linguistics*, 11:113-128.

_____ & Rossman, T., & Mcleod, B. (1983). Second language learning: An information-processing perspective. *Language Learning*, 33:135-158.

McLeod, B. & McLaughlin, B. (1986). Restructuring of automaticity ? Reading in a foreign language. *Language Learning*, 36: 109-124.

Mellow, J. D. (1996). On the primacy of theory in applied studies: A critique of Pienemann and Johnston (1987). *Second Language Research*, 12: 3, 304-318.

Michael, E. B., Keller, T. A., Carpenter, P. A., & Just, M. A. (2001). fMRI investigation of sentence comprehension by eye and by ear: Modality fingerprints on cognitive processes. *Human Brain Mapping*, 13 (4):239-252.

Miller, G.A. (1956). The magical number seven, plus or minus two: Some limits on our capacity for processing information. *Psychological Review,* 63: 81-97.

Mitchell, R. & Myles, F. (1998). *Second Language Learning Theories*. London: Edward Arnold.

Mitrofanis, J. & Guillery, R. W. (1993). New views of the thalamic reticular neucleus in the adult and the developing brain. *Trends in Neuroscience*, 16(6): 240-245.

Molfese, D. L. & Molfese, V. J. (1979). Hemisphere and stimulus differences reflected in the new born infants to speech stimuli. *Developmental Psychology*, 15: 505-511.

Muranoi, H. (2000). Focus on form through interaction enhancement: Integrating formal instruction onto a communicative task in EFL classrooms. *Language Learning*, 50: 4, 617-673.

뇌과학에서의 제2언어습득론

Nagasaka, A. (2003). EFL writing anxiety: Relationships with student self-perceived and actual proficiency. A paper Presented at American Association of Applied Linguistics, Virginia, USA: Arlington.

Neville, H., Nicole, J. L., Baars, A., Forster, K. I., & Garrett, M. F. (1991). Syntactically based sentence processing classes: Evidence from event-related brain potentials. *Journal of Cognitive Neuroscience*, 3: 151-165.

Newman, J. (1995). Review: Thalamic contributions to attention and consciousness. *Consciousness and cognition*, 4 (2): 172-193.

_____ Baars, B. J. & Cho, S. B. (1997). A neurocognitive model for attention and consciousness. In S. O' Nuallain, P. McKevitt, & E. Mac Aogdin (eds.), *Two Sciences of Mind*. Philadelphia, PA: John Benjamins of North America.

_____ & Baars, B. J. (1993). A neural attentional model for access to consciousness: A Global Workspace perspective. *Concepts in Neuroscience*, 4, (2): 255-290.

Obler, L. K., & Gjerlow. (1999). Language and the Brain. Cambridge: Cambridge University Press. (若林茂則監訳, 2000, 「言語 脳」, 新曜杜)

Obler, L., Albert, M., & Gordon. H. (1975). A symmetry of cerebral dominance in Hebrew-English Bilinguals. Paper presented at 13th Annual Meeting of the Academy of Aphasia. Victoria, British Columbia.

_____ (1977). Right hemisphere participation in second language acquisition. Paper presented at the Conference on Individual Differences and Universals in Language Learning Aptitude, Durham, New Hampshire.

_____ (1981). Right hemisphere participation in second language acquisition. In K. Diller (ed.) *Individual Differences and Universals in Language Learning Aptitudes*, 53-64. Rowley, MA: Newbury House.

Odlin, T. (1986). *Language Transfer*. Cambridge: Cambridge University Press.

Oishi, H. & Kinoshita, T. (2003). Cortical activation patterns in listening: reading as revealed by optical topography. A paper Presented at Annual Conference of Americal Association of Applied Linguistics. Arlington, Virginia USA

_____ (1993). From cognitive theory to practice in reading pedagogy.

「京都小橘 女子大学外國語教靑センター紀要」創刊号, 1-19.

Oller, J. (1976). A program for language testing research. *Language Learning*, Special Issue, 4: 141-165.

_____ (1979). *Language Tests at School: A Pragmatic Approach*. London: Longman Group Limited.

_____ (1982). Gardner on affect: A reply to Gardner. *Language Learning*, 32: 183-189.

Osaka, N. (1997). In the theatre of working memory of the brain. *Journal of Consciousness Studies*, 4: 332-334.

O' Malley & Chamot A. U. (1990). *Learning Strategies in Second Language Acquisition*. Cambridge: Cambridge University Press.

Paradis, J, Mathieu, Le C., & Genesee, F (1998). The emergence of tense and agreement in child L2 French. *Second Language Research*. 14: 3, 227-256.

Paradis, M. (1994). Neurolinguistic aspects of implicit and explicit memory: Implications for bilingualism and SLA. In N. Ellis (ed.), *Implicit and Explici Language Learning*, 393-419. London: Academic Press.

_____ (1977). Bilingual and aphasia. In H. Whitaker & Witaker (eds.), Studies in neurolinguistics, 3: 65-122. NY: Academic Press.

Paris, S. G., Lipson, M.Y., & Wixson, K.K. (1983). Becoming a strategic reader. *Contemporary Educational Psychology*, 8: 293-316.

_____ Wasik, B.A., & Turner, J.c. (1991). The development of strategic readers. In Barr, Et al. (eds.), *Handbook of Reading Research*, 2: 609-640. New York: Longman.

Patkowski, M. (1980). The sensitive period for the acquisition of syntax in a second language. *Language Learning*, 30: 449-472.

Paulesu, E., Frith, S. C. D., & Frackowiak, R. S. J. (1993). The neural correlates of the verbal component of working memory. *Nature*, 362: 342-345.

Penfield, W. & Roberts, L. (1959). *Speech and Brain Mechanisms*. Princeton: Princeton University Press.

Perfetti, C. A. & Goldman, S. R. (1976). Discourse memory and reading comprehension skill. *Journal of Verbal Learning and Verbal Behavior*,

15: 32-42.

_____ & Lessgold, A. M. (1977). Discourse comprehension and source of individual differences. In M. A. Just and P. A., Carpenter (eds.), *Cognitive Processes in Comprehension*, 141-183. Hillsdale, NJ: Erlbaum.

_____ (1985). *Reading Ability*. New York: Oxford University Press.

Petrides, M. (1995). Impairments on nonspatial self-ordered and externally ordered working memory takes after lesions of the mid-dorsal part of the lateral frontal cortex in the monkey. *The Journal of Neuroscience*, 15: 359-375.

_____ Alivisatos, B., Meyer, E., & Evans, A. C. (1993). Functional activation of the human frontal cortex during the performance of verbal working memory tasks. *Proceedings of the National Academy of Sciences of the USA*, 90: 878-882.

Piazz, D., & Zatorre, R. (1981). Right ear advantage for dichotic listening in bilingual children. *Brain and Language*, 13: 389-396.

Pitres, A. (1895). Aphasia in polyglots. In M. Paradis (ed.), *Readings on aphasia in bilinguals and polyglots*, 26-49, Montreal: Didier.

Pliugh, I., & Gass, S. (1993). Interlocutor and task familiarity: Effects on interaction structure. In G. Crookes, & S. Gass (eds.), *Task and Language Learning: Integrating Theory and Practice*, 35-56. Clevedon, England: Multilingual Matters, Ltd.

Posner, M. I., (1978). *Chronometric Explorations of Mind*. Hillsdale, NJ: Erlbaum.

_____ (1994). Attention: The mechanism of consciousness. *Proceedings of the National Academy of Sciences USA*, 91:7398-7403.

_____ (1995). Attention in cognitive neuroscience: An overview. In M. Gazzaniga (ed.), *The cognitive Neurosciences*. Cambridge, MA: MIT Press.

_____ & Carr, T. H. (1992). Lexical access and the brain: Antomical constraints on cognitive models of word recognition. *American Journal of Psychology*, 105: 1-26.

_____ Inhoff, S., Friedrich, F., & Cohen, A. (1987). *Isolating Attentional System. Psychobiology*, 15: 107-121.

_____ I. & Petersen, S. E. (1990). The attention system of the human brain. *Annual Review of Neuroscience*, 13: 25-42.

_____ & Snyder, C. R. R. (1975). Facilitation and inhibition in the processing of signals. In P.M.A. Rabbit & S. Dornic (eds.), *Attention & Performance V*. London: Academic Press.

Price C, Wise R, Ramsay S, Friston K, Howard D, Patterson K, & Frackowiak R. (1992). Regional response differences within the human auditory cortex when listening to word. *Neuroscience Letters*, 146: 179-182.

Raichle, M. E., Fiez J. A., Videen,T.O., MacLeod, A. M., Pardo, J.V., & Fox, P.T., Petersen, S. E. (1994). Practice-related changes in human brain functional anatomy during nonmotor learning. *Cerebral Cortex*, 4: 8-26.

Randall, L. (1991). A comparison of second language listening and reading comprehension. *The modern Language Journal*, 75: 198-203.

Rayner, K. & Pollatsek. (1989). The Psychology of Reading. Hillsdale, New Jersy: Lawrence Erlbaum Associates.

Richards, J. (1983). Listening comprehension: Approach, design, procedure. In M. Long & J. Richards (1983). *Methodology in TESOL: A Book of Reading.*

Robinson, P. (1995). Attention, memory, and the "noticing" hypothesis. *Language Learning*, 45:283-331.

Ribot, T. (1882). *The Diseases of Memory: An Essay in the Positive Psychology.* London: Kegan Paul, Trench, & Co.

Rode, S. S. (1974). Development of phrase and clause boundary reading in children. *Reading Research Quarterly*, 21: 422-438.

Rogoff, B. (1990). *Apprenticeship in Thinking: Cognitive Development in Social Context.* New York: Oxford University.

Rost. M. (1990). *Listening in Language Learning.* London: Longman.

Rozansky, E. (1975). The critical period for the acquisition of language: Some cognitive developmental consideration. *Working Papers on Bilingualism*, 6: 92-102.

Roy, C. & Sherrington, C. (1890). On the regulation of the blood-supply of the brain. *J Physiology,* 11: 85-108.

Rumelhart, D. E. & Ortony, A. (1977). The representation of knowledge in memory. In R. C. Anderson, R. J. Spiro, & W. E. Montague (eds.), *Schooling and the Acquisition of Knowledge.* NJ:Lawrence Erlbaum.

_____ (1977). Toward an interactive model of reading In S. Dornic (ed). (1977). *Attention and performance VI.* NJ: Lawrence Erlbaum.

_____ (1980). Schemata: the building blocks of cognition. In R. J. Spiro. B.C. Bruce, & W. F. Brewer (eds.), (1980) *Theoretical Issues in Reading Comprehension,* 33-58. NJ: Lawrence Erlbaum.

Sakai, K. L., Hashimoto, R. & Homae, F. (2001). Sentence processing in the cerebral cortex. *Neuroscience Research*, 39: 1-10.

_____ Homae, F. & Hashimoto, R. (2003). Sentence processing is uniquely human. *Neuroscience Research,* 46: 273-279.

Salmelin R, Service E, Kiesila P, Uutela K, Salonen O. (1996). Impaired visual word processing in dyslexia revealed with magnetoencephalography. *Ann Neurol*, 40: 157-62.

Samuels, S. J. (1994). Toward a theory of automatic information processing in reading, revisited. In R. B. Ruddell, M. R. Ruddell, & H. Singer, H (eds.), *Theoretical Models and Processes of Reading*, 816-837. Newark, DE: International Reading Association.

Sato, H, Takeuchi, T. & Sakai, K. L. (1999). Temporal cortex activation during speech recognition: An Optical topography study. *Cognition*, 73: B55-B66.

Sato, E. & Jacobs, B. (1992). From input to intake: Towards a brain-based perspective of selective attention. *Issue in Applied Linguistics*, 3, 2, 267-292.

Schank, R. C, & Abelson, R. P. (1977). *Scripts, Plans, Goals and Understanding.* Hillsdale, N.J: Lawrence Erlbaum.

Scheibel, A. B. (1980). Anatomical and physiological substrates of arousal: A view from the bridge. In J. A. Hobson & M.A. B. Brazier (eds.), *The Reticular Formation.* Revisited. New York: Raven Press.

_____ (1987). Reticular formation, brain stem. In G. Adelman (ed.), Encyclopedia of Neuroscience, 2: 1058-1059.

Schmidt, R. (1990). The role of consciousness in second language learning. *Applied Linguistics,* 11: 129-158.

_____ (1993). Awareness and second language acquisition. Annual Review of *Applied Linguistics*, 13: 206-226.

_____ (1994). Implicit learning and the cognitive unconscious. In N. Ellis (ed.), *Implicit and Explicit Learning of Languages*. 165-209. London: Academic Press.

_____ (1995). Consciousness and foreign language learning: A tutorial on the role of attention and awareness in learning. In Schmidt (ed.), *Attention and Awareness in Foreign Language Learning*, 1-63. Honolulu: University of Hawaii at Manoa.

_____ (2001). Attention. In P. Robinson (ed.), *Cognition and Second Language Instruction*, 3-32. Cambridge, UK: Cambridge Press.

_____ & Frota, S. (1986). Developing basic conversational ability in a second language: A case study of an adult learner of Portuguese. In R. Day (ed.), *Talking to Learn: Conversation in Second Language Acquisition*, 237-326. Rowley, MA: Newbury House.

Schneider, W. & Shiffrin, R. M. (1977). Controlled and automatic human information processing: 1. Detection, search, and attention. *Psychological Review*, 84: 1-66.

Schneiderman, E., & Wesche, M. (1980). The role of the right hemisphere in second language acquisition. In K. Bailey et al. (eds.), *Second Language Acquisition Studies*. Rowley, MA: Newbury House.

Schumann, J. (1990). The rile of the amygdala in mediating affect and cognition in second language acquisition. In J. E. Alafis (ed.), *Proceedings of the Georgetown University Round Table on Language and Linguistics*, 169-176. Washington, DC: Georgetown University Press.

_____ (1991). Stimulus appraisal in second language acquisition. Paper presented at the 1991 Second Language Research Forum, Los Angeles: University of Southern California.

Scovel, T. (1978). The effect of affect on foreign language learning: A review of the anxiety research. *Language Learning*,, 28:129-142.

_____ (1982). Questions concerning the application of neurolinguisitc research to second language learning/teaching. *TESOL Quarterly* 16: 323-31.

_____ (2001). Learning new languages: A guide to second language acquisition. Boston: Heinle & Heinle. China. Unpublished Doctral Dissertation. Pittsburgh, PA: University of Pittsburgh.

_____ (1988). *A Time to Speak*. Rowley, MA: Newbury House.

Searleman, A. (1977). A review of right hemisphere linguistic capabilities. *Psychological Bulletin*, 84:503-528.

Segalowitz, N. & Hebert, M. (1990). Phonological coding in the first and second language reading of skilled bilinguals. *Language Learning*, 40: 503-538.

_____ (2000). Automaticity and attentional skill in fluent performance. In H. Riggenbach (ed.), *Perspectives on Fluency*, 209-219. Ann Arbor, MI: University of Michigan Press.

_____ (2001). Automaticity and second language acquisition In C. Doughty & M. Long (eds.), (2001). *The Handbook of Second Language Acquisition*. Oxford: Blackwell Publishers.

Service, E, (1987). Applying the concept of working memory to foreign language listening comprehension. Eric Document Service (No. ED 343 392). (cited by 門田 (2001)).

Shallice, T. (1982). Specific impairments of planning. *Philosophical Transaction of the Royal Society of London*, B, 298: 199-209.

Sharwood-Smith, M. (1981). Consciousness-raising and the second language learner. *Applied Linguistics,* 2: 159-169.

_____ (1991). Speaking to many minds: On the relevance of different types of language information for the L2 learner. *Second Language Research,* 7: 118-132.

_____ (1993). Input enhancement in instructed SLA. *Studies in Second Language Acquisition*, 15: 165-179.

Silverberg, R., Bentin, S., Gaziel, T., Obler, L. & Albert, M. (1979). Shift of visual field preference for English words in native Hebrew speakers.

Brain and Language, 8: 184-190.

Simard, D., & Wong, W. (2001). Alterness, orientation, and detection: the conceptualization of attentional functions in SLA. *Studies in Second Language Acquisition*, 23: 103-124.

Skehan, P. (1989). *Individual Differences in Second Language Learning*. London: Edward Arnold.

_____ (1998). *A Cognitive Approach to Language Learning*. Oxford: Oxford University Press.

Skutnabb-Kangas, T. (1981). *Bilingualism or Not: The Education of Minorities*. Clevedon: Multilingual Matters.

Smitk, E. E., Jonides, J., & Koeppe, R. A. (1996). Dissociating verbal and spatial working memory using PET. Cerebral Cortex, 6: 11-20.

Smith, F. (1988). *Understanding Reading*. New York: Hort, Rinehart and Winston.

Smith, N. (1999). Chomsky: *Ideas and Iedals*. Cambridge: Cambridge University Press.

Soares, C.,& Grosjean, F. (1981). Left hemisphere language lateralization in bilinguals and monolinguals. *Perception and Psychophysics*, 29: 599-604.

Sperry, R. W. (1968). Hemisphere deconnection and unity in conscious awareness. *American Psychology,* 23, 712-733.

Stanovich, K. E. (1980). Toward an interactive-compensatory model of individual differences in the development of reading fluency. *Reading Research Quarterly,* 16: 32-71.

Stchit, T. G., Beck, L. J., Hauke, R. N., Kleiman, G. M., & James, J. H. (1974). *Auditing and Reading: A Developmental Model. Alexandria,* VA: Human Resources Research Organization.

Stern, H. H. (1970). *Perspective on Second Language Teaching*. Toronto: Ontario Institute for Studies in Education.

Stromswold, K., Caplan, D., Alpert, N., & Rauch, S. (1996). Localization of syntactic comprehension by positron emission tomography. *Brain and Language,* 52: 452-473.

Susanne, R. (2002). The neurocognition of second language acquisition: The influence of proficiency level on cortical brain activation patterns, *Views*, 11 (1 & 2):27-46.

Swain M. (1985). Communicative competence: Some roles of comprehensible inpu and comprehensible output in its development. In S. Gass & C. Madden

      (eds.), (1985). *Input in Second Language Acquisition*. 235-253. Rowley, MA: Newbury House.

      (1998). Focus on form through conscious reflection. In C. Doughty & J. Williams (eds.), *Focus on Form in Classroom Second Language Acquisition*, 64-81. Cambridge: Cambridge University Press.

      (2001). The output hypothesis and beyond: Mediating acquisition through collaborative dialougue. In J. P. Lantolf (ed.), *Sociocultural Theory and Second Language Learning,* 97-114. Oxford: Oxford University Press.

Talieber, L. K., Johnson, L. L., & Uarbrough D. B. (1988). Effects of pre-reading activities on EFL reading by Brazilian college students. *TESOL Quarterly,* 22: 455-472.

Tamai, K. (2000). Strategic effect of shadowing on listening ability. A Paper Presented at the 4th Conference on Foreign Language Education and Technology. Kobe, Japan.

Tarone, E. (1983). On the variability of interlanguage systems. *Applied Linguistics,* 4: 143-163.

Tarone, E. (1985). Variability in interlanguage use: A study of style-shifting in morphology and syntax. *Language Learning,* 35: 373-404.

  (1988). *Variation in Interlanguage.* London: Edward Arnold.

Tesink. C., van den Noort, M., Vandemaele, P., Deblaere, K., Van Dorsel, J., Vingerhoets, G. & Achten, E. (2002). Processing of multiple language in the brain: An fMRI study. International Conference on Functional Mapping of the Human Brain, Japan.

Tomlin, R, S. (2003). Attention and SLA: Empirical and theoretical issues. A paper presented at American Association of Applied Linguistics,

Arlington, Virginia, USA.

_____ & Villa, V. (1994). Attention in cognitive science and second language acquisition. *Studies in Second Language Acquisition*, 16, 2: 183-203.

Treisman, A. M. (1969). Strategies and models of selective attention. *Psychological Review*, 76: 282-299.

Truscott, J. (1998). Noticing in second language acquisition: A critical review. *SLA Research*, 14: 103-135.

Tulving, E., Schacter, D. L., & Stark, H. A. (1982). Priming effects in word-fragment completion are independent of recognition. *Canadian Journal of Psychology*, 18: 62-71.

Vaid, J. (1983). 'Bilingualism and brain lateralisation', In S. Segalowitz (ed.), *Language Function and Brain Organization*, 315-339, Academic Press.

_____ & Genesee, F. (1980). Neurological approaches to bilingualism: A critical review. *Canadian Journal of Psychology*, 34: 417-445.

_____ & Lambert, W. E. (1979). Differential cerebral involvement in the cognitive functioning of bilinguals. *Brain and Language*, 8: 92-110.

Van Patten, B. (1994). Explicit instruction and input processing. *Studies in Second Language Acquisition*, 15: 225-241.

Wagner, R. & Torgeson, T. (1987). The nature of phonological processing and its casual role in the acquisition of reading skills. *Psychological Bulletin*, 101: 191-212.

Wagner-Gough, J. & Hatch, E. (1975). The importance of input data in second language acquisition studies. *Language Learning*, 25: 297-308.

Wanat, S. F. (1971). Linguistic structure in reading: Model from the research of project literacy. In F. B. Davix (ed.), *The Literature of Research in Reading with Emphasis on Models*. New Brunswick, N. J.: Rutgers-The state University.

Weaver, W. W. & Garrison, N. (1977). The coding of phrases: An experimental Study. In A. J. Kingston (ed.), *Toward a psychology of Reading and Language*, 113-118. Athens: University of Georgia Press.

_____ & Kingston, A. J. (1971). Modeling the effects of oral language upon reading language. In F. B. Davis (ed.), *The Literature of Research in*

Reading with Emphasis on Models. New Brunswick, N. J.: Rutgers-The State University.

Witelson, S. F. (1977). Early hemisphere specialization and interhemisphere plasticity: An empirical and theoretical review. In S. Segalowitz & Gruber F. A. (eds.), *Language Development and Neurological Theory*. New York: Academic Press.

Wolf D. (1993). Issues in reading comprehension assessment: Implications for the development of research instruments and classroom test. *Foreign Language Annals*, 26, 3: 322-331.

Yamada, R. A. and Tohkura, Y. (1992). The effects of experimental variables on the perception of American English /r/ and /l/ by Japanese listeners. *J. Perception & Psychophysics*, 52, 4: 376-392.

Yingling, C. D. & Skinner, J. E. (1975). Regulation of unit activity in nucleur reticularis thalami by the mesencephalic reticular formation and frontal granular cortex. *Electoroencephalography and Clinical Neurophysiology*, 39: 635-642.

Yorio, C. A. (1971). Some sources of reading problems for foreign language learners. *Language Learning*, 21: 107-115.

Yoshida. M. (2000). Working memory capacity and the use of inference in L2 reading. A paper presented at Annual Conference of American Association of Applied Linguistics. Vancouver, Canada.

Zangwill, O. L. (1967). Speech and the minor hemisphere. *Acta Neurologica e Psychiatrica Belgica*, 67: 1013-1020.

일본어 참고문헌

安西祐一郎他 (編)(1994). 岩波講座. 認知科学 第9券 『注意と意識』 岩波書店.

안자이 유이치로 외 (편) (1994). 이와나미강좌. 인지과학 제9권『주의와 의식』
　　이와나미서점.

乾敏郎 (1997). 言語機能の脳内ネットワーク『心理学評論』40: 287-299.
　　心理学評論刊行会.

이누이 토시로 (1997). 언어기능의 뇌내 네트워크『심리학평론』40: 287-299.
　　심리학 평론 간행회.

岩田誠 (1987).『脳とコミュニケーション』朝倉書店.

_____ (1996). 脳とことば.言語の神経機能 共立出版.

이와타 마코토 (1987).『뇌와 커뮤니케이션』아사쿠라서점.

_____ (1996).『뇌와 말. 언어의 신경기구』공립출판.

上村和夫 (2000) ポジトロンCTにとる脳活動の画像化『脳から心へ―
　　高次機能の解明に挑む―』360-367 岩波書店.

카미무라 카즈오 (2000). 포지토론 CT에 의한 뇌활동의 영상화『뇌에서 마음으로
　　– 고차적 기능의 해명에 도전하다』360-367. 이와나미서점.

大石晴美 (1994). 読解のメタ認知過程おけるBreakdown.
　　第33回大学英語教育学会.

오이시 하루미 (1994). 독해의 메타인지과정에 있어서의 Breakdown. 제33회
　　대학영어교육학회.

_____ (1999). 言語情報処理の多次元的プロセスの探求―
　　ListeningとReadingにおける情報処理方法について　―
　　『ことばの科学』93―112.名古屋大学言語文化部言語文化研究会.

_____ (1999). 언어정보처리의 다차원적프로세스의 탐구 – 리스닝과
　　리딩에 있어서의 정보처리방법에 대해 –『말의 과학』제12호: 93-112.
　　나고야대학언어문화부언어문화연구회.

_____ (2001a). インプットからインテイクへの言語情報処理過程　―
　　言語の脳科学視点より英語教育への応用 ―『ことばの科学』
　　第14号: 321-340. 名古屋大学言語文化部言語文化研究会.

_____ (2001a). Input에서 Intake으로의 언어정보처리과정 – 언어의
　　뇌과학시점에 의한 영어교육의 응용『말의과학』제14호: 321-340.
　　나고야대학 언어문화부언어문화연구회.

_____ (2001b). 言語能力の多次元性についての神経学的考察　―
　　言語情報処理過程: トムアップ処理とトップダウン処理について

　　　 -『金城学院大学論集』英米文学編 42号: 45-60.

＿＿＿（２００１ｂ）．언어능력의 다차원성에 대한 신경학적 고찰 -
　　　 언어정보처리과정: Buttom-up 처리와 Top-down 처리에 대해 -
　　　『킨죠학원대학논집』영미문학론 42호: 45-60.

＿＿＿（2002a）リスニングとリーデイングにおける言語情報処理過程
　　　 を探る - 光トポグラフィ装置による脳科学的解明に向けて -
　　　『金城学院大学論集』英米文学編第 43号: 25-47.

＿＿＿（2002a）．리스닝과 리딩에 있어서의 언어정보처리과정을 탐구하다 -
　　　 광토포그라피장치에 의한 뇌과학적 해명을 향해 -『킨죠학원대학논집』
　　　 영미문학론 제43호: 25-47.

＿＿＿（2002ｂ）．リスニングとリーディングにおける選択的注意の効果-
　　　 認知学的・脳科学的視点より-『名古屋女子大学紀要』
　　　 人文・社会編. 48号: 277-290.

＿＿＿（2002b）．리스닝과 리딩에 있어서의 선택적주의의 효과 → 인지학적,
　　　 뇌과학적시점에서 -『나고야여자대학간행물』인문・사회론. 48편: 277-
　　　 290.

木下徹（2002ａ）．WritingテストにおけるFormal Instructionと明示的
　　　 知識の影響について『ことばの科学』第15号　23-41.
　　　 名古屋大学言語文化部言語文化研究会.

＿＿＿ 키노시타 토오루 （2002a）．Writing 시험에 있어서의 Formal
　　　 Instruction과 시적 지식의 영향에 대해『말의 과학』제15호: 23-41.
　　　 나고야대학언어문화부 언어문화연구회.

木下徹（2002ｂ）．言語情報処理過程における選択的注意の働き-
　　　 光トポグラフィによる脳科学的解明より. 第41回大学英語教
　　　 育学会.

＿＿＿ 키노시타 토오루 （2002b）．언어정보처리과정에 있어서의 선택적
　　　 주의의 움직임 - 광토포그라피에 의한 뇌과학적 해명에서. 제41회
　　　 대학영어교육학회.

木下徹, 高草保夫（2002）．光トポグラフィを使用した言語処理メカ
　　　 ニズムの脳科学的解明法-英語教育への可能性の探求-.
　　　 第42回外国語教育メディア学会.

＿＿＿ 키노시타 토오루, 타카쿠사 타모츠 （2002）．광토포그라피를 사용한

언어처리 메커니즘의 뇌과학적 해명법 – 영어교육에의 가능성 탐구. 제42회외국어교육메디아학회.

小川誠二(1995). 磁気共鳴法による脳機能マッピング(宮下他(編)『脳から心へ-高直脳の解明に挑む-』368-369.)

오가와 세이지 (1995). 자기공명법에 의한 뇌기능의 mapping(미야시타 (편) 『뇌에서 마음으로』- 고차원 뇌의 해명에 도전하다』368-369).

大喜多喜夫(2000).『英語教員のための応用言語学』昭和堂.

오키타 요시오 (2000). 『영어교육을 위한 응용언어학』쇼와당.

荻原裕子(1994). ブレインサイエンスとしての言語理論『言語』特集、ブレインサイエンスとしての言語学 34-41. 大修館書店.

하기와라 유코 (1994). Brain Science로써의 언어이론『언어』특집, Brain Science의 언어학 34-41. 타이슈칸서점.

苧阪満里子・苧阪直行(1994). 読みとワーキングメモリ: リーディングスパンテストによる検討『心理研法』65: 339-345.

오사카 마리코, 오사카 나오유키 (1994). 읽기와 Working memory: Reading span test에 의한 검토『심리학연구』65: 339-345.

苧阪直行(1992). 移動窓法による研究『情報研法』92. 45: 1-5. 情報処理学会 人文学科とコンピュータ 研究会.

오사카 나오유키 (1992). 이동창법에 의한 읽기의 연구『정보연구법』92, 45:1-5. 정보처리학회, 인문과학과 컴퓨터연구회.

_____ (1996).『意識とは何か』岩波科学ライブラリ 岩波書店.

_____ (1996).『주의란 무엇일까』이와나미과학 Library, 이와나미서점.

_____ (編)(2000).『ワーキングメモリ』京都大学学術出版.

_____ (편) (2000).『working memory』교토대학학술출판.

_____ (2001). 高次認知と注意、特集によせて『心理学評論』44: 85-94.

_____ (2001). 고차적인지와 주의, 특집에 의한『심리학평론』44: 84-94.

_____ (2002). 21世紀の科学をつくる: 脳の謎に挑む-意識とワーキングメモリー『数理科学』8月号: 68.

_____ (2002). 21세기의 과학을 만들다: 뇌의 수수께끼에 도전하다 – 주의와 working memory-,『수리과학』8월호: 68.

門田修平(2002).『英語の話しことばと書きことばはいかに関係しているか』くろしお出版.

카도타 슈헤이 (2002). 『영어의 말하기와 쓰기가 과연 관련이 있는 것일까』 쿠로시오출판.

野呂忠(2001). 『英語リーディングの認知メカニズム』くろしお出版.

_____ 노로 타다시 (2001). 『영어 리딩의 인지 메커니즘』 쿠로시오출판.

川島隆太(2003)『脳を育て、夢をかなえる－脳の中の脳「前頭前野」のおどろくべき働きときたえ方』くもん出版.

카와시마 료타 (2003) 『뇌를 키워, 꿈을 이루다 – 뇌 속의 뇌『전두엽 앞부분?』의 놀랄 만한 움직임과 훈련방법』 쿠몬출판.

小池生夫(編集主幹)(2003). 『応用言語学辞典』研究者.

코이케 이크오 (편집주간) (2003). 『응용언어학사전』 연구사.

小泉英明(2000). 光トポグラフィーが択く２１世紀の脳機能研究－トランスディシプリナリな研究へのアプローチ『脳の科学』22, 12: 1243-1254. 星和書店.

코이즈미 히데아키 (2000). 광토포그라피가 펼친 21세기의 뇌기능 연구 – 토란스데이시프리나리? 적 연구에의 approach 『뇌의 과학』 22, 12: 1243-1254. 세이와서점

_____ (2001). 脳機能イメージングと言語.Computer Today. 5: 103.

_____ (2001). 뇌기능 imaging와 언어. Computer Todoay, 5:103.

河野守夫(編著)(1998). 『認知・言語能力の発達によるプロソディーの役割－神経心理学的考察－』 文部省重点領域研究. 「認知・言語の成立」総括班.

코우노 모리오(1998). 『인지. 언어능력의 발달에 있어서의 prosody의 역할 – 신경심리학적 고찰』 문부성중점지역연구. 『인지・언어의 성립』 총괄판.

齋藤洋典・都築誉史・楠見孝・乾敏郎(1996)「心的辞書と記憶表象の活性化・抑制課程」

日本心理学会第６０回大会シンポジウム「知識に自己組織化」.

사이토 요노리, 토치쿠 에이지, 쿠스노키 타카시. 칸 토시로 (1996)『심적 사서와 기억표상의 활성화. 억제과정』 일본심리학회 제60회 대회 심포지엄 『지식의 자기조직화』.

酒井邦嘉(1997, 2001)『心にいどむ認知脳科学』記憶と意識の統一論 岩波科学ライブラリ 48, 岩波書店.

사카이 쿠니히오 (1997, 2001). 『마음에 도전하는 인지뇌과학』 기억과 의식의

통일론 이와나미과학Library 48, 이와나미출판.

_____ (2000). 光トポグラフィによる脳機能マッピングRadioisotopes, 49：115，67-68.

_____ (2000). 광토포그라피에 의한 뇌기능 mapping Radioisotopes, 49:115, 67-68.

_____ (2002). 『言語の脳科学』中公新書.

_____ (2002). 『언어의 뇌과학』 츄코신서.

澤口俊之(2000). 脳内の言語処理過程Computer Today, 3.96：4-13.

사와구치 토시유키 (2000). 뇌안의 언어처리과정 Computer Today, 3.96: 4-13.

白畑知彦他(編)(1999). 『英語教育用語辞典』大修館書店.

시라하타 토모히코 (1999). 『영어교육용어사전』 타이슈칸서점.

高木貞敬(1996). 『脳を育てる』岩波新書.

타카기 사다토시 (1996). 『뇌를 키우다』 이와나미신서.

寺島俊雄（2004）. 「e-Learning 神経解剖学」神戸大学大学院医学研究脳科学講座 神経発生分野.

테라시마 토시오 (2004). 『e-Learning 신경해부학』코베 대학 대학원 의학계연구과 뇌과학강좌 신경발생 분야.

中込和幸(1994). 脳における言語処理過程『言語』4：特集ブレインサイエンスとしての言語学76-82. 体修館書店.

나카고미 카즈유키 (1994). 뇌에 있어서 언어처리과정 『언어』 4: 특집 Brain Science 관점에서의 언어학 76-82. 타이슈칸서점.

多賀厳太郎(2000). 光トポグラフィによる新生児の脳血流変化の観測『脳の科学』22.12: 305-1310. 星和書店.

타가 겐타로 (2000). 광토포그라피에 의한 신생아의 뇌혈류변화의 관측 『뇌의과학』 22.12: 305-1310. 세이와서점.

天満美智子(1989). 『英文解読のストラテジー』大修館書店.

텐마 미치코 (1989). 『영문독해의 strategy』 타이슈칸 서점.

牧 敦・Marcela Pena Ghislaine Dehaene-Lambertz 川口文男 藤原倫行 市川 祝善 小泉英明 Jacques Mehler （2000） 光トポグラフィによる乳幼児言語機能の計測 脳の科学 22.12: 1299-1304. 星和書店.

마키 아츠시. Marcela Pena. Ghislaine Dehaene-Lambertz. 가와구치 후미오.

후지와라 노리유키, 이치카와 슈쿠센, 고이즈키 히데아키, Jacques Mehler (2000). 광토포그라피에 의한 유아언어 기능의 계측 『뇌의 과학』 22.12: 1299-1304. 쇼와서점.

本状厳(編) (1999).

からみた言語』脳機能画像による医学的アプローチ、中山書店.

혼죠 이와오 (편) (1999). 『뇌에서 본 언어』 뇌기능영상에 의한 의학적 approach, 나카야마서점.

山下優一 牧敦 山本剛 小泉英明 (2000). 光トポグラフィ技術の将来像 『脳の科学』 22.12: 1263-1268. 星和書店.

야마시타 유이치, 마키 아츠시, 야마모토 츠요시, 고이즈미 히데아키 (2000). 광포토그라피 기술의 장래상 『뇌의 과학』 22.12: 1263-1268. 쇼와서점.

山田恒夫 .足立隆弘 (1998). 英語リスニング科学的上達法 講談社.

야마타 츠네오, 아다치 류코 (1998). 『영어리스닝 과학적 향상법』 코우단사.